权威·前沿·原创

皮书系列为
"十二五""十三五"国家重点图书出版规划项目

BLUE BOOK

智 库 成 果 出 版 与 传 播 平 台

山东蓝皮书
BLUE BOOK OF SHANDONG

山东省民营及中小企业发展报告（2020~2021）

ANNUAL REPORT ON THE DEVELOPMENT OF PRIVATE AND SMALL AND MEDIUM-SIZED ENTERPRISES IN SHANDONG (2020-2021)

山东省工业和信息化厅
山东省亚太资本市场研究院
主　编 / 孙国茂

社会科学文献出版社
SOCIAL SCIENCES ACADEMIC PRESS (CHINA)

图书在版编目(CIP)数据

山东省民营及中小企业发展报告.2020~2021/山东省亚太资本市场研究院,孙国茂主编. ——北京:社会科学文献出版社,2022.1
(山东蓝皮书)
ISBN 978-7-5201-9631-4

Ⅰ.①山… Ⅱ.①山… ②孙… Ⅲ.①民营企业-企业发展-研究报告-山东-2020-2021②中小企业-企业发展-研究报告-山东-2020-2021 Ⅳ.①F279.275.2

中国版本图书馆CIP数据核字(2022)第006506号

山东蓝皮书
山东省民营及中小企业发展报告(2020~2021)

山东省亚太资本市场研究院
主　　编／孙国茂

出 版 人／王利民
责任编辑／高　雁
责任印制／王京美

出　　版／社会科学文献出版社·经济与管理分社(010)59367226
　　　　　地址:北京市北三环中路甲29号院华龙大厦　邮编:100029
　　　　　网址:www.ssap.com.cn
发　　行／社会科学文献出版社(010)59367028
印　　装／三河市东方印刷有限公司
规　　格／开　本:787mm×1092mm　1/16
　　　　　印　张:17　字　数:254千字
版　　次／2022年1月第1版　2022年1月第1次印刷
书　　号／ISBN 978-7-5201-9631-4
定　　价／188.00元

读者服务电话:4008918866

▲ 版权所有 翻印必究

《山东省民营及中小企业发展报告（2020~2021）》编委会

主　　任　于海田

副 主 任　安文建

委　　员　张登方　王　庆　庞松涛　许永利　李卫东　董广山
　　　　　索　立　白培华　郝　龙　姚威东　汲佩德　靳　磊
　　　　　卞　成　高善武　王晓东　刘宗国　杜振波　林　阳
　　　　　鞠俊海　刘　刚　黄正玉　乔新跃　马先升　戚树启
　　　　　孙洪昌　高　峰　王道臣　郝丕进

主　　编　孙国茂

编写人员　孙国茂　刘　坤　吴奉刚　李宗超
　　　　　孙同岩　闫小敏　姚丽婷　李　猛

支持单位　山东省工业和信息化厅　　山东省金融学会
　　　　　山东省工商业联合会　　　齐鲁工业大学金融学院
　　　　　烟台市蓬莱区人民政府　　山东省市场监督管理局
　　　　　山东大学经济学院　　　　山东省瞪羚企业发展促进会
　　　　　齐鲁股权研究中心

机构介绍

山东省亚太资本市场研究院是一家致力于金融与资本市场研究的智库机构，拥有一支30多人的专业研究团队，主要从事政策研究、行业咨询、企业孵化、管理培训、市值管理、会议论坛、编辑出版和数据挖掘等业务，为政府提供决策咨询和研究服务，为企业提供实用、专业、权威和有价值的财富管理资讯服务，孵化和培育具有增长潜力的中小企业进入资本市场并提供市值管理和资本运营服务，为政府相关部门、大学及研究机构提供具有战略价值的产业发展、区域规划、数字经济、双碳经济、绿色金融等专项研究解决方案。

研究成果

山东省亚太资本市场研究院连续多年编写《山东上市公司经营绩效及市值管理研究报告》《山东省金融科技与数字经济发展报告》等5本年度研究报告。其中，《中国证券公司竞争力研究报告》《山东省普惠金融发展报告》《山东省民营及中小企业发展报告》3本年度报告被列入中国社会科学院蓝皮书系列。每年编写《山东省中小企业年鉴》，发布《山东省上市公司白皮书》《山东省区块链产业发展白皮书》等研究报告。

会议论坛

中国公司金融论坛自2012年创办以来已连续举办9届，每年根据国家宏观经济政策和国内外广受关注的金融经济热点问题确定论坛主旨。参加论坛的人员有政府部门和金融监管部门工作人员，金融、类金融和财富管理等机构的高管人员、金融从业人员，大学及研究院（所）的研究人员，以及海内外关注中国经济改革和金融改革的专家、学者。

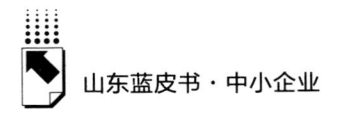

专家团队

山东省亚太资本市场研究院特约李扬、夏斌、吴晓求、贾康、贺强、王忠民、刘尚希、韦森、胡汝银、巴曙松、姚洋、祁斌、王松奇、姚景源、张承惠、管涛、刘李胜、谭雅玲、徐洪才、马庆泉、马险峰、李迅雷、郭田勇、曾刚、王力、黄震、袁红英、张述存等近百名国内著名经济学家、金融学家和证券投资与研究专家，组成了在行业内享有盛誉的专家团队。

合作伙伴

山东省亚太资本市场研究院与中国社会科学院、北京大学、中国人民大学、中央财经大学、山东大学、山东社会科学院、青岛大学、济南大学、山东财经大学、山东工商学院、上海证券交易所、中国金融四十人论坛、中国上市公司市值管理研究中心、齐鲁股权交易中心、山东省小额贷款企业协会、山东省普惠金融研究院等近百家大学、研究机构、金融机构以及人民网、新华网、光明网、中国网、中国经济网、央视网、央广网、国际在线、中国社会科学网、山东电视台、山东广播经济频道、齐鲁网、《中国证券报》、《上海证券报》、《证券时报》、《金融时报》、《证券日报》和《经济日报》等近百家中央、地方专业媒体建立了良好的合作关系。

主编简介

孙国茂　山东省泰山产业领军人才，山东省金融高端人才，山东省人大常委会财经专家顾问，山东省政府研究室特邀研究员，青岛大学经济学院特聘教授、博士生导师，山东工商学院金融学院特聘教授、金融服务转型升级协同创新中心首席专家。先后担任济南大学公司金融研究中心主任、济南大学金融研究院院长、山东省资本市场创新发展协同创新中心主任、济南大学商学院教授等职。主要研究领域为公司金融、资本市场和制度经济学。出版《中国证券市场宏观审慎监管研究》《普惠金融组织与普惠金融发展研究》《制度、模式与中国投资银行发展》《公司价值与股票定价研究》等专著10部；在《管理世界》《中国工业经济》《经济学动态》等学术期刊以及《人民日报》《经济参考报》《中国证券报》等报纸上发表论文近200篇，其中40多篇被《新华文摘》和人大复印报刊资料转载；连续10年主编《中国证券公司竞争力研究报告》，连续8年主编《山东省上市公司经营绩效及市值管理研究报告》《山东省区块链与金融科技发展报告》。主持国家社科基金项目、省部级重大研究课题以及横向研究课题10多项，获得山东省社会科学一等奖、二等奖等奖项多次。作为省政府特邀研究员和金融专家，参加山东省"十二五""十三五""十四五"规划的编写和讨论。每年为省委、省政府撰写专题报告，获得包括省委、省政府主要领导在内的领导批示10余项。

摘 要

2020年，受到新冠肺炎疫情影响，中国民营及中小企业发展面临诸多困难，为缓解民营及中小企业发展难题，快速安全复工复产和实现转型成长，财政部、工信部等多部门出台多项政策，支持民营及中小企业发展。得益于良好的营商环境，山东省民营经济实现稳定增长，全年民营经济实现增加值3.8万亿元，实现税收7445亿元。另外，黄河流域生态保护和高质量发展国家战略的推动落实，以及新旧动能转换综合试验区、中国（山东）自由贸易试验区、中国－上海合作组织地方经贸合作示范区建设等重大国家战略的叠加，集聚了更多的发展资源，为山东省民营企业发展提供了重大机遇。

山东蓝皮书之《山东省民营及中小企业发展报告（2020~2021）》秉承及时有效、客观权威、科学严谨的理念，全面分析了山东省中小企业整体状况及不断呈现的新特征，运用科学的方法和评价体系对山东省中小企业发展情况进行系统研究，分析山东省中小企业在发展中存在的问题，并与广东、江苏、浙江三省进行对比分析，提出推动中小企业高质量发展的建议。全书分为总报告、分报告和专题报告3个部分。

总报告以山东省民营企业为研究重点，对山东省民营企业发展环境、经营情况及发展重点展开分析，并指出在新时代背景下，山东省民营企业将以绿色低碳安全发展为根本，实现转型；以数字化为着力点，培育内生动力；以产业链为端口，实现升级发展；以创新载体为基础，加强科技创新及技术转化；以双循环为契机，积极融入国内大循环并大力开拓国际市场，形成新

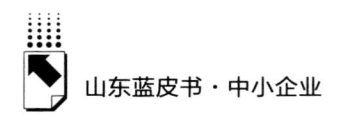

业态、新模式。

分报告主要分析山东省民营及中小企业经营绩效、山东省民营及中小企业融资问题和山东省民营上市公司情况三部分内容。山东省民营及中小企业经营绩效部分通过分析省内规模以上中小企业财务及经营指标，得出山东省中小企业赢利能力不断下降、资产质量恶化、经营绩效不佳的结论。山东省民营及中小企业融资部分指出了在新冠肺炎疫情影响下，国家出台多项支持中小企业发展的政策，山东省民营及中小企业在银行机构、资本市场渠道获得的融资额均比上年有所增长，有力地支持了实体经济发展，但在民间融资渠道方面融资额出现下降，需建立健全适合山东省的中小企业综合金融服务体系。山东省民营上市公司情况部分以财务和经营数据为切入点，指出2020年山东省民营上市公司经营业绩出现明显的提升，但是与广东、江苏、浙江三省相比，山东省民营上市公司的赢利能力、融资环境仍存在较大差距。

专题报告分为3部分，山东省民营及中小企业调研部分以全省200多家企业的调研数据为基准分析影响山东省民营及中小企业发展的原因，认为原因是多方面的，其中较突出的是融资难融资贵、研发投入不足和数字化转型困难三个方面。山东省100强民营企业分析部分全方位地总结了TOP100民营企业现状，评估了各项政策的落地和执行效果。山东省开展首贷培植行动破解小微融资痛点的实践探索部分通过对首贷培植行动的背景、主要做法及成效的分析，总结提炼经验，为其他省份做好民营和小微企业金融服务提供借鉴。

关键词： 民营经济　中小企业　经营绩效

实施"专精特新"工程，提高中小企业创新能力

于海田

2018年10月，习近平总书记在广东考察时指出："中小企业能办大事，在我们国内经济发展中，起着不可替代的重要作用。"2020年初，习近平总书记主持召开政治局会议，分析研究经济形势，部署全年经济工作，提出"发展'专精特新'中小企业"，为中小企业发展指明了方向。2021年初为了落实党中央、国务院部署，财政部、工信部联合印发了《关于支持"专精特新"中小企业高质量发展的通知》，提出将通过中央财政资金引导，促进上下联动，将培优中小企业与做强产业相结合，加快培育一批专注细分市场、聚焦主业、创新能力强、成长性好的"专精特新""小巨人"企业，推动提升"专精特新""小巨人"企业数量和质量，助力实体经济特别是制造业做实做强做优，提升产业链、供应链稳定性和竞争力。

"专精特新"中小企业是指那些具有较强创新能力，并具备专业化、精细化、特色化、新颖化优势的中小企业。统计数据显示，我国一些反映经济发展的关键性指标，如"工业战略性新兴产业增加值增速""高技术制造业增加值增速"等，均高于GDP增速。分析其中原因，既有大企业转型升级的贡献，更有中小企业自主创新的贡献。近年来，随着我国经济总量的不断扩大和经济转型的不断加快，无论是顺应消费升级的文化旅游和医疗康养，还是服务于国家重大工程的高端装备和智能制造，越来越多的"专精特新"中小企业脱颖而出。这类企业虽然规模不是很大，但拥有自主创新的"拳头产品"，甚至有的中小企业作为"单项冠军"或"配套专家"已经成为行业佼佼者。

我国民营经济与中小企业高度重合、互为主体，是经济运行的主要参与

者、就业机会的主要提供者和技术进步的主要推动者。改革开放以来的经济发展实践证明，中小企业好，中国经济就好。中小企业具有较高的市场敏锐性、反应速度、创新意识、服务意识以及工作效率，因此成为我国科技创新的重要主体。面对"世界百年未有之大变局"和对全球政治经济产生深刻影响的新冠肺炎疫情，中小企业在提升产业链、供应链稳定性和竞争力方面发挥了至关重要的作用，成为解决关键核心技术"卡脖子"问题的重要力量和加快构建新发展格局、推动高质量发展的有力支撑。

党的十九届五中全会提出，支持创新型中小微企业成长为创新重要发源地，加强共性技术平台建设，推动产业链上中下游、大中小企业融通创新。党的十八大以来，山东省委、省政府坚定不移地贯彻"两个毫不动摇"，鼓励、支持、引导民营及中小企业加快创新步伐，在政策体系、服务体系、发展环境等方面出台一系列政策措施。2018年，省委、省政府出台了《支持实体经济高质量发展的若干政策》，提出扶持小微企业创新发展，省财政对获得国家级小型微型企业创业创新示范基地、中小企业公共服务示范平台、国家中小企业创新创业特色载体的企业实行奖励；2021年初，省科技厅和省发改委等10部门再次出台《关于进一步提高全社会研发投入的若干措施》，提出推动规模以上工业企业建立研发机构、开展研发活动。大力开展工业企业（包括外资企业）重点实验室、技术创新中心、工程研究中心、"一企一技术"研发中心、新型研发机构等培育工作，推动工业企业不断提高研发经费投入强度。目前，全省拥有省级"专精特新"中小企业2534家，其中，有141家成为国家级"专精特新""小巨人"企业，占全国总数的7.7%，居第二位。总体上看，"专精特新"企业作为中小企业群体的杰出代表，"小而强""小而优秀"，具有更加广阔的发展空间和潜力，已成为山东省中小企业高质量发展的"代名词"和中小企业积极追求的"金招牌"。

理论和经验都告诉我们，企业发展的关键在于创新驱动形成的核心竞争力。国家实施"专精特新"工程，本质是鼓励创新。创新才是"专精特新"的灵魂，是代表中小企业的最鲜明的特色。工信部的数据显示，"专精特新"中的"小巨人"企业平均研发投入强度为6.4%，平均拥有发明专利近

12项。从实践来看,"专精特新"中小企业长期深耕细分市场,创新实力强、市场占有率高、掌握核心技术,处于产业链、供应链的关键环节,对补链强链、解决"卡脖子"难题等具有重要支撑作用。实施新旧动能转换重大工程以来,山东省聚焦"十强"现代优势产业集群,大力培育"专精特新"中小企业,为广大中小企业创新提供了广阔空间和巨大机遇。事实说明,中小企业必须走"专精特新"之路,打造自己的"撒手锏",从而在大浪淘沙、优胜劣汰中生存和发展。

实施"专精特新"战略,营造中小企业发展的健康生态环境是关键。中小企业发展离不开金融活水的精准浇灌,更离不开资本市场的大力支持。2021年,工信部和国家其他有关部门已经密集出台了一系列支持中小企业发展的政策措施,重点加大对"专精特新"企业高质量发展的支持力度,明确提出"十四五"期间要培育万家国家级"专精特新""小巨人"企业,带动培育十万家省级"专精特新"企业,中央财政将安排100亿元以上奖补资金给予支持,中小企业发展正迎来前所未有的"黄金期"。资本市场也按照国务院部署,让符合条件的企业对接资本市场,为"专精特新"中小企业提供更多资金支持。通过培育和扶持,打造重点领域、重点行业、重点区域的产业链配套协作体系,加快形成一批拥有自主创新能力和知识产权的高精尖产业集群。从全国情况看,一个地区上市企业越多,通常说明当地营商环境越好、经济活跃度越高、区域竞争力越强。"十三五"期间,山东省上市企业数量快速增长,到2021年5月,全省包括精选层挂牌在内的上市企业累计达到345家,并且还有118家企业正在辅导上市,资本氛围和资本力量全面起势。省委、省政府一直要求山东省对标粤苏浙等上市先进省份,切实加大科创企业培育孵化工作力度。2021年,省工信厅还将携手省新动能基金和证券公司,组建上市培育共同体,集聚产业企业、投资基金、证券市场等方面的优势资源,将"专精特新"中小企业作为"金种子",启动实施"泰山登顶"行动,加快推进企业上市,促进产业与资本高效对接。计划用5年时间,组织5000家以上企业进行规范化公司改制,建立2000家以上企业的"高成长企业上市培育库",精准辅导500家企业启动冲刺上市。

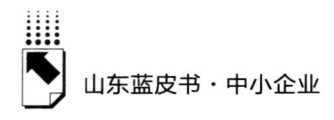

同时，省工信厅还将组织重点银行机构、基金投资机构与100余家"专精特新"企业、新材料高成长企业进行精准对接。下一步，将组织开展"专精特新"中小企业规范化公司改制示范、登陆"山东高成长企业板"挂牌托管培育、"金牌上市保荐人"精准对接辅导等系列工作，通过实施"专精特新"工程，提高全省中小企业创新能力，探索产业与资本协同发展、融合共赢的新路，培育更多的高成长性优质企业登陆资本市场，在资本和产业的交互赋能中实现更高质量的发展。

目　录

Ⅰ 总报告

B.1 山东省经济运行及民营企业发展情况（2020）
………………………………………… 孙国茂　姚丽婷 / 001

Ⅱ 分报告

B.2 山东省民营及中小企业经营绩效报告（2020）
………………………………………… 孙同岩　李宗超 / 040
B.3 山东省民营及中小企业融资报告（2020）　…李宗超　闫小敏 / 052
B.4 山东省民营上市公司研究报告（2020）　……闫小敏　孙同岩 / 089

Ⅲ 专题报告

B.5 山东省民营及中小企业调研报告（2020）
………………………… 山东省民营及中小企业研究课题组 / 121

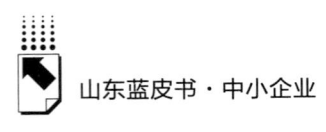

B.6 山东省100强民营企业分析报告（2020）
　　　　　　　　　　　　　　　　　　 …………… 山东省工商业联合会 / 159

B.7 山东省开展首贷培植行动破解小微融资痛点的实践探索
　　　　　　　　　　　　　　　　　　 …………… 霍成义　刘建磊　王　晶 / 232

参考文献 ………………………………………………………………… / 242

皮书数据库阅读**使用指南**

Contents

I General Report

B.1 Shandong's Economic Operation and the Development of
Private Enterprises (2020)   *Sun Guomao Yao Liting* / 001

II Sub-reports

B.2 Analysis of Shandong Private and Small and Medium-sized
Enterprises' Operating Performance (2020)
Sun Tongyan Li Zongchao / 040

B.3 Shandong Private and SME Financing
Analysis Report (2020)   *Li Zongchao Yan Xiaomin* / 052

B.4 Shandong Private Listed Company Research Report (2020)
Yan Xiaomin Sun Tongyan / 089

Ⅲ Special Reports

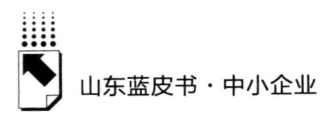

B.5 Shandong Private and Small and Medium-sized Enterprises
Survey Report（2020）
Research Group on Private and Small and Medium-sized
Enterprises of Shandong Province / 121

B.6 Shandong Top 100 Private Enterprises Analysis Report（2020）
Federation of industry and Commerce of Shandong / 159

B.7 Practical Exploration of Shandong's First Loan Cultivation
Action to Solve the Pain Points of Small and
Micro Financing   *Huo chengyi, Liu Jianlei and Wang Jing* / 232

References   / 242

总报告
General Report

B.1 山东省经济运行及民营企业发展情况（2020）

孙国茂　姚丽婷*

摘　要： 2020年9月，习近平总书记对新时代民营经济统战工作做出重要指示：坚持"两个毫不动摇"，把团结好、引导好民营经济人士作为一项重要任务。民营经济作为推动社会主义市场经济发展的重要力量，不仅能够有效推进供给侧结构性改革、推动高质量发展，也是建设现代化经济体系的重要主体。山东作为全国发展的重要组成部分，其民营经济也为全国民营经济发展做出了贡献。截至2020年末，山东民营经济不断壮大，从市场主体数量、经济规模总量、税收支撑、就业保障等方面，为全省经济社会健康发展做出了积极贡献，全省实有民营经济市

---

* 孙国茂，青岛大学经济学院特聘教授、博士生导师，山东省亚太资本市场研究院院长，研究领域为公司金融、资本市场、制度经济学；姚丽婷，山东省亚太资本市场研究院高级研究员，研究领域为中小企业、公司金融、上市公司。

场主体总数达到1169.8万家①。本报告以山东省民营经济为重点，对山东省民营经济发展环境、经营情况以及发展重点等展开分析，指出在新时代背景下，山东省民营企业将以绿色低碳安全发展为根本，实现转型；以数字化为着力点，培育内生动力；以产业链为端口，实现升级发展；以创新载体为基础，加强科技创新及技术转化；以双循环为契机，积极融入国内大循环并大力开拓国际市场，形成新业态、新模式。

关键词： 中小企业　民营经济　高质量发展

民营企业作为国家经济结构中的重要组成部分，具有增加就业、促进创新以及维护公平自由竞争等功能，能够促进社会的稳定发展，促进科技创新，推动新兴市场成长，对社会发展具有积极的作用。同时，民营企业作为重要的经济主体，能够有效推动国民经济发展，是中国经济具有强大韧性的重要体现。2020年7月21日，习近平总书记主持召开企业家座谈会并发表重要讲话，强调"要千方百计把市场主体保护好，激发市场主体活力，弘扬企业家精神，推动企业发挥更大作用实现更大发展，为经济发展积蓄基本力量"②。而民营企业作为市场主体最主要的组成部分，是市场活力的重要体现，其发展与所处环境息息相关。2020年，受到新冠肺炎疫情的影响，中国民营企业发展面临诸多困难，为缓解民营企业发展难题，实现以数字化、网络化、智能化赋能助力民营企业应对疫情，推进快速安全复工复产和转型成长，工业和信息化部办公厅印发《中小企业数字化赋能专项行动方案》，为民营经济发展提供了新思路。

---

① 《山东省民营经济（中小企业）"十四五"发展规划》。
② 习近平：《激发市场主体活力弘扬企业家精神　推动企业发挥更大作用实现更大发展》，https://baijiahao.baidu.com/S? id = 1672837379796615887 & wfr = spider & for = PC，2020年7月21日。

民营经济的发达程度，是检验区域经济活力和经济发展水平的重要指标。山东省委书记刘家义在接受新华网的采访中表示："当前山东正处在转方式调结构的紧要关口，民营经济可以大有作为，也必须大有作为。"[①] 近年来，山东民营企业加速发展，民营经济为区域经济增长提供了重大支持。2020年，由于新冠肺炎疫情突袭而至，部分民营企业受到较大影响。为支持企业发展，2020年2月，山东省人民政府办公厅发布《关于应对新型冠状病毒感染肺炎疫情支持中小企业平稳健康发展的若干意见》，从多角度协助民营企业稳步复苏。政策实施后，山东民营经济作为宏观经济蓄水池、稳定器的作用越发凸显。在良好的营商环境下，全省民营经济实现稳定增长。截至2020年末，山东实有民营经济市场主体总数达到1169.8万家；实有私营企业345.2万家；中小企业数量达到360万家。2020年，全省民营经济实现增加值3.8万亿元；实现税收7445亿元。为有效助力民营企业发展，山东省还全面推进公共服务示范平台建设，全省拥有国家级的中小企业公共服务示范平台49个，带动各地建设省级示范平台236个，有效地推动了民营经济发展。另外，黄河流域生态保护和高质量发展国家战略的推动落实，以及新旧动能转换综合试验区、中国（山东）自由贸易试验区、中国－上海合作组织地方经贸合作示范区建设等重大国家战略的叠加，集聚了更多的发展资源，为山东民营企业发展提供了重大机遇。

一 山东省民营企业经济环境

2020年，山东统筹推进"五位一体"总体布局，协调推进"四个全面"战略布局，锚定"走在前列、全面开创"，坚持稳中求进工作总基调，坚持新发展理念，深化供给侧结构性改革，实施"八大"发展战略，推进"九大"改革攻坚，培育"十强"优势产业，全省发展呈现由"量"到

---

① 刘家义：《推动民营经济走向更加广阔的舞台》，http://www.sd.xinhuanet.com/sdft/ljy/index.htm。

"质"、由"形"到"势"的根本性转变，经济质量持续提升，科技创新提速赶超，发展基础不断夯实，生态环境全面好转，改革攻坚纵深突破，对外开放深化拓展。从山东省经济发展整体情况来看，产业结构不断优化、制造业不断创新、消费市场整体运行平稳、重点领域改革纵深推进。高水平规划建设的济南新旧动能转换起步区，为民营企业发展带来更多机遇，入驻企业和金融机构等也将发挥自身优势，以点带面持续推动民营企业发展。在产业园区发展中，山东强力推进济青烟国际招商产业园建设，充分发挥区域优势，并结合重点项目，落地世界500强企业项目11个，打造全球行业产业链引擎及全球行业领军企业项目37个。

产业结构持续优化。2020年，山东省实现GDP 73129.00亿元，按可比价格计算，比2019年增长3.6%。分产业情况来看，第一产业增加值5363.76亿元，增长2.7%；第二产业增加值28612.19亿元，增长3.3%；第三产业增加值39153.05亿元，增长3.9%。产业结构由2019年的7.3∶39.9∶52.8调整为7.3∶39.1∶53.6。2020年，全省上下统筹推进疫情防控和经济社会发展，坚持稳中求进工作总基调。山东新动能持续增长，新经济有效发力，项目建设全面推进，固定资产投资增长3.6%；投资结构不断优化，针对新技术、新产业、新业态、新模式的投资增长近20%。创新能力持续增强，云计算技术全面推广，5G等基建项目加快建设。政府部门通过消费券等形式有效拉动内需，利用新媒体业态有效促进消费，网络零售额增长13.8%。为适应双循环发展格局，山东还出台一系列稳外贸政策，通过云平台进行招商引资，全年出口总额达到2.2万亿元，跨境电商进出口也实现3倍增长。"十强"产业迅速壮大，2020年新一代信息制造业、新能源新材料产业、高端装备产业、高端化工产业增加值分别增长14.5%、19.6%、9.0%和9.5%，分别高于规模以上工业企业9.5个、14.6个、4.0个和4.5个百分点。

山东半岛城市群龙头作用凸显，各区域加速发展。在全球经济下行的背景下，山东全力打造乡村振兴齐鲁样板。建成高标准农田6113万亩，农业科技进步贡献率超过65%，成为全国唯一的出口食品农产品质量安全示范省，农林牧渔业总产值首次突破1万亿元。农村人居环境整治三年行动如期完成。率先完成农村承包地确权登记颁证、农村集体产权制度改革整省试点，2019年以来统筹整合涉农资金1673亿元。高水平推进海洋强省建设。深入实施"十大行动"，海洋生产总值约占全国的1/6，整合后的省港口集团年货物吞吐量居沿海港口集团第一位。集中打造青岛船舶、烟台海工、潍坊动力装备、海洋油气装备等产业集群，国家级海洋牧场示范区占全国的40%。近岸海域优良水质面积比例达到91.5%，长岛海洋生态文明综合试验区加快建设。高标准谋划黄河流域生态保护和高质量发展。着眼发挥山东半岛城市群龙头作用，推出重大事项、重大项目556个。构建"一群两心三圈"区域协调发展新格局，"突破菏泽""鲁西崛起"工作迈出坚实步伐。对口支援西藏、新疆、青海和扶贫协作渝黔甘湘等工作取得积极成效。滚动实施"万项技改""万企转型"，投资500万元及以上工业技改项目7万余个。统筹实施"四压四上"，裕龙岛炼化一体化、山东重工绿色智造产业城等一批重大项目开工建设。坚决培育壮大新动能。推进"现代优势产业集群+人工智能""5G+工业互联网"战略，加快赋能实体经济。

（一）山东经济运行全面恢复

2019年，山东实现生产总值71067.5亿元，比2018年增长5.5%，增速同比回落0.9个百分点，低于全国0.6个百分点。山东经济总量占全国GDP比重为7.2%，全国排名第3。2020年，山东实现生产总值73129.0亿元，按可比价格计算，比2019年增长3.6%，总量排名全国第3，增速达到2.9%，高于全国平均水平，但增速同比回落。2020年，山东经济运行呈现全面恢复、回升向好的态势，主要指标好于全国平均水平，也好于预期。山东常住人口超1亿人，人均GDP达到72151元，高于全国平均水平，较2019年增加1498元。从各城市发展情况来看，青岛和济南经济总量均超万亿元，其中青岛12400.56亿元，居全省首位。

2020年，全省上下统筹推进疫情防控和经济社会发展，坚持稳中求进工作总基调，全面贯彻新发展理念，深入落实"八大"发展战略，强力实施"九大"改革攻坚,加快培育"十强"产业集群,突出抓好"一守六保三促",经济运行呈现全面恢复、回升向好的态势。"六稳""六保"落实落地,动能转换初见成效,乡村振兴稳步推进,海洋强省建设取得重要进展,创新驱动战略全面实施,质量强省建设加快推进。

1. 经济总量实现增长

2020年,受新冠肺炎疫情影响,全球经济遭受重大冲击,但中国经济运行逐季改善,逐步恢复常态,在全球主要经济体中唯一实现经济正增长,脱贫攻坚战取得全面胜利,决胜全面建成小康社会取得决定性成就,就业、物价预期目标较好完成,国际收支保持基本平衡。大力促进科技创新,产业转型升级步伐加快;推进新型城镇化和乡村振兴,城乡区域发展格局不断优化;加强依法行政和社会建设,社会保持和谐稳定。从国民经济趋势来看,全国经济实现平稳增长,2020年国内生产总值达到1015986.0亿元(见图1),"十三五"预期目标已经实现。在全球经济受到新冠肺炎疫情影响而出现大范围下滑的背景下,中国持续成为推动世界经济增长的主要动力源。

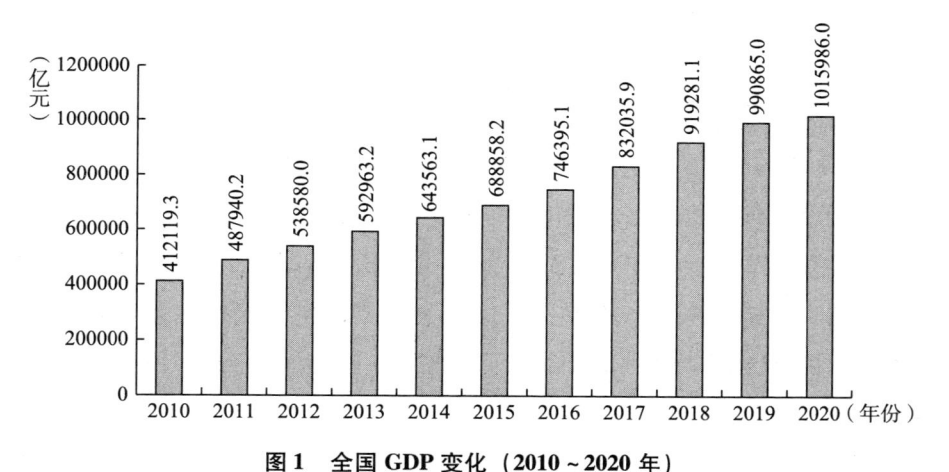

图1 全国GDP变化(2010~2020年)

资料来源:国家统计局、山东省亚太资本市场研究院。

随着宏观经济环境的持续改善,山东经济总量也持续取得突破,2020年山东经济总量超过7万亿元,全年实现生产总值73129.0亿元,比2019年增长2061.5亿元,增幅达2.9%(见图2),增速同比回落2.6个百分点。

山东经济总量占全国比重为 7.2%，全国排名第 3。

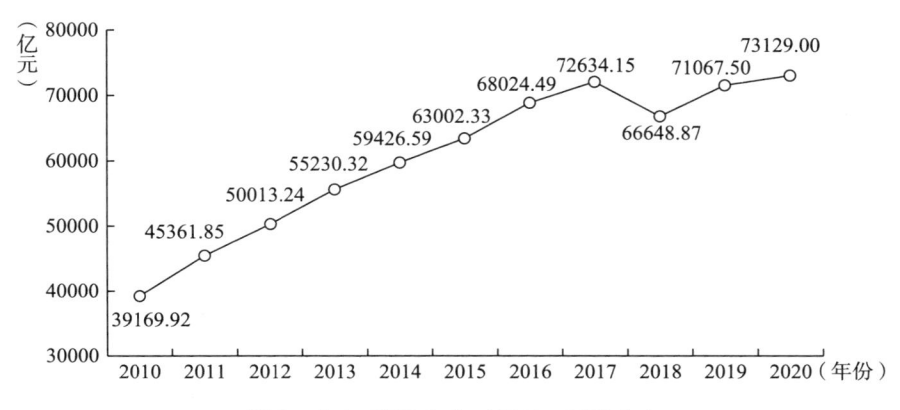

图 2　山东 GDP 变化（2010～2020 年）
资料来源：山东省统计局、山东省亚太资本市场研究院。

在全国经济总量排名中，处在前四位的广东、江苏、山东、浙江 2020 年均实现稳定增长。但从发展趋势来看，2010 年以来，山东经济总量与广东及江苏差距逐渐拉大。2020 年差距变化更加明显，与广东和江苏相比，差距分别达到 37631.94 亿元、29589.98 亿元；与浙江的差距正逐渐缩小，仅领先浙江 8515.66 亿元。

2. 经济增速高于全国平均水平

山东 GDP 逐年增长，但增速连续 10 年下滑（见表 1）。2019 年，山东 GDP 增速低于全国 0.6 个百分点，2020 年比全国高 0.6 个百分点，比广东高 0.03 个百分点，比浙江、江苏分别低 0.73 个和 0.20 个百分点。具体来看：与江苏相比，近 10 年来江苏 GDP 增速除 2017 年低于山东外，其余年份均与山东持平，或超过山东，两省经济差距逐渐拉大；从浙江与山东 GDP 增速比较来看，2015 年山东低于浙江，2016 年又高出浙江 0.05 个百分点，但自 2017 年起，山东 GDP 增速低于浙江趋势明显，差距逐渐拉大。由于广东、江苏两省创新能力强、转型早、新动能发展较快等，所以不论是经济总量还是增速，山东与其都有较大差距，而山东与浙江差距虽在缩小，但山东的创新力、竞争力等仍有待进一步提高。

表1　全国及广东、浙江、江苏、山东四省GDP增速（2010~2020年）

单位：%

年份	全国	广东	浙江	江苏	山东
2010	10.60	12.40	11.90	12.70	12.30
2011	9.60	10.00	9.00	11.00	10.90
2012	7.90	8.20	8.00	10.10	9.80
2013	7.80	8.50	8.20	9.60	9.60
2014	7.40	7.80	7.60	8.70	8.70
2015	7.00	8.00	7.96	8.53	7.95
2016	6.80	7.50	7.55	7.80	7.60
2017	6.90	7.54	7.76	7.15	7.36
2018	6.70	6.80	7.10	6.70	6.40
2019	6.10	6.20	6.80	6.10	5.50
2020	2.30	2.87	3.63	3.10	2.90

资料来源：Wind、山东省亚太资本市场研究院。

2020年，山东人均GDP为72151元，较上年增长2%，比全国高151元，在全国排名第10；与江苏、浙江、广东相比存在较大差距，比江苏低49080元，比浙江低28469元，比广东低16059元（见图3）。与2019年相比，山东与江苏、浙江、广东之间的差距逐渐缩小，经济发展取得较大的成

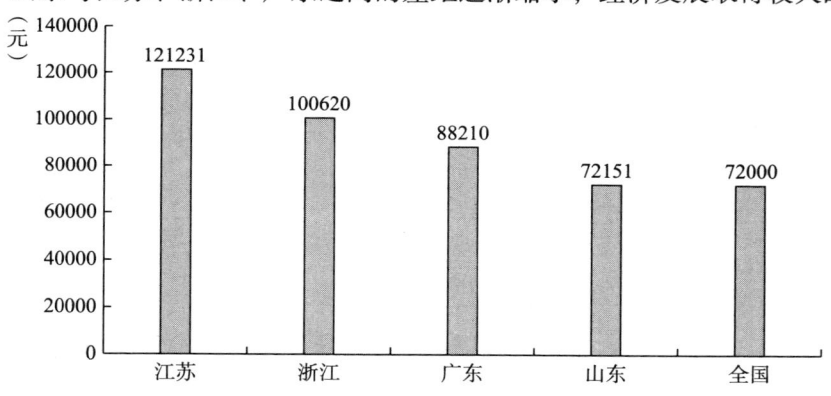

图3　全国及江苏、浙江、广东、山东四省人均GDP比较（2020年）

资料来源：江苏、浙江、广东、山东四省统计局，山东省亚太资本市场研究院。

效。在 GDP 排名上，广东位居第 1，但结合总人口来看，四省中，人均 GDP 江苏排首位，且比全国水平高出近 5 万元。江苏 13 个地级市中有 11 个人均 GDP 超过全国水平，占比达 85%；山东仅有 6 个地级市超过全国水平，占比为 38%。

3. 省内各城市经济发展不均衡

青岛 2016 年经济总量首次突破万亿元大关，2019 年增长至 11741.31 亿元，稳居山东榜首，也是 2019 年山东唯一一个 GDP 在万亿元以上的城市，多年领跑全省 16 城市。2020 年，山东构建区域发展新格局，省会、胶东、鲁南经济圈一体化发展协同推进，三大经济圈分别实现生产总值 27466.0 亿元、31113.4 亿元和 14515.9 亿元，按可比价格计算，比 2019 年分别增长 3.8%、3.5% 和 3.6%，对全省经济增长的贡献率分别为 38.7%、41.2% 和 20.1%。济南、青岛、烟台"三核"引领作用突出，合计实现生产总值 30357.9 亿元，增长 4.0%；占全省 GDP 比重为 41.5%，比 2019 年提高 0.6 个百分点。结合各城市发展情况来看，各城市之间差距较大，社会经济发展不均衡。从各地区经济总量来看，青岛继续以 12400.56 亿元居榜首；济南以 10140.91 亿元居第 2；烟台则以 7816.42 亿元居于第 3 位（见图 4）。青

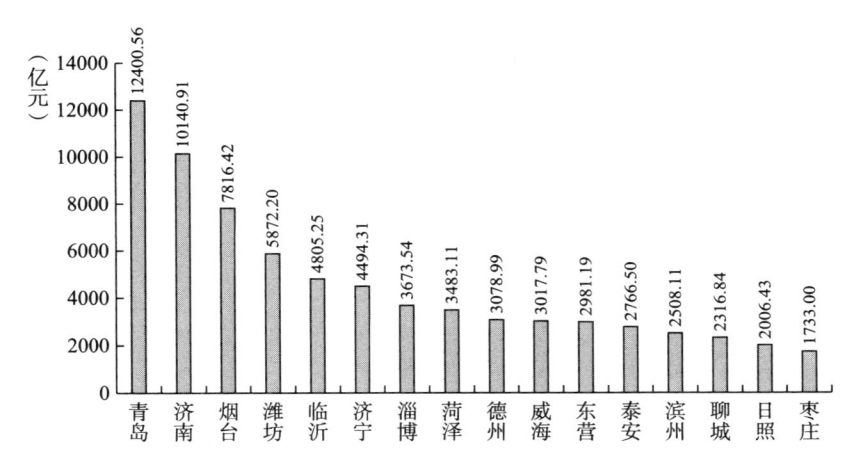

图 4 山东省 16 市 GDP 情况（2020 年）

资料来源：山东省 16 市统计局、山东省亚太资本市场研究院。

岛、济南均突破万亿元，成为山东重要经济支撑。枣庄经济总量居末位，为1733.00亿元，仅为青岛的13.98%，城市之间经济差距较大，东部沿海地区相对较为发达。在全省16个城市中，青岛、济南、烟台、潍坊、临沂5个城市的经济总量高于省内城市平均水平（4509.44亿元）。

（二）制造业持续优化

2020年，面对严峻复杂的国内外环境特别是新冠肺炎疫情冲击，全国各地区扎实做好"六稳"工作、全面落实"六保"任务，经济运行稳定恢复，就业民生保障有力，经济社会发展主要目标任务完成情况好于预期。全年实现GDP 1015986.0亿元，按可比价格计算，比2019年增长2.3%。分季度看，一季度同比下降6.8%，二季度增长3.2%，三季度增长4.9%，四季度增长6.5%。分产业看，第一产业增加值77754.0亿元，比2019年增长3.0%；第二产业增加值384255.0亿元，增长2.6%；第三产业增加值553977.0亿元，增长2.1%[①]（见图5）。

图5 全国产业结构变化（2010~2020年）

资料来源：国家统计局、山东省亚太资本市场研究院。

从全国各省份经济发展情况来看，前四位分别为广东、江苏、山东、浙江。相比较而言，山东传统产业占比较高，新兴产业发展相对落后，广东、

---

① 数据来源：http://www.stats.gov.cn/tjsj/zxfb/202102/t20210227_1814154.html。

江苏、浙江在新兴经济领域有较大优势，吸引了大量资本和人才，第二产业、第三产业发展较快，大幅领先山东。从广东产业结构特点来看，其主要是加速推进产业转型升级，加快"一核一带一区"建设，实现协调和平衡发展。2020年，广东科技创新能力再上新台阶，研发经费支出已经增加到3200亿元，占地区生产总值比重提高到2.9%，较上年提高0.5个百分点，区域创新综合实力跃居全国第1，有效发明专利量、PCT国际专利申请量保持全国首位。江苏将创新作为发展着力点，落实创新发展战略，加大创新支持力度，加速引领发展，并以"一带一路"交汇点建设为统领，全面落实"五大计划"专项行动，持续提升地区开放型经济水平。国家统计局数据显示，2020年江苏累计实际使用外资1298亿美元，总规模保持全国首位。浙江发挥技术优势，加快推进"互联网＋"、生命健康、新材料三大科创高地建设，长三角一体化发展国家战略加速落地，数字化应用全面推进，"浙里办"等实现迭代升级，并继续推出一批场景化业务创新应用，"互联网＋监管"逐步落实推进，初步建成"掌上办事之省""掌上办公之省"。总体来看，广东、江苏、浙江更加注重第三产业发展，完成产业结构调整时间较早，形成"三二一"结构的时间均早于山东。2016年，山东第三产业首次超过第二产业成为拉动经济增长的主动力，2020年山东三次产业结构有所调整，由2019年的7.2∶39.8∶53.0变为7.3∶39.1∶53.6（见图6）。

图6 山东产业结构变化趋势（2010~2020年）

资料来源：国家统计局、山东省亚太资本市场研究院。

2020年，山东以乡村振兴为重点，坚持推进第一产业发展，并持续推进高标准农田建设，坚持"藏粮于地、藏粮于技"。从第一产业增加值来看，山东达到5363.8亿元，增长2.7%[①]，占GDP比重达到7.33%，比江苏、广东、浙江分别高出2.91个、3.02个、3.97个百分点；低于全国第一产业增加值占比0.32个百分点（见图7）。具体来看，粮食总产量1089.4亿斤，增加18.0亿斤，已经连续7年超过千亿斤。同时，第一产业产品加速品牌化，不断实现正规化、标准化，无公害农产品、绿色食品、有机农产品和农产品地理标志获证产品10275个，增长1.6%。2020年，山东农产品出口1257.4亿元，增长1.9%，占全省的9.6%，占全国农产品出口的23.9%，连续22年居全国首位。

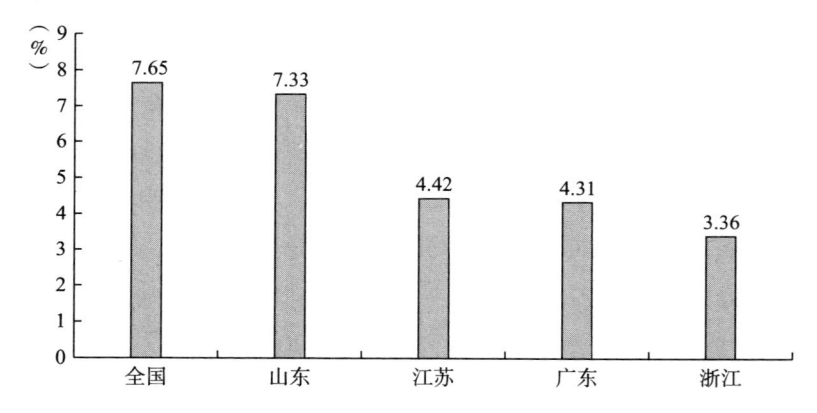

图7 全国及广东、江苏、浙江、山东四省第一产业增加值占GDP比重（2020年）
资料来源：Wind、山东省亚太资本市场研究院。

2020年，山东农林牧渔业总产值10190.6亿元，按可比价格计算，比2019年增长3.0%（见表2），成为全国首个突破万亿元的省份。按可比价格计算，山东农林牧渔业总产值增幅比2019年提高2.2个百分点。其中，种植业产值5168.4亿元，增长3.4%；林业产值214.2亿元，增长6.3%；牧业产值2571.9亿元，增长2.3%；渔业产值1432.1亿元，增长1.3%；农林牧渔专业及辅助性活动服务业产值804.1亿元，增长

---

① 数据来源：http://tjj.shandong.gov.cn/art/2021/2/28/art_6196_10285382.html。

5.3%。山东以耕地建设和种子问题为抓手，不断加强粮食功能区建设，重点进行重要农产品生产，提高农田建设标准，落实粮食安全，积极开展土地管理和田间管理，保证粮食生产实现"夏增、秋增、全年增"，为全国粮食丰收做出了重要贡献。粮食单产再创历史新高，亩产达到 877 公斤，比 2019 年增加 17.8 公斤，增长 2.0%。

表2 2020 年农林牧渔业产值及增长速度

单位：亿元，%

指标	产值	增幅
农林牧渔业	10190.6	3.0
农业	5168.4	3.4
林业	214.2	6.3
牧业	2571.9	2.3
渔业	1432.1	1.3
农林牧渔专业及辅助性活动服务业	804.1	5.3

资料来源：山东省统计局、山东省亚太资本市场研究院。

党的十九届五中全会要求，经济的发力点要聚焦实体经济，突出制造业战略导向，积极发挥我国制造业的优势，持续推进先进制造业发展，引导战略性新兴产业发展，并全面布局现代服务业，为制造业提供良好的发展环境，坚定科技化发展路线，推广大数据技术，优化产业链建设，不断提高综合能力和核心竞争力。2020 年，山东第二产业增加值达到 28612.19 亿元，较 2019 年增长 3.3%。从 GDP 占比指标来看，山东第二产业占比达到39.13%，高出全国水平（37.82%）1.31 个百分点，比江苏、浙江、广东分别低 3.93 个、1.75 个、0.10 个百分点，第二产业贡献率相对较低（见图8）。具体来看，山东全部工业增加值 23111.0 亿元，比 2019 年增长 3.6%。规模以上工业增加值增长 5.0%，其中，装备制造业增长 12.6%，高技术制造业增长 9.8%。规模以上工业营业收入增长 2.4%，利润总额增长 19.6%；营业收入利润率为 5.1%，比 2019 年提高 0.8 个百分点。规模以上工业产品产销率为 98.2%，提高 1.3 个百分点。具有总承包和专业承包资质的有工作量建筑业企业8081家，比2019年增加782家，其中，国有及国有控股企业582家，增加28家。建筑业总产值14947.3亿元，比2019年增长4.8%。年内，有75家山东企业上榜"2020中国制造业企业500强榜单"，山东企业上榜数量占全国制造业企业的15%。同时，2020年，《山东省推进工业大数据发展的实施方案（2020-2022年)》发布，首次给出工业大数据发展"路线图"，表明山东正在加快全省工业数字化转型，为推进数字化发展提供指导，为工业数字化发展提供方案。

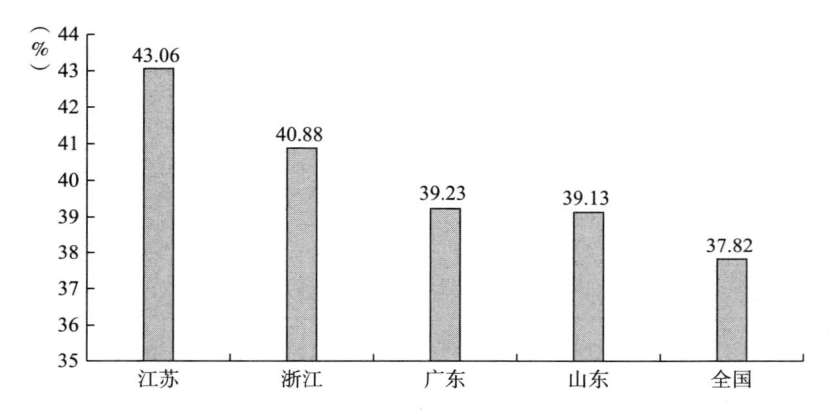

图8　全国及江苏、浙江、广东、山东四省第二产业增加值占GDP比重（2020年）
资料来源：江苏、浙江、广东、山东四省统计局，山东省亚太资本市场研究院。

2020年，山东服务业实现增加值39153.1亿元，按可比价格计算，比2019年增长3.9%；占全省生产总值比重为53.6%，比2019年提高0.8个百分点；对经济增长的贡献率为55.1%。规模以上服务业营业收入增长3.5%，营业利润增速由负转正，增长0.7%。新兴行业保持较快增长，高技术服务业营业收入增长11.5%，其中电子商务服务、研发与设计服务、科技成果转化服务分别增长27.7%、22.7%和19.4%。山东第三产业增加值占GDP比重为53.54%，仍低于全国水平（54.52%），比江苏高1.01个百分点，比广东、浙江分别低2.92个、2.22个百分点，对经济的支撑作用相对较弱（见图9）。

2020年，山东实现旅游总收入6019.7亿元，有A级旅游景区1227家，其中，5A级旅游景区13家，新获国家评定1家。旅游新业态积极打造，拥有省级工业旅游示范基地67家，威海荣成市、临沂沂南县、烟台蓬莱区、

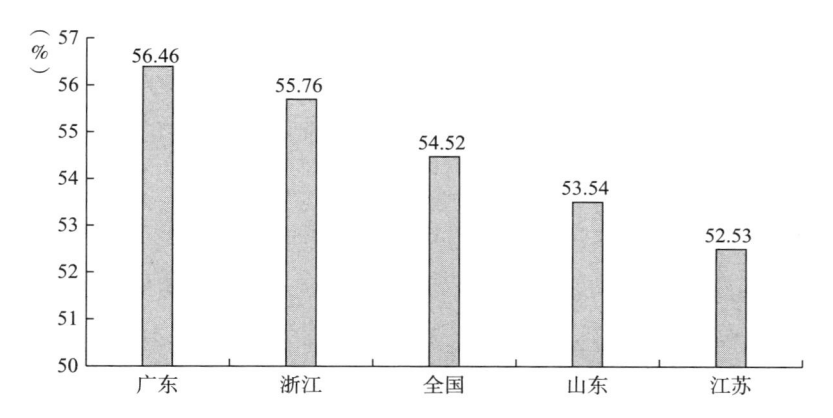

图 9　全国及广东、浙江、山东、江苏四省第三产业增加值占 GDP 比重（2020 年）
资料来源：国家统计局、山东省亚太资本市场研究院。

德州齐河县、济南章丘区获评第二批国家全域旅游示范区。同时，邮政电信业加快发展，业务总量8193.8亿元，比2019年增长26.7%。其中，电信业务总量7200.1亿元，增长24.4%；邮政业务总量993.7亿元，增长38.4%。2020年，快递业务量41.5亿件，增长43.7%。（固定）互联网宽带接入用户3445.6万户，新增259.5万户。

旅游业是山东省新旧动能转换工程确定的十大产业之一。为了积极创建全域旅游示范省，加强旅游市场综合整治，严厉打击旅游失信行为，全面提升"好客山东"品牌价值和影响力，2020年，山东出台了《山东省文化旅游融合发展规划（2020－2025年）》，提出到2025年基本实现文化旅游强省建设目标，打造六大文化旅游带，特色文化旅游将形成线路优选，并形成以点连线、以线带面的发展格局。以宏大的格局、全面贯通的交通网络为依托，山东将加快旅游业发展，为经济发展提供重要支撑。

（三）"双循环"相互促进

从需求角度看，消费、投资和净出口是拉动我国经济增长的"三驾马车"。1978年改革开放以来，我国凭借廉价劳动力、低成本土地、广阔市场等比较优势，大力对外招商引资，依托引进的外资、技术和管理经验，以及产业链的带动等，不断加速工业化进程，在较短时间内缩小了制造业与国际的差距，建立了完善的制造业体系，同时增加了国民财富。根据我国经济传统增长高质量转型发展的内在需求，及应对国际严峻形势的正确选择，2020年5月14日，中共中央政治局常委会会议首次提出"构建国内国际双循环相互促进的新发展格局"。

按照支出法统计的GDP一般由最终消费支出、资本形成总额、货物和服务净流出三部分构成。从对经济的贡献来看，自2010年以来最终消费支出对国内生产总值增长的贡献率呈上升趋势，2020年有所下降，达到54.29%，为三大需求中贡献最高的，但较2019年下降1.14个百分点。2020年，最终消费支出对国内生产总值增长的贡献率较资本形成总额对GDP的贡献率、货物和服务净流出对GDP的贡献率分别高出11.17个、51.70个百分点（见图10）。2020年，新冠肺炎疫情使全球经济受到冲击，各国消费能力有所减弱，但最终消费支出仍是拉动中国经济增长的主要动力。在商品消费内部，线上销售、在线办公等都进一步加速升级，在大数据技术和互联网技术的催化下，居民消费习惯有所调整，网上购物成为大部分消费者的最终选择。网络零售不断培育消费市场新动能，助力消费"质""量"双升级，推动消费实现"双循环"。在国内消费循环方面，网络零售激活了城乡消费循环；在国内国际双循环方面，跨境电商发挥着稳外贸的作用。

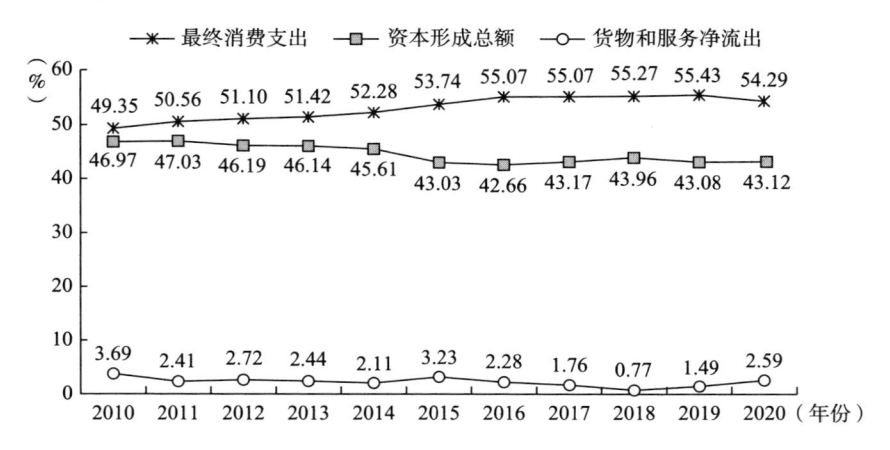

图10 三大需求对GDP增长的贡献率（2010~2020年）

资料来源：国家统计局、山东省亚太资本市场研究院。

2020年9月25日,《中国(山东)自由贸易试验区条例》经山东省第十三届人民代表大会常务委员会第二十三次会议通过并正式发布。条例提出,自贸试验区应当对标国际国内先进经验,推动经济发展质量变革、效率变革、动力变革,建立与国际投资贸易规则相衔接的制度框架和监管机制,逐步建成贸易投资便利、金融服务完善、监管安全高效、辐射带动作用突出的高标准高质量自由贸易园区。经过一年的建设,山东自贸试验区112项试点任务已实施102项,形成60项制度创新案例,7项得到国家有关部门认可,36项已在省内复制推广。此外,青岛上合示范区"四个中心"建设初见成效。统计来看,上合示范区共投产项目49个、总投资额达到416.2亿元,另有73个合计总投资1871亿元的项目正加速推进。高能级平台作用凸显,新增2个综合保税区,累计达13个。线上线下融合拓展市场,举办"儒商青企会""山东与世界500强连线""山东与世界500强产业链高质量合作发展对话""全省重点外资项目集中签约仪式"等活动,签约外资项目237个,合同外资额104.9亿美元,有效地助力了山东形成"大循环、双循环"的新发展格局。

2020年,山东进出口总值达22009.4亿元,增长7.5%。其中,出口13054.8亿元,增长17.3%;进口8954.6亿元,下降4.1%。与全国进出口水平相比,山东进出口、出口增幅分别高于全国5.6个和13.3个百分点,进口降幅比全国高3.4个百分点。进出口、出口、进口增幅分别列沿海主要6省市第2、第1和第6。进出口、出口占全国份额较上年同期分别提高0.4个和0.8个百分点。针对新冠肺炎疫情影响,山东省商务厅出台线上展洽会实施方案,围绕重点国家、重点产业,举办28场出口商品系列"云展会",组织企业开展精准配对洽谈;首创"线下展品展示+线上视频对接"模式,在日本、巴基斯坦、肯尼亚等国家的城市举办4场展会。

2020年,山东全省对东盟、"一带一路"沿线国家等新兴市场出口分别增长29.9%、18.2%,占全省出口的13.9%、29.7%,较2019年同期提高1.3个和0.2个百分点。美国重返山东第一大出口市场,全年对美国出口增长24.1%。对欧盟、韩国、日本分别出口1748.2亿元、1333.5亿元、

1203.3亿元，分别增长19.1%、15.6%、0.9%（见表3）。受新冠肺炎疫情影响，海外居家用品需求持续扩大，带动有关产品出口额快速增长，山东居家用品出口金额达到886.9亿元，增长38.6%，其中家电及家用设备、日常家用产品、食品饮料分别出口428亿元、183.3亿元和275.6亿元，分别增长39.1%、66.9%和23.9%。防疫物资出口525.9亿元，增长243.9%，其中基础防疫物资出口增长迅速，口罩、医用手套、防护服出口分别增长11倍、1.8倍和17倍。机电产品出口5590.7亿元，增长19.2%，占山东全省的42.7%。值得一提的是，山东农产品出口1257.4亿元，增长1.9%，占全省的9.6%，占全国农产品出口的23.9%，连续22年居全国首位。

表3 山东对主要国家和地区货物进出口总值及增速（2020年）

单位：亿元，%

国家和地区	出口 总值	出口 增速	进口 总值	进口 增速	进出口 总值	进出口 增速
东盟	1818.8	29.9	1188	16.8	3006.8	24.4
美国	1996.9	24.1	434.4	37.8	2431.3	26.4
欧盟	1748.2	19.1	574.2	3.5	2322.5	14.8
韩国	1333.5	15.6	745.3	-6.5	2078.8	6.6
日本	1203.3	0.9	364.1	14.2	1567.5	3.7

资料来源：山东省统计局、山东省亚太资本市场研究院。

2020年，山东省一般贸易出口9567.3亿元，增长23.3%，占全省的73.3%，较2019年同期提高3.6个百分点，外贸发展的内生动力增强。加工贸易出口2739.1亿元，下降3.1%，占全省的21%，较2019年同期减少4.4个百分点。国家级试点不断增多，外贸新业态政策环境持续优化，新增临沂、东营、潍坊3个跨境电商综试区，青岛即墨国际商贸城、烟台三站市场2个市场采购贸易试点，枣庄二手车出口试点，青岛西海岸新区国家进口贸易促进创新示范区，济南莱芜区等10个国家外贸转型升级基地。2020年跨境电商进出口138.3亿元，增长366.2%；市场采购贸易出口343.4亿元，增长84.5%。

从区域情况看，2020年，山东有11个城市进出口实现正增长。青岛、烟台、潍坊、威海分别增长8.2%、10.7%、6.4%、15.1%，合计占全省进出口额的59.7%，对全省稳外贸发挥主力军作用。枣庄、临沂、泰安、济南、济宁、德州6个内陆地市进出口分别增长80.2%、39.9%、24.8%、22.9%、18.3%、11.9%，合计占全省进出口额的18.1%，较2019年同期提高3.1个百分点。此外，淄博进出口微增0.1%；东营、菏泽、滨州、日照、聊城分别下降19%、10.6%、6.6%、2.8%、1%。

（四）新旧动能转换全面起势

2019年，山东国企改革强力突破，省属国有企业混改三年行动计划启动实施，全年完成混改企业187家。山东机场管理集团、山东港口集团挂牌成立，山东重工与中国重汽完成战略重组。县级经营性国有资产统一监管模式在全国率先建立，179个县市区（含各类功能区）共划转企业757家、资本额5250亿元。

2020年，山东坚持走新旧动能转换道路，并取得显著成效，新旧动能转换全面起势。全省坚决淘汰落后产能，压减焦化产能729万吨，退出地炼产能1176万吨。坚决转换提升传统动能，裕龙岛炼化一体化、世界高端铝业基地、山东重工绿色智造产业城等重大制造业项目落地实施；工业技改投资比上年增长17.6%。坚决培育壮大新动能，"四新"经济增加值占比达到30.2%，投资占比达到51.3%。新登记"四新"经济企业增长83.4%。新增高新技术企业3157家，总量达到1.46万家，增长27.5%。高新技术产业产值占规模以上工业产值比重为45.1%，比上年提高5.0个百分点。"十强"产业中，新一代信息技术制造业、新能源新材料、高端装备等增加值分别增长14.5%、19.6%和9.0%，分别高于规模以上工业9.5个、14.6个和4.0个百分点。高技术制造业增加值增长9.8%，高于规模以上工业4.8个百分点。光电子器件、服务器、半导体分立器件、碳纤维、工业机器人等高端智能产品产量分别增长24.8%、35.3%、15.5%、129.5%和24.9%。

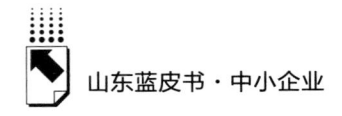

软件业务收入5848.5亿元，增长12.4%；软件业务出口15.8亿美元，下降1.0%。

山东省新经济快速成长，项目建设加力提速，12121个省市县三级重点项目加快推进，634个补短板项目开工626个，开工比例达到98.74%；1781个专项债券项目全部开工。固定资产投资增长3.6%，比全国高0.7个百分点；投资结构持续优化，"四新"经济投资增长18.7%，占比达到51.3%。国家云计算装备产业创新中心、青岛5G高新视频实验园等新基建项目加快建设。市场消费扩容回补，举办旅游发展大会，开展山东消费年活动，新媒体电商、直播带货等新业态蓬勃发展，社会消费品零售总额增幅比全国高3.9个百分点，网络零售额增长13.8%。山东出台一系列稳外贸稳外资政策，稳外贸稳外资服务平台上线运行。云招商、云展会全面发力，组织重点外资项目签约开工、连线世界500强、儒商青企会、对话山东等重大招商引资活动。全年进出口总额达到2.2万亿元，增长7.5%，比全国高5.6个百分点。实际使用外资达到176.5亿美元，增长20.1%，比全国高15.6个百分点。增开国际货运航线52条。"齐鲁号"欧亚班列开行1506列，增长43%。跨境电商进出口、市场采购贸易出口分别增长366.2%、84.5%。

二 山东民营企业发展现状

近年来，山东省坚持"两个毫不动摇"和"三个没有变"，落实山东省出台的"非公十条""民营经济35条""三保十条"等一系列政策措施，在减税降费、创新创业、融资服务、环境优化等方面加大支持力度，全省民营经济发展取得良好成效。2019年，全省民营经济实现增加值36415.8亿元，占全省GDP的51.2%；民营企业进出口13297.08亿元，占全省进出口总额的65.1%；私营企业和个体工商户累计安置就业3700多万人，成为吸纳就业最重要的渠道。2020年，《山东省民营经济高质量发展三年行动计划（2020－2022年）》决定开展6个专项行动，通过22项具体措施进一步推动民营经济高质量发展，分别涉及主体培育、公司改制、培育"专精特新"、培育瞪羚企业、筛选独角兽企业、建立民营企业储备库等。在开展市场主体培育专项行动方面，山东将实施创业创新"孕育萌生"计划，落实"个转企"优惠政策，鼓励符合条件的个体工商户转企；实施小微企业"春笋拔节"计划，通过激励引导、融资支持、"一对一"精准服务，推动企业进行规范化公司制改制工作；实施高成长性企业"热带雨林"计划，力争每年培育省级"专精特新"企业300家左右、瞪羚企业150家左右、独角兽企业5家左右；实施骨干企业"跨越登峰"计划，重点扶持基础好、成长潜力大的骨干企业，建立新跨越民营企业储备库，支持其通过上市、并购、联合等做大做强。

2018~2020年，山东省平均每年新增民营市场主体100万户以上，民营经济持续发挥带动作用。截至2020年末，全省民营及中小企业建立省级技术创新中心近40家；全省中小企业实施技术创新项目占全省的比重超过70%；科技型中小企业入库数量达到1.82万家，高新技术企业达到1.46万家。"十三五"期间，山东累计培育国家级"专精特新""小巨人"企业141家、国家制造业单项冠军130个，省级"专精特新"中小企业2534家、瞪羚企业709家、独角兽企业13家、新跨越民营企业20家、省级制造业单项冠军371个。山东民营企业数量众多，根据山东省政府新闻办召开的展望"十四五"主题系列新闻发布会的数据，截至2020年末，山东实有民营经济市场主体总数达到1169.8万户。尽管山东省中小企业数量庞大，但仍存在规模较小、分布较为分散等特征，从涉及的行业来看，主要集中在农副食品、化工、制造业、设备制造以及服务业等传统行业，缺乏竞争力与核心技术，整体的平均寿命相对较短。山东民营企业发展主要表现出以下几个方面特点：市场主体持续增多、赢利能力有待提高、融资渠道持续多样化、营商环境不断优化、创新生态持续向好。

（一）市场主体持续增多

民营经济作为非公有制经济的一部分，是我国社会主义市场经济的重要组成部分，大力发展民营经济，有利于促进社会主义市场经济的深化和发展；有利于促进生产力的发展；有利于增加就业，提高人民生活水平；有利于增加国家财政收入；有利于促进多种所有制经济共同发展。2020年以来，新冠肺炎疫情、贸易保护主义、单边主义等因素促使全球产业链不断调整和重构，给民营经济的发展和市场预期带来了诸多不利影响。但山东民营经济主体仍发挥自身优势，实现市场主体数量的增长。2020年，中国民营企业500强出炉，山东52家企业入围，魏桥创业集团以2792.81亿元居总榜单第13位、山东首位。2020年，在山东民营企业100强中，化学原料和化学制品制造业企业数量从12家减少到7家，有色金属冶炼和压延加工业企业数量从7家减少到3家，有72家企业参与制定了国际、国家或行业标准，技术制定标准话语权进一步增强。

1. 民营经济市场主体增多

近年来，山东坚定不移地发展壮大民营经济，持续提升民营经济活力和创造力，通过在政策普惠、成长帮扶、市场拓展、融资服务等方面聚焦施策，积极帮助企业解决急难愁盼问题，在助力民营经济加快驶入高质量发展快车道的同时，也充分发挥了民营企业在繁荣经济、扩大就业中的重要作用。从民营经济市场主体来看，2016~2020年数量呈现稳步增加的趋势，截至2020年，全省民营经济市场主体数量达到1169.7万家，较2019年增长147.2万家（见图11）；全省民营经济市场主体增速为14.4%，相较2019年增速回落0.6个百分点。

2. 规模以上工业企业数量减少

工业是经济发展的重要动力，做强工业经济能够有效激发区域经济活力，提高工业企业质量。因此，要坚持优质培养的思路，以新经济为基础培养新型工业企业，帮助现有企业转型，促进其实现结构优化，营造良好的发展环境。规模以上工业企业的高质量发展，能够为区域经济发展提供动力。统计数据显示，山东规模以上工业企业数量在"十三五"期间呈现下滑趋势，下降幅度最大的是2019年，与2018年相比，数量减少了10379家，减少幅度为26.67%。截至2020年末，山东规模以上工业企业数量为26468家（见图12）。

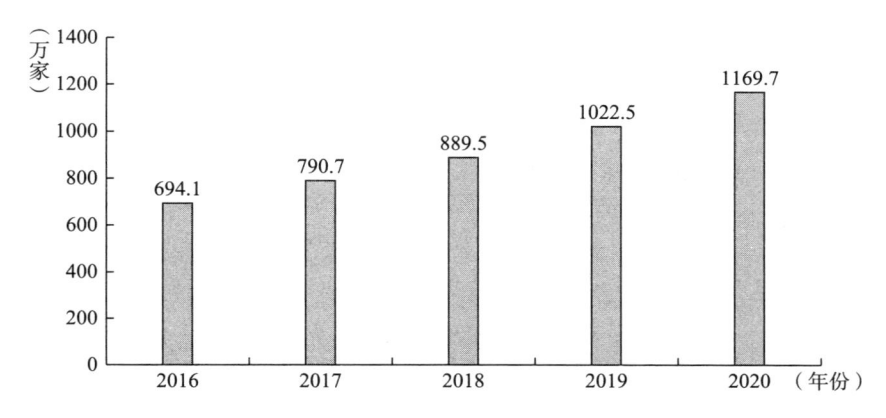

山东省经济运行及民营企业发展情况（2020）

图 11 山东民营经济市场主体数量统计（2016~2020 年）

资料来源：山东省统计局、山东省亚太资本市场研究院。

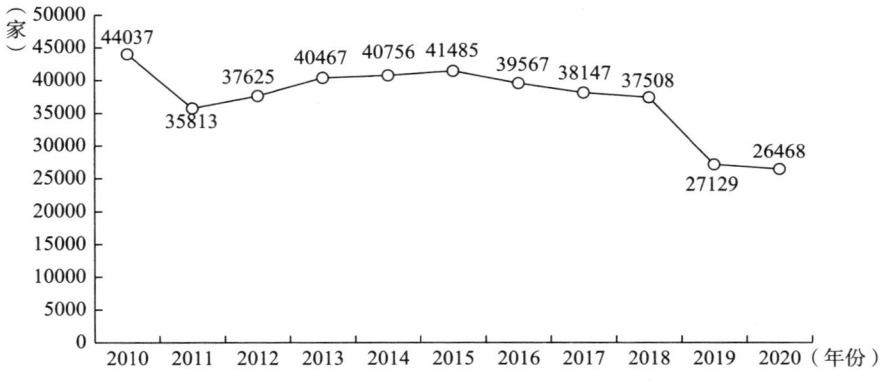

图 12 山东规模以上工业企业数量统计（2010~2020 年）

注：由于 2018 年《山东省统计年鉴》未公布规模以上工业企业数量，图中 2018 年数量采用《2018 年中国中小工业企业经济运行报告》数据，http://lwzb.stats.gov.cn/pub/lwzb/gzdt/201905/t20190521_5115.html。

资料来源：国家统计局、山东省统计局、历年《山东省统计年鉴》、山东省亚太资本市场研究院。

3. 规模以上工业中小企业数量减少

随着环保政策的持续推进、供给侧结构性改革的不断深化和新旧动能转化重大项目的实施，山东部分规模以上工业中小企业受到较大冲击。规模以上工业中小企业数量减少不仅与经济环境有关，更与政策环境有关。一些中小企业产能相对落后，部分地方政府采用"一刀切"的管理方式使一些中

023

小企业经营存在困难；同时资源型行业去产能引起原材料价格大幅上升，但终端需求疲弱，价格难以向下传导，导致利润从以民营企业为主的中下游行业向以国有企业为主的资源型行业转移。截至2019年末，山东规模以上工业中小企业达到24011家，与2018年相比减少10977家[①]（见图13），减小幅度居全国前列。

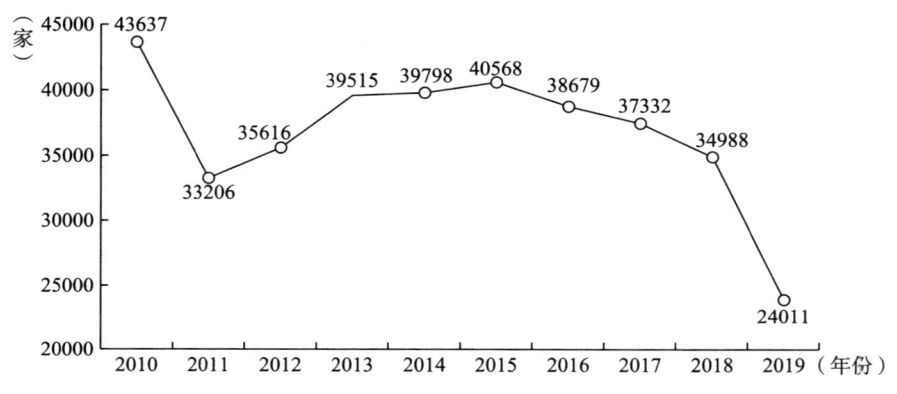

图13 山东规模以上工业中小企业数量统计（2010~2019年）

注：数据为根据《山东省统计年鉴》"工业篇"的"规模以上工业企业主要经济指标"中"按企业规模分""中型企业"和"小型企业"的总和。后面不再做出说明。

资料来源：山东省统计局、历年《山东省统计年鉴》、山东省亚太资本市场研究院。

（二）赢利能力有待提高

赢利能力是企业发展情况的重要表现，作为民营企业的重要组成部分，规模以上工业中小企业的赢利能力也能够在一定程度上展现民营企业的赢利情况。规模以上工业中小企业数量因企业经营状况的变化而变动，有规模变大的新进企业，也有规模变小而退出的企业，很多企业还存在新建、注销、合并等情况，但整体来看，山东规模以上工业中小企业主营业务收入有所减少，利润总额下滑，总资产下滑，负债增多，综合赢利能力有待提升。

---

① 由于国家统计局没有公布2020年规模以上工业中小企业的数据，所以本报告涉及规模以上工业中小企业的数据均截至2019年。

1. 主营业务收入有所减少

在"营改增"政策实施后,服务业企业改缴增值税且税率较低,工业企业逐步将内部非工业生产经营活动剥离,转向服务业,使工业企业财务数据有所下降。统计数据显示,最近10年山东规模以上工业中小企业主营业务收入呈现先增后降的态势。2019年山东规模以上工业中小企业主营业务收入为44002.18亿元,同比下降1.55%(见图14)。

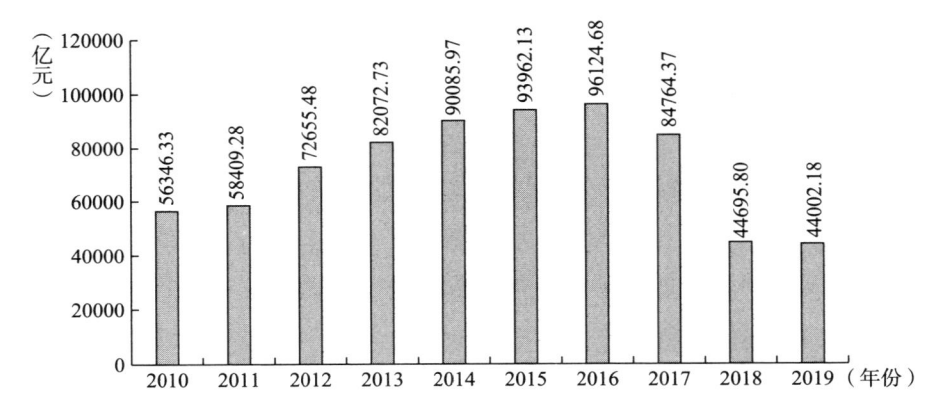

图14 山东规模以上工业中小企业主营业务收入统计(2010~2019年)
资料来源:山东省统计局、历年《山东省统计年鉴》、山东省亚太资本市场研究院。

从平均主营业务收入来看,2019年山东规模以上工业中小企业平均主营业务收入为1.83亿元,同比增长42.97%。平均主营业务收入大幅增长,得益于广大中小企业以化工、机械加工等传统产业为主,2019年原材料的上涨带动了主营业务收入的提高,此外,还与中小企业数量的大幅减少有关。从近10年的表现来看,2010~2016年,山东规模以上工业中小企业无论是总的主营业务收入还是平均主营业务收入都处于上升趋势,自2017年起处于下降状态,尤其是2018年,主营业务收入出现了大幅度下跌,但2019年出现了企稳迹象(见图15)。

2. 利润总额下滑

2019年山东规模以上工业中小企业利润总额为1537.32亿元,同比下降23.91%(见图16)。从平均利润总额来看,山东规模以上工业中小企

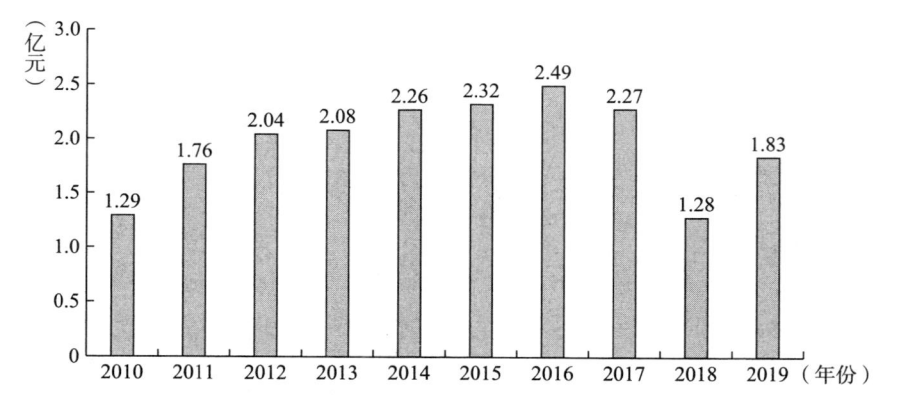

图15 山东规模以上工业中小企业平均主营业务收入统计（2010～2019年）
资料来源：山东省统计局、历年《山东省统计年鉴》、山东省亚太资本市场研究院。

平均利润为640.26万元，同比增长10.88%（见图17）。从最近10年趋势看，利润总额和主营业务收入保持同步，但与主营业务收入不同的是，利润总额依然没有出现企稳迹象。中小企业具有"5、6、7、8、9"的特征，考虑到2019年中小企业数量的减少，在经济下行压力增大的背景下山东广大中小企业未来生存将更加艰难。

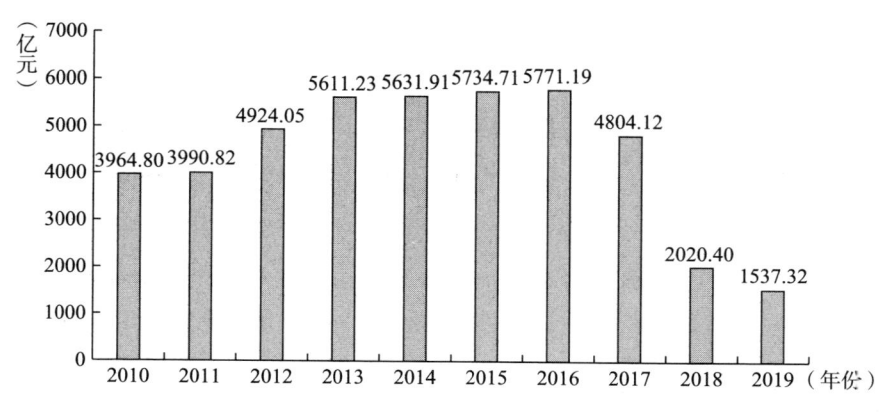

图16 山东规模以上工业中小企业利润总额统计（2010～2019年）
资料来源：山东省统计局、历年《山东省统计年鉴》、山东省亚太资本市场研究院。

3.总资产下滑

从总资产来看，2019年山东规模以上工业中小企业总资产为45671.11

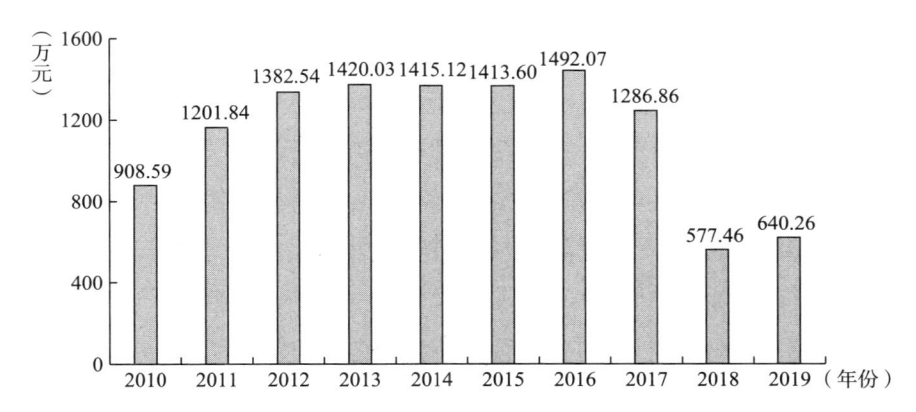

图 17　山东规模以上工业中小企业平均利润总额统计（2010～2019 年）

资料来源：山东省统计局、历年《山东省统计年鉴》、山东省亚太资本市场研究院。

亿元，同比下降 3.01%（见图 18）。从平均总资产来看，山东规模以上工业中小企业平均总资产为 1.90 亿元，同比增长 40.74%（见图 19）。从近 10 年趋势看，山东规模以上工业中小企业总资产呈现先升后降态势，在 2016 年创下 53301.03 亿元的高点，此后出现下跌；平均总资产基本呈现上涨态势，2018 年小幅回落后，2019 年创出 10 年来新高，达 1.90 亿元。

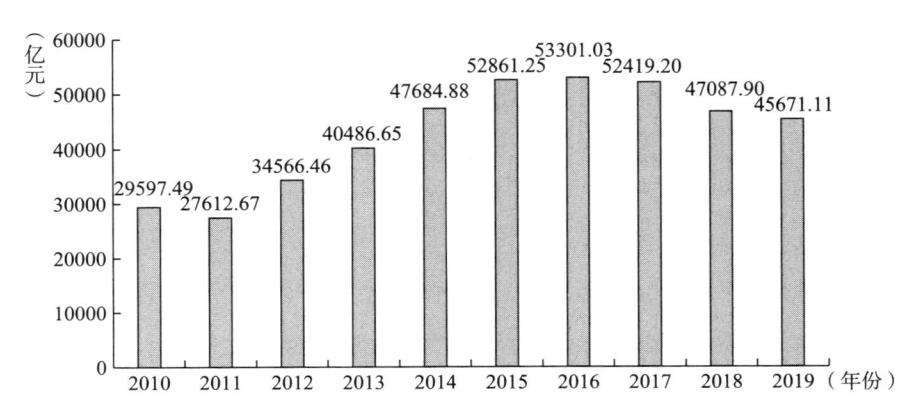

图 18　山东规模以上工业中小企业总资产统计（2010～2019 年）

资料来源：山东省统计局、历年《山东省统计年鉴》、山东省亚太资本市场研究院。

4. 负债增多

从总负债来看，2019 年山东规模以上工业中小企业总负债为 30201.09

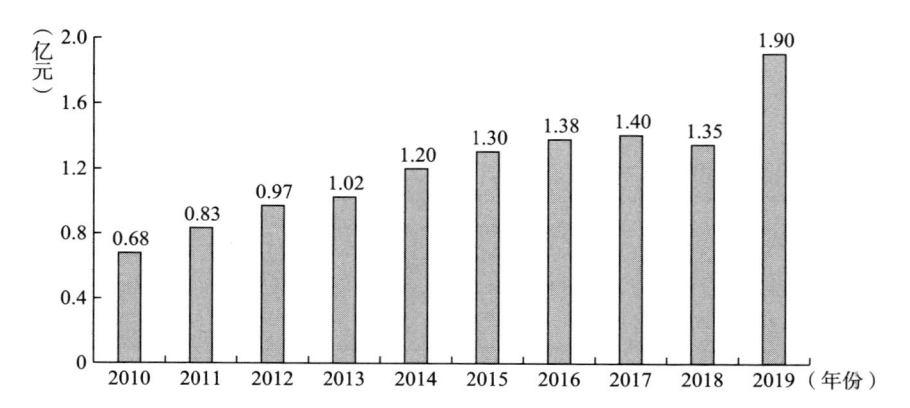

图 19　山东规模以上工业中小企业平均总资产统计（2010～2019 年）

资料来源：山东省统计局、历年《山东省统计年鉴》、山东省亚太资本市场研究院。

亿元，同比增长 7.05%（见图 20）。从平均负债来看，山东规模以上工业中小企业平均负债为 1.26 亿元，同比增长 55.56%（见图 21）。从近 10 年趋势看，山东规模以上工业中小企业总负债呈现平稳增长态势，平均负债也呈现平稳增长态势，但 2019 年大幅增长，增幅远高于其他年份。

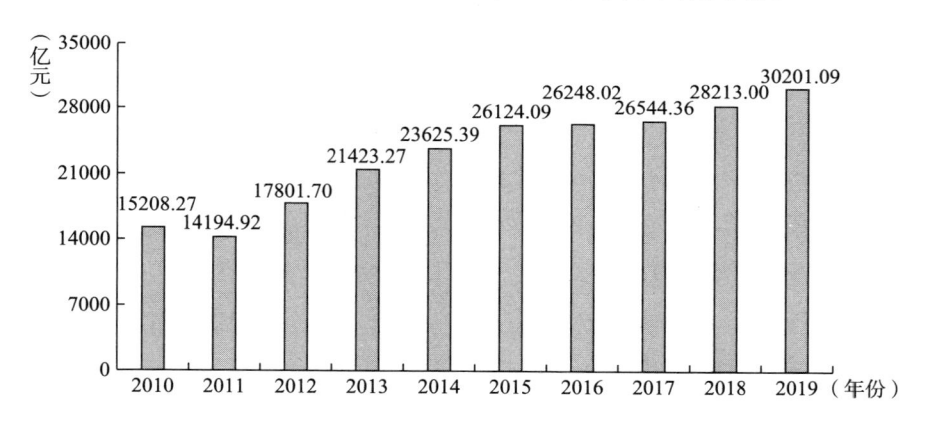

图 20　山东规模以上工业中小企业总负债统计（2010～2019 年）

资料来源：山东省统计局、历年《山东省统计年鉴》、山东省亚太资本市场研究院。

（三）融资渠道多样化

民营企业融资问题是限制企业发展的关键问题，融资难、融资贵也一直

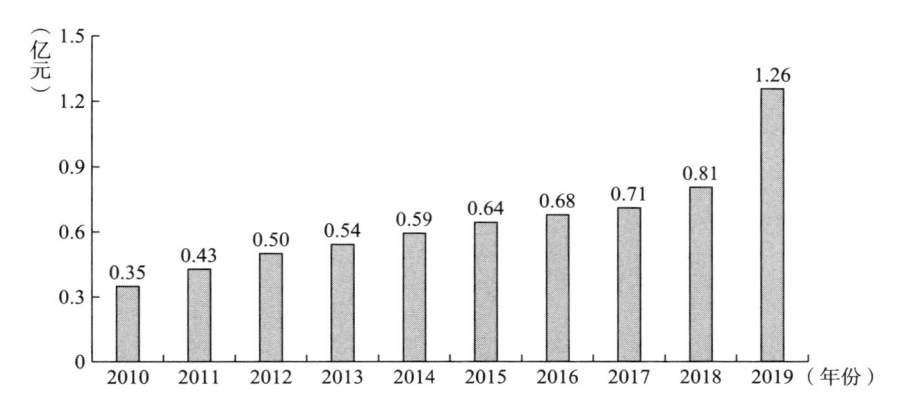

图 21　山东规模以上工业中小企业平均负债统计（2010～2019 年）

资料来源：山东省统计局、历年《山东省统计年鉴》、山东省亚太资本市场研究院。

是民营企业发展的瓶颈。习近平总书记在民营企业座谈会上指出："要优先解决民营企业特别是中小企业融资难甚至融不到资问题，同时逐步降低融资成本。"① 从目前民营企业融资情况来看，统计数据显示，截至2020年末，全国普惠型小微企业贷款余额15.3万亿元，增速超过30%，其中5家大型银行增长54.8%，行政村基本实现基础金融服务全覆盖。根据银保监会数据，2020年，新增制造业贷款2.2万亿元，超过前5年总和；新增民营企业贷款5.7万亿元，比2019年多增1.5万亿元。同时，我国持续公布实施了7批28项减税降费政策，新增减税降费规模超过2.6万亿元。随着融资渠道持续多样化，民营企业融资环境得到有效改善。山东社会融资结构持续优化，银行业全面助力民营企业发展，资本市场结构不断优化，权益类交易市场日趋完善，新旧动能转换基金加快运作，为民营企业发展提供了较大的资金支持。

1. 社会融资结构持续优化

2019年和2020年，山东省金融总量增长势头强劲，社会融资结构持续优化，民营和小微企业等领域信贷增长较快，反映了全省金融对实体经济提

---

① 习近平：《在民营企业座谈会上的讲话》，http://www.gov.cn/xinwen/2018-11/01/content_5336616.htm。

供了较大的支持，经济高质量发展的动力和活力持续增强。在实施新旧动能转换政策以来，山东经济向着高质量方向转变，经济数据质量的提升转换为山东在全国的金融资源竞争优势，从而进一步提高了金融供给水平。2019年和2020年，金融总量增势较好，融资结构持续优化，民营和小微企业等领域贷款快速增长。2020年山东普惠小微贷款余额8176.8亿元，较2019年增长40.1%，普惠小微企业融资成本下降最明显，12月利率为5.50%，较2019年下降0.93个百分点①。中国人民银行济南分行通过落实利率市场化改革措施和贷款市场报价利率（LPR）改革要求，有效地降低了全省中小微企业及实体经济融资成本。

2. 银行业助力民营企业发展

企业融资主要来自银行，包括国有大型商业银行、中小型商业银行和民营银行等。2020年，山东省中小微企业贷款余额36776.2亿元，较2019年增长12.6%，增速较2015年提高2.9个百分点②。可见，在新冠肺炎疫情对经济产生较大影响的背景下，这些金融支持政策有力地推动了中小企业复工复产，使生产生活秩序加快恢复，促进了实体经济高质量发展。疫情期间，山东各银行机构对营业网点进行科学管理、全面防控，积极推行线上办公，主动开展上门服务，保障重点防疫企业、重大建设项目、复工复产企业资金供给，满足居民日常金融服务需求，有力地支持了全省疫情防控和经济社会平稳发展。全国工商联发布的2020年"万家民营企业评营商环境"调查结论显示：山东省金融支持政策总体满意度较高。2020年，企业各类金融资源获取难度较2019年降低，包括银行贷款、风险投资和政府产业引导基金，并且受惠于中小微金融综合服务平台。

3. 权益类交易市场日趋完善

随着经济的加速发展，山东省权益类交易市场日趋完善，区域性股权交

---

① 数据来自2020年山东省金融运行情况，http://www.scio.gov.cn/xwfbh/gssxwfbh/xwfbh/shandong/Document/1697685/1697685.htm。
② 《山东省民营经济（中小企业）"十四五"发展规划》，2021年8月，http://gxt.shandong.gov.cn/art/2021/8/5/art_15179_10293238.html。

易市场规模持续扩大。山东省权益类市场涵盖了国有产权、股权、海洋产权、农村产权、金融资产、能源环境权益、文化艺术品权益等。从山东省民营上市公司的情况来看，2019年、2020年均有5家民营上市公司发行可转债来募集资金，募集资金额分别为36.09亿元、109.89亿元。民间资本管理公司"涉农涉小"投资金额不断增加，有力地支持了"三农"、个体工商户和小微企业的融资需求。2020年，山东省民间资本管理公司数量急剧减少，年末降至324家。民间资本管理公司2020年投资金额达到692.33亿元，成为试点以来最高的一年。全省324家民间资本管理公司累计投资692.33亿元，其中，涉农投资累计达到28.54亿元、小微企业投资达到428.06亿元。

2020年，随着设立科创板并试点注册制，创业板改革并试点注册制，以及新三板改革的稳步推进，一批发展潜力大、技术过硬的中小企业通过多层次资本市场平台获得了融资。首批32家新三板精选层挂牌公司合计募集资金94.52亿元，获准公开发行的企业以民营及中小企业为主。其中，民营企业28家，占比87.5%；中小企业27家，占比84%。建邦股份（837242.OC）成为2020年山东唯一一家入选首批新三板精选层的公司。2020年，资本市场韧性增强，年末上市公司334家，新增29家。其中，境内上市公司229家，股票总市值3.5万亿元。"新三板"、齐鲁股权交易中心、青岛蓝海股权交易中心挂牌企业分别为508家、4859家和1928家。私募基金管理机构707家，比2019年增加120家；管理基金规模2581.7亿元，增长19.9%。

4. 新旧动能转换基金加快投资运作

为进一步推动山东省新旧动能转换基金加快投资运作，支持新旧动能转换重大工程深入实施，促进经济高质量发展，2019年7月，山东省人民政府办公厅发布《关于进一步推动山东省新旧动能转换基金加快投资的意见》。山东新旧动能转换基金坚持发挥政府引导作用，形成"财政＋金融"的服务模式，发挥基金的引导效应，积极引入社会资本，并持续推动新旧动能转换工程的落实。山东省新旧动能转换基金设立以来，为省内"十强"产业发展提供了动力，并实现全面发展，有效地带动了社会资本为民营企业提供资金支持。同时，2020年省政府采购合同融资73.1亿元，较2019年增长311%。山东省政府坚持经营财政的理念，不断为民营企业拓宽融资渠道，发挥新旧动能转换基金的作用，引入社会资本，保证产业链稳定，加快新旧动能转换基金投资运作，促进经济稳定健康的发展。

（四）营商环境不断优化

2019年10月，国务院颁布的《优化营商环境条例》，填补了我国在优化营商环境方面的立法空白，也为各省份营商环境的优化工作提供了指引。山东持续推进"放管服"改革，全面实行政府权责清单制度，深化"一网通办""一次办成"改革，构建企业诉求"接诉即办"快速响应机制，落实降低增值税税率、小微企业普惠性税收减免、研发费用加计扣除等系列惠企政策，省内民营企业开办成本、税费负担持续减轻，民营企业发展迎来了前所未有的机遇。2020年，民营经济占市场主体的比例超90%，贡献了全省50%以上的生产总值、60%以上的投资、70%以上的税收和80%以上的就业。[1] 民营企业户数持续增长；赢利能力有所改善；产业结构持续优化；不断加强创新，释放新动能。山东省委副书记、省长李干杰指出：民营企业要勇于创新、加快转型，突出抓好技术创新、管理创新、营销模式创新，加大技术研发投入，建立完善现代企业制度，促进线上、线下深度融合发展。要打开视野、开放发展，积极服务国家发展战略，统筹用好国内国际两个市场、两种资源，对标学习一流企业，不断增强企业核心竞争力。[2]

民营企业是助力共同富裕的重要市场主体，自2019年《优化营商环境条例》发布以来，民营企业营商环境持续改善，山东成为营商环境最好的十个省份之一。根据《2020年度中小企业发展环境评估报告》，在一级指标评比结果中，市场环境评价结果、融资环境评价结果中分别有青岛和济南列各城市前10位，分别为市场环境评分第7位、融资环境评分第9位。从综

---

[1] 《山东省民营经济发展促进条例》。
[2] 山东省领军民营企业座谈会。

合得分来看，青岛在 36 个评估城市中居第 17 位，济南列第 20 位。2020 年 9 月 25 日，《山东省优化营商环境条例》经省十三届人大常委会第二十三次会议审议通过，对优化营商环境、保护各类市场主体合法权益、激发市场活力、促进高质量发展具有重要意义。山东精准对接民营经济发展需求，密集推出一系列支持民营经济发展的政策举措，通过强化政策集成，增强政策供给的系统性和协同性，并在操作上进行细化实化，为民营经济发展提供政策支持。出台简政放权、放管结合、优化服务等措施，为优化营商环境提供助力。

（五）创新生态持续向好

近年来，随着中国市场主体的知识产权意识不断提高，企业纷纷走出国门，在海外开展知识产权布局。正如欧洲专利局局长安东尼奥·坎普诺斯所表示的："数字技术应用前所未有地激增，而中国公司对此所做的贡献表明中国是技术领域的驱动力，这些领域已经成为最重要的创新领域。过去十年专利申请的长足进步证明了中国在促进研究和开发方面的不断努力，这是其创新驱动型经济的有力例证。"[①] 欧洲专利局发布欧洲专利指数，数据显示 2020 年收到来自中国的专利申请数量为 1.3432 万件，同比增长 9.9%，中国在欧洲专利局提交的专利申请数量创历史新高。2020 年，我国知识产权审查质量和效率进一步提高。高价值专利审查周期压减至 14 个月，发明专利平均审查周期压减至 20 个月，商标注册申请平均审查周期压减至 4 个月。国内发明专利结构不断优化。2020 年，国内有效发明专利维持年限超过 10 年的达到 28.1 万件，占总量的 12.3%，较上年提升 1 个百分点；国内拥有有效发明专利的企业共 24.6 万家，较上年增加 3.3 万家，其中高新技术企业发明专利拥有量占比近六成。国家统计局统计科学研究所在《新产业新业态新商业模式统计监测制度》和经济发展新动能统计指标体系的基础上，采用定基指数方法测算了 2020 年我国经济发展新动能指数，结果表明，创

---

① http://www.ca-sme.org/content/Content/index/id/31620.

新驱动指数为239.1，比2019年增长18.1%，对我国经济发展新动能总指数增长的贡献率为6.4%，创新生态持续向好。

山东省以建设创新型省份为统领，着力完善创新政策体系，提升创新能力，加速聚集创新人才，培育壮大创新产业，优化创新生态，科技强省建设取得积极成效，创新驱动战略深入实施。知识产权加强创造，2020年发明专利申请量87330件（见图22），比2019年增长25.6%[①]；发明专利授权26745件，增长29.5%；PCT国际专利申请量3013件，增长29.4%。有效发明专利拥有量124512件，增长23.4%，每万人口有效发明专利量达到12.4件，比2019年增加2.3件。推动技术标准创新应用，建设国家技术标准创新基地5个。平台建设提质增速，首批5家山东省实验室启动布局，建成省级"政产学研金服用"创新创业共同体30家。国家科技型中小企业库企业18203家，增长91.3%；科技企业孵化器225家，其中国家级98家，省级127家；众创空间419家，其中国家级242家，省级177家。

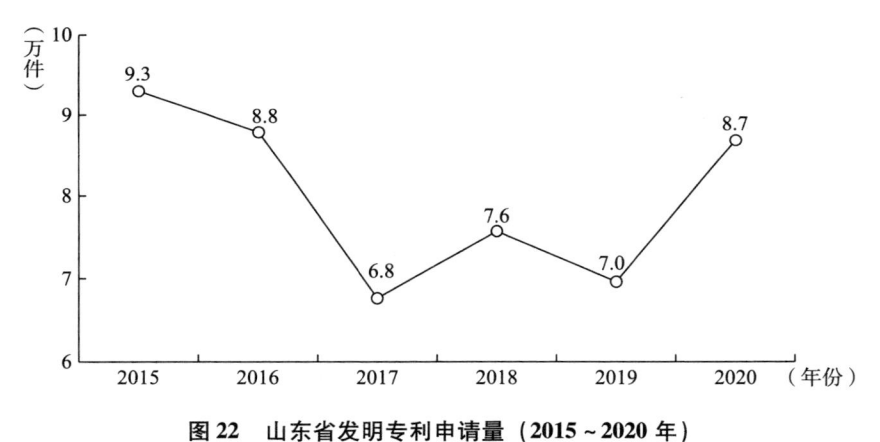

图22 山东省发明专利申请量（2015~2020年）

资料来源：山东省统计局、山东省亚太资本市场研究院。

创新能力的提升有赖于优质人才队伍的建设。截至2020年，山东人才队伍不断壮大，拥有博士后科研工作站357个，博士后实践基地279个，国家级高级技能人才培训基地43个，国家技能大师工作室49个，省级人力资

---

① 数据来源：http://tjj.shandong.gov.cn/art/2021/2/28/art_6196_10285382.html。

源服务产业园20个，技工教育特色名校20个，齐鲁技能大师特色工作站100个（见表4）。各人才培训基地和科研工作站的加速发展，为省内创新发展提供了强大的人才保障。

表4　主要人才培养平台数量（2019~2020年）

单位：个

人才培养平台	2020年	2019年	新增
博士后科研工作站	357	317	40
博士后实践基地	279	243	36
国家级高级技能人才培训基地	43	33	10
国家技能大师工作室	49	40	9
省级人力资源服务产业园	20	18	2
技工教育特色名校	20	15	5
齐鲁技能大师特色工作站	100	75	25

资料来源：山东省统计局、山东省亚太资本市场研究院。

山东坚持创新引领，并将创新能力作为推动新旧动能转换的重要动力，持续推进供给侧结构性改革，实现企业转型，深化体制改革，不断完善制度环境，为民营企业提供创新发展的政策环境，推动全省创新驱动能力全面提升。从企业角度来看，创新生态持续向好，创新能力持续提高。其中，华光光电等企业获批山东省第一家激光技术类国家级企业技术中心，泰山钢铁、银鹰炊事机械等民营企业入选山东省技术创新示范企业。2020年济南新认定民营高新技术企业1345家，较2019年增长52.3%，占全部新认定高新技术企业的94.3%。山东百强民企的创新能力也稳步提升，百强民企户均专利拥有量达到317.64项，已经连续5年增长；平均投入研发费用5.28亿元，较2019年（4.98亿元）增加6.02%。近半数的山东百强民企已制订数字化转型战略规划，培养和引进数字化专业人才，87家企业已根据数字化转型需要进行了局部甚至整体的布局。72家企业参与制定了国际、国家、行业或团体标准，掌握技术标准话语权。

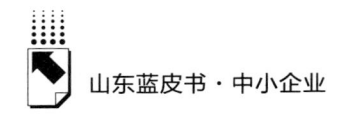

三 山东民营企业重点发展方向

民营企业作为区域经济发展的重要引擎,为山东经济高质量发展做出了巨大贡献,作为"潜力股",民营企业的加速发展,也是拉动民营经济发展的重要动力。为有效推动民营企业高质量发展,山东加强市场环境管理,整治拖欠民营企业账款行为,构建长效机制,为民营企业提供有力的保障。山东坚持以民营企业需求为导向,构建服务型政府,以综合服务平台为载体,实现政府与企业的对接,帮助民营企业解决问题和困难,全力探索建立普惠性政策"非申即享"的实施机制。全民运用数字化技术,依托电信平台等,为民营企业转型提供智能化服务,减少民营企业"跑腿"次数,保证服务质量。同时,在宏观经济平稳运行的背景下,山东民营企业也需把握发展机遇,探寻发展路线,将重点发展方向转向绿色低碳安全产业,并把握数字赋能机遇,不断提升创新能力增强内生动力,积极融入双循环新格局。

(一)实现绿色低碳安全发展

绿色低碳安全已经成为地方经济发展的重要指标,是推进企业改革和供给侧结构性改革的生态红线。民营企业要严格落实生态保护红线,以环境质量为底线,提高资源的利用率,避免资源浪费,进行生态环境的分区管控。民营企业要抓住碳中和的市场机遇,全面推进绿色发展,积极实施绿色标准,开发符合要求的绿色产品,参与绿色供应链建设,推进企业内部的绿色工厂建设。构建安全发展的企业文化,落实生产主体责任,注重绿色发展,关注低碳市场,坚持以环境质量为前提,实现可持续发展。

(二)把握数字赋能民营企业机遇

2020年4月,山东省工业和信息化厅中小企业发展处发布《中小企业数字化赋能专项行动方案》,指出要引导一批"专精特新"中小企业、"小巨人"瞪羚企业，率先通过数字化赋能成为标杆中小企业，示范带动数字化网络化智能化转型。民营企业要把握数字赋能的重大发展机遇，通过技术革新和智能化发展实现整体改革，抢占市场先机。同时，借助山东省内实施"万名数字专员进企业"行动机遇，全面加速完成企业的数字化，逐渐扩大延伸面。民营企业可以积极参与建设行业性数字化转型公共服务平台，深化数字技术的推广应用，推动企业和设备"上云用数赋智"。同时，工业行业的民营企业还可以借助工业互联网平台实现产业链融合，并借助全球化的工业级网络平台实现智能化发展，降低上下游企业对接成本，提高效率，延长产业链，实现有效转型。民营企业还可以结合"云服务券"的发放，实现云端转移，利用大数据技术，制订更多解决方案。民营企业可把握数字赋能的机遇，降低运营风险，减少高耗能环节，提高设备价值，实现云端技术共享。

（三）拥抱"链长制" 融入产业链

政府部门通过引进、新建、重组等方式，在信息技术、高端化工、新材料等领域培育一批牵引力、控制力强的"领航型"企业。2020年，建立高成长企业培育库，开展培训交流、产研对接等专项行动，新培育省级"专精特新"企业300家、瞪羚企业150家、独角兽企业3家以上。聚焦35条重点产业链，加快推行"链长制"，切实推动延链、补链、强链，新培育20个特色产业集群。山东民营企业需要加强自身建设，并通过改造、整合等方式，不断提升自身竞争力，融入产业链，积极拥抱"链长制"。加强产业链专业知识学习，准确把握产业技术"前沿点"，引领科技发展方向，为"未来产业"建链补链。以关键性技术和共性技术为突破口，并实现产业区域优势互补，避免同质化竞争。注重人才培养，不断夯实人才基点，形成人才链，最终打造"链长制"良性循环。围绕产业链部署人才链、通过人才链夯实产业链，实施更加开放的政策引进人才，深化产学研合作培养人才，加强平台载体建设，促进产业链与人才链的融合发展。

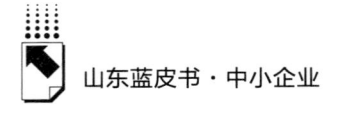

（四）提升创新能力，增强内生动力

创新能力是民营经济发展的重要推动力，也是民营企业竞争能力的重要体现。山东省民营企业发展要不断提升创新能力，加强关键技术的突破，提高竞争力，实现有序发展。从创新环境来看，山东民营及中小企业重点实验室、技术创新中心、制造业创新中心等各类研发机构已经在加速建设。产学研综合平台也正在逐步落实，很多都是根据企业需求进行专业的设定，加强企业人才合作等都能够实现资源的全面对接，提高研发工作效率，为民营企业发展提供智力支持。经济欠发达地区的民营企业则可以向具有创新资源的地区集聚，建立科创中心，融入产业链布局，形成由民营企业牵头的创新中心。

（五）积极融入双循环新格局

当下，国内外经济环境正在发生着变化，民营企业要在危机与机遇中寻求发展方向，积极融入双循环新格局。新业态的不断出现也为民营企业的发展带来了新机遇，倒逼企业主动寻求转型。民营企业要抓住新发展阶段的新机遇，发挥民营企业体制机制灵活的优势，在推广/掌握/利用新技术上不断努力，积极发展新业态，在产品研发上下功夫。同时，民营企业需要主动融入国际产业链、供应链、创新链，推动产业合作由加工制造环节为主向合作研发、联合设计、品牌培育等环节延伸，提升跨国经营能力和国际竞争力。实施"境外百展"市场开拓计划，聚焦农产品、机电产品、日用消费品等优势行业，优先布局RCEP区域、20个重点国家、"一带一路"市场展会，推进"一国一展""一业一展"。民营企业要积极参加中国国际中小企业博览会、APEC中小企业技术交流暨展览会等重点展会，掌握国际国内最新技术成果，将技术运用到生产中，提高企业竞争力和赢利能力。发挥山东地缘优势，通过现代化综合交通体系，参与"一带一路"建设，实现国际化发展。

参考文献

[1] 杜楠、王大本、邢明强：《科技型中小企业技术创新驱动因素作用机理》，《经济与管理》2018 年第 2 期。

[2] 俞懿、王兴旺：《中小企业融资问题浅探——以山东省为例》，《财会研究》2018 年第 4 期。

[3] 孙卫东：《产业集群内中小企业商业模式创新与转型升级路径研究——基于协同创新的视角》，《当代经济管理》2019 年第 6 期。

[4] 李建军、周叔媛：《高管金融素养是否影响企业金融排斥？——基于缓解中小企业融资难的视角》，《中央财经大学学报》2019 年第 5 期。

[5] 李鸿阶、张元钊：《全球经济形势新变化与中国新发展格局构建》，《当代世界》2021 年第 6 期。

[6] 徐玉德、刘迪：《疫情冲击下我国出口企业面临的挑战及应对》，《财会月刊》2021 年第 6 期。

[7] 张贵：《以"链长制"寻求构建新发展格局的着力点》，《人民论坛》2021 年第 2 期。

分 报 告
Sub-reports

B.2
山东省民营及中小企业经营绩效报告（2020）

孙同岩　李宗超*

摘　要： "十三五"期间，山东全面落实支持民营企业发展各项优惠政策，重点落实非公10条、实体经济45条、扩内需补短板促发展42条、民营经济35条等政策。政策的落实不断改善营商环境，也推动了民营经济的发展壮大。山东民营企业数量和规模在全国名列前茅，民营经济有力地支撑了山东经济发展的"半壁江山"和成为推动经济发展的"主力军"。民营经济为保持经济平稳增长、转变经济发展方式、促进居民增收就业等做出重要贡献，但目前山东民营及中小企业发展面临困境和隐忧。本报告基于对山东规模以上工业中小企业总资产、营业收入、销售利润和总负债等指

---

* 孙同岩，山东省亚太资本市场研究院高级研究员，研究领域为资本市场、公司金融；李宗超，山东省亚太资本市场研究院高级研究员，研究领域为证券投资、商业银行。

标的汇总分析，并进一步对资产负债率、净利润、总资产收益率和净资产收益率等指标进行计算分析，得出结论，认为近几年山东中小企业赢利能力不断下降，资产质量恶化，经营绩效不佳。推动民营经济高质量发展已成为山东各级政府、部门的重要任务。

关键词： 民营经济　中小企业　经营绩效

山东民营企业数量和规模在全国名列前茅，民营及中小企业对山东经济发展至关重要。2019年以来，山东民营经济总量稳步增长。截至2019年末，山东民营经济实现增加值3.6万亿元，占全省GDP的51.2%；截至2020年末，山东民营经济实现增加值3.8万亿元①，占全省GDP的52.05%，民营经济有力地支撑了山东经济发展的"半壁江山"。此外，民营经济主体数量不断增加。截至2019年末，山东实有民营经济市场主体总数达到1022.6万家，2020年为1169.8万家，分别占市场主体总量的98.46%、98.65%，民营经济已成为带动市场主体发展的"主力军"。

"十三五"期间，山东全面落实支持民营企业发展各项优惠政策，重点落实非公10条、实体经济45条、扩内需补短板促发展42条、民营经济35条等政策，加强督导评价，促进了政策落地。2020年11月，山东省促进非公有制经济发展工作领导小组办公室印发《山东省民营经济高质量发展三年行动计划（2020－2022年）》，决定开展6个专项行动，通过22项具体措施进一步推动民营经济高质量发展。此行动计划的发布也表明山东省政府在不断推动中小企业数量增长的同时，更加注重发展质量，持续激发民营经济活力和创造力。

---

① 2020年数据来源于《山东省民营经济（中小企业）"十四五"发展规划》。

近几年，山东不断培育壮大新动能，动能转换初见成效。截至2020年末，"四新"经济增加值占比达到30.2%，投资占比达到51.3%。新登记"四新"经济企业增长83.4%。新增高新技术企业3157家，总量达到1.46万家，增长27.6%。高新技术产业产值占规模以上工业企业产值比重为45.1%，比上年提高5个百分点。山东工业发展质量不断提高，全年全部工业企业增加值23111亿元，与2019年相比增长3.6%。规模以上工业企业增加值增长5.0%，其中，装备制造业增长12.6%，高技术制造业增长9.8%。规模以上工业企业营业收入增长2.4%，利润总额增长19.6%；营业收入利润率为5.1%，比上年提高0.8个百分点。此外，"十三五"期间，山东累计培育国家级"专精特新""小巨人"企业141家、国家制造业单项冠军130个，省级"专精特新"中小企业2534家、瞪羚企业709家、独角兽企业13家、新跨越民营企业20家、省级制造业单项冠军371个。

在促进民营经济高质量发展的背景下，推动民营经济提质增效成为重要课题。客观、全面地反映山东民营及中小企业发展状况，使用财务数据对民营及中小企业经营绩效进行分析十分必要。由于无法获得全口径企业的财务数据，本报告以山东省规模以上工业中小企业为样本，利用宏观统计数据对企业的经营状况进行整体分析。尽管采用这样的方法无法判断不同行业的经营绩效差异，但通过对统计数据的平均值进行分析，仍能大致了解山东民营及中小企业经营情况。

一 山东民营经济发展状况

改革开放以来，民营经济为山东经济社会发展做出了重大贡献。近几年，山东出台多项支持民营经济发展的政策，促使民营企业数量不断增长，民营经济增加值也在2019年出现较大下滑后恢复增长。

（一）在数量方面，民营经济市场主体增长较快

从山东民营经济市场主体来看，2016年以来呈现稳步上升的趋势，截至

2020年，全省民营经济市场主体数量达到1169.7万家，较2019年增长147.2万家，同比增长14.4%，与2019年增速相比回落0.6个百分点（见图1）。尽管2020年山东民营经济市场主体数量增速有所回落，但仍保持较快的增长。

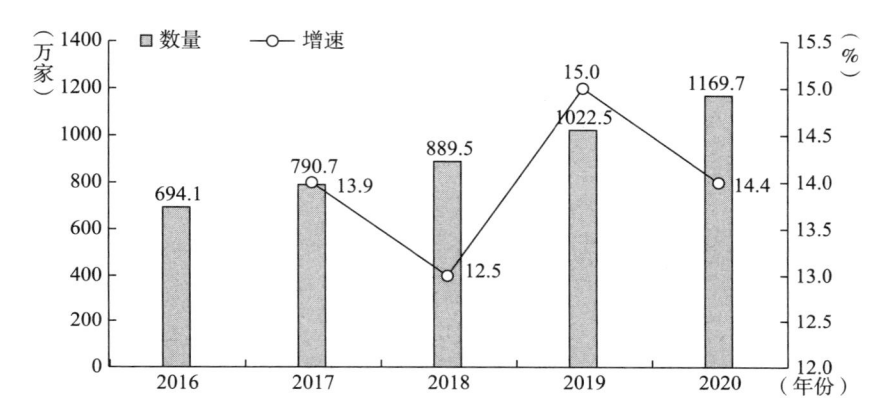

图1　山东民营经济市场主体数量及增速统计（2016~2020年）
资料来源：山东省统计局、山东省亚太资本市场研究院。

按照历年《山东省国民经济和社会发展统计公报》发布的数据，2015年至今，山东民营经济增加值占GDP比重一直都在50%以上，2020年达到最高点，为52.05%（见图2），不断提高的比重显示出山东民营经济已是推动全省经济增长的第一引擎。

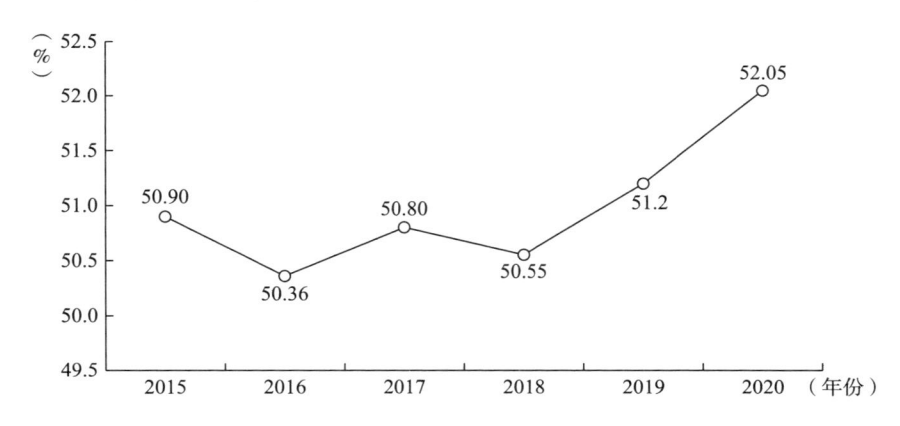

图2　山东民营经济增加值占GDP比重（2015~2020年）
资料来源：山东省统计局、山东省亚太资本市场研究院。

（二）在规模方面，民营经济增加值实现恢复增长

山东民营经济增加值在2018年之前保持了稳步增长的态势，但2019年受环保、供给侧结构性改革等政策影响，部分规模以上工业中小企业受到较大冲击，致使民营经济增加值增速为-5.8%（见图3）。2020年山东民营经济尽管遭受了疫情冲击，但在政策支持和企业不断实现转型升级的背景下，恢复到2018年的水平。

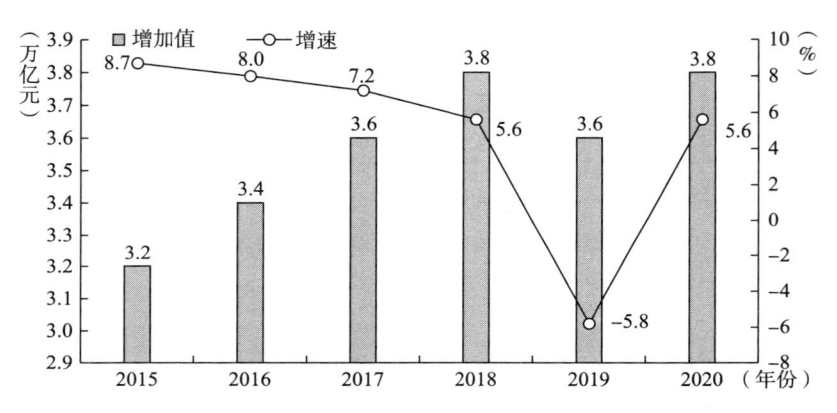

图3　山东民营经济增加值及增速统计（2015~2020年）

资料来源：山东省统计局、山东省亚太资本市场研究院。

二　山东规模以上工业中小企业经营绩效分析

截至2019年末[①]，山东规模以上工业中小企业[②]为24011家，与2018年相比减少10977家，同比下降31.37%，降幅较大，主要是因为除部分统计制度因素外，山东规模以上工业中小企业主要集中在石化、钢铁、电解铝、纺织等传统经济领域，受环保、供给侧结构性改革等政策影响较大。根据《山

---

① 由于山东省统计局发布的《山东省统计年鉴》最新数据截至2019年，所以本报告涉及规模以上工业中小企业数据均截至2019年。
② 根据《山东省统计年鉴》"工业篇"的"规模以上工业企业主要经济指标"中"按企业规模分"里面"中型企业"和"小型企业"数量的总和，后文不再进行说明。

东省统计年鉴（2020）》的说明，2018年以来规模以上工业企业主要指标数据与往年数据之间存在不可比因素①，部分数据差异是统计因素造成的。

（一）规模以上工业中小企业总资产分析

总资产反映的是企业的经营规模，通常，随着企业生产规模的扩大，企业的总资产规模也会迅速增加。截至2019年末，山东规模以上工业中小企业总资产为45671.11亿元，与2018年相比减少1416.79亿元，同比下降3.01%，这主要是因为山东规模以上工业中小企业在2019年大幅减少。从图4可以看出，近十年山东规模以上工业中小企业总资产呈现先升后降态势，在2016年达到最大值，此后出现下跌，也就是说整个"十三五"期间山东规模以上工业中小企业总资产呈现逐年下降的态势，从2016年的53301.03亿元，下降到2019年的45671.11亿元，4年间下降幅度为14.31%（见图4）。

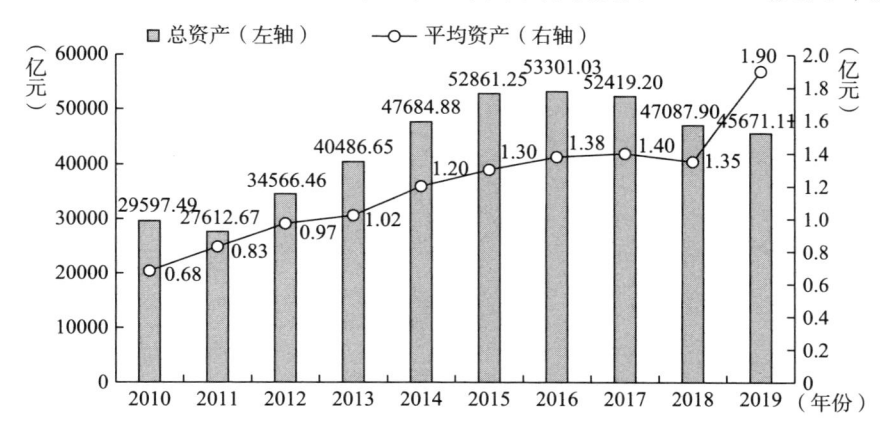

图4 山东规模以上工业中小企业资产统计（2010~2019年）

资料来源：山东省统计局、历年《山东省统计年鉴》、山东省亚太资本市场研究院。

---

① 山东省统计局的解释是：（1）根据统计制度，每年定期对规模以上工业企业调查范围进行调整，每年有部分企业达到规模标准纳入调查范围，也有部分企业因规模变小而退出调查范围，还有新建投产企业、破产、注（吊）销企业等变化；（2）为加强统计执法，对在统计执法检查中发现的不符合规模以上工业统计要求的企业进行了清理，对相关基数依规进行了修正；（3）加强数据质量管理，剔除跨地区、跨行业重复统计数据，根据国家统计局开展的企业组织结构调查情况，对企业集团（公司）跨地区、跨行业重复计算情况进行了剔除；（4）"营改增"政策实施后，服务业企业改缴增值税且税率较低，工业企业逐步将内部非工业生产经营活动剥离，转向服务业，使工业企业财务数据有所减小。

从平均总资产来看，近十年山东规模以上工业中小企业平均总资产呈现不断增长态势（除2018年小幅下滑），特别是2019年大幅增长，创十年来新高，达到1.90亿元，同比增长40.74%。在2019年规模以上工业中小企业总资产下降的情况下，平均总资产却呈现较大增幅，主要是因为严厉的环保政策及淘汰落后产能政策的实施使小型企业受到较大冲击，规模以上工业中小企业大幅减少，而对规模以上工业中大型企业影响较小。

（二）规模以上工业中小企业营业收入分析

营业收入是企业的主要经营成果，营业收入的实现关系到企业再生产活动的正常进行，是利润的主要来源。统计数据显示，2016年以前山东规模以上工业中小企业营业收入呈现不断增长的态势，至2016年营业收入总额达到最大，为96124.68亿元。自2017年以来，营业收入不断下降，2019年营业收入为44002.18亿元，同比下降1.55%（见图5）。

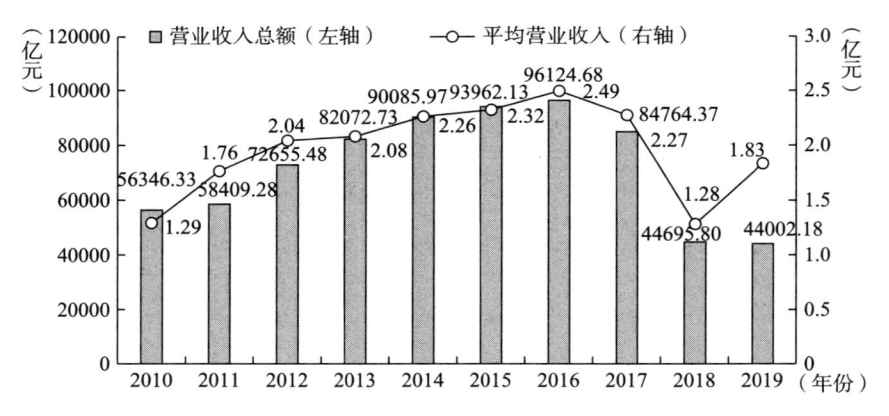

图5 山东规模以上工业中小企业营业收入总额及平均营业收入统计（2010～2019年）

资料来源：山东省统计局、历年《山东省统计年鉴》、山东省亚太资本市场研究院。

从规模以上工业中小企业平均营业收入来看，2010～2016年，山东规模以上工业中小企业无论是营业收入总额还是平均营业收入都处于上升趋势，自2017年起处于下降状态，尤其是2018年，营业收入总额出现了大幅下跌。2018年之前山东平均营业收入与营业收入总额的变化趋势一致，而到 2019 年两者出现背离走势，2019 年在营业收入总额下降的情况下，平均营业收入为 1.83 亿元，同比增长 42.97%。平均营业收入之所以大幅增长，主要原因在总资产分析部分已有说明。

（三）规模以上工业中小企业利润总额分析

利润总额是反映企业生产经营最终成果的一项综合指标，是衡量企业经营业绩的十分重要的经济指标。利润总额和营业收入紧密相连，近十年利润总额和营业收入基本保持同步。2019 年山东规模以上工业中小企业利润总额为 1537.32 亿元，同比下降 23.91%，下降幅度远大于营业收入减少幅度。从平均利润总额来看，山东规模以上工业中小企业为 640.26 万元，同比增长 10.88%（见图 6）。不管是从规模以上工业中小企业利润总额增速还是从平均利润总额绝对值来看，山东中小企业都面临较大的压力，特别是受中美贸易摩擦不断、环保压力加大以及人工成本高企等因素的影响，中小企业经营压力倍增。

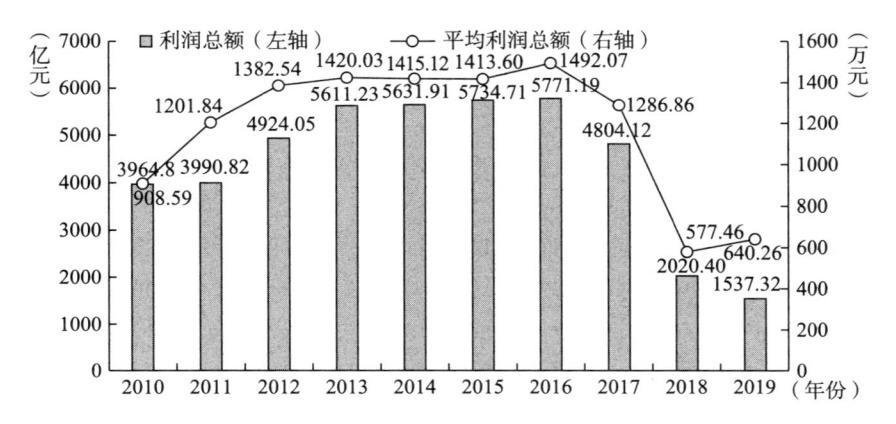

图 6　山东规模以上工业中小企业利润总额及平均利润总额统计（2010～2019 年）
资料来源：山东省统计局、历年《山东省统计年鉴》、山东省亚太资本市场研究院。

（四）规模以上工业中小企业负债分析

负债是企业负担的现时义务，合理的负债比例有利于企业的发展壮大。

从山东规模以上工业中小企业负债总额来看，负债总额呈现不断增长趋势，2019年负债总额为30201.09亿元，同比增长7.05%（见图7）。从平均负债总额来看，山东规模以上工业中小企业平均负债总额也呈现平稳增长态势，但2019年企业平均负债总额出现大幅增长，为1.26亿元，增幅达到55.56%，显示出经济下行压力下中小企业往往通过更多地负债来缓解现金流紧张的状况。

图7 山东规模以上工业中小企业负债总额及平均负债总额统计（2010~2019年）
资料来源：山东省统计局、历年《山东省统计年鉴》、山东省亚太资本市场研究院。

（五）规模以上工业中小企业资产负债率分析

资产负债率是负债总额与资产总额的比例关系，是用以衡量企业利用债权人提供的资金进行经营活动的能力。从图8可以看出，山东规模以上工业中小企业资产负债率在2017年之前保持在49%~53%，但2018年之后资产负债率不断提高。2018年资产负债率为59.92%，较2017年提高了9.28个百分点，2019年突破60%，达到66.13%，较2018年提高了6.21个百分点。不断提高的资产负债率表明中小企业经营较为困难，面临较大的财务风险。

（六）规模以上工业中小企业净利润率分析

净利润率是指企业净利润与营业收入之比，是衡量企业营业收入赢利水

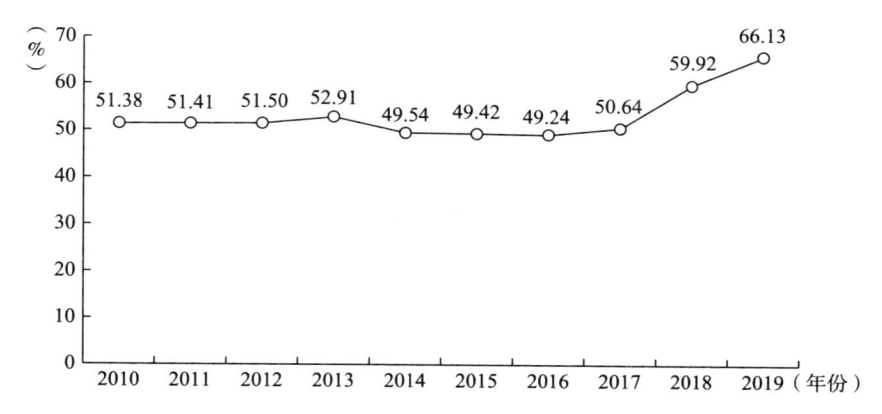

图 8　山东规模以上工业中小企业资产负债率情况（2010～2019 年）

资料来源：山东省统计局、历年《山东省统计年鉴》、山东省亚太资本市场研究院。

平的指标，通常被用来综合反映一个企业的经营效率。对于企业而言，它反映了企业的竞争能力和行业地位。根据我们的计算①，截至 2019 年末，山东规模以上工业中小企业净利润率为 2.62%。图 9 为 2010 年以来山东规模以上工业中小企业净利润率变化情况，从中可以看出，自 2014 年以来山东规模以上工业中小企业净利润率逐年下降，特别是 2018 年以来下降明显。

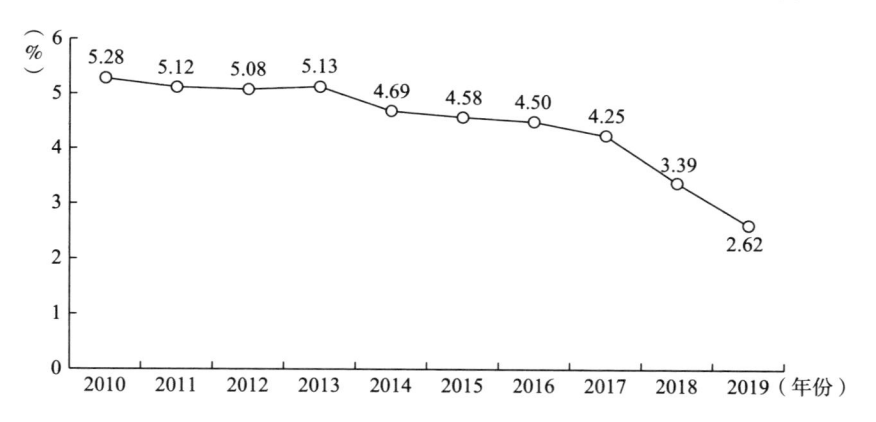

图 9　山东规模以上工业中小企业净利润率情况（2010～2019 年）

资料来源：山东省统计局、历年《山东省统计年鉴》、山东省亚太资本市场研究院。

---

① 山东省统计局未公布净利润数据，我们根据公式净利润 = 利润总额 × （1 - 所得税率）计算所得，所得税率采用国家法定税率 25%。

从2010年的5.28%下降到2019年的2.62%，反映出山东规模以上工业中小企业赢利能力不断下降，竞争能力下降。

（七）规模以上工业中小企业总资产收益率（ROA）分析

总资产收益率（ROA）反映了企业单位资产所创造的利润，对于任何企业来说，ROA都是代表经营绩效的最重要的指标。ROA指标的差异通常表明处在不同行业的企业资产边际效率不同。对于相同行业而言，ROA越高，表明企业在增加收入和节约资源等方面取得的效果越好。一个企业如果ROA持续降低，甚至出现负值，表明它的财务风险在不断加大，直至企业破产。从图10可以看出，近十年，山东规模以上工业中小企业ROA持续下滑，截至2019年末，ROA下降至2.52%。可见，山东规模以上工业中小企业赢利能力不断下降，其中，固然有中美贸易摩擦及严格环保政策出台等因素的影响，但是山东中小企业资产质量、赢利能力不断恶化的情况应引起足够警惕。

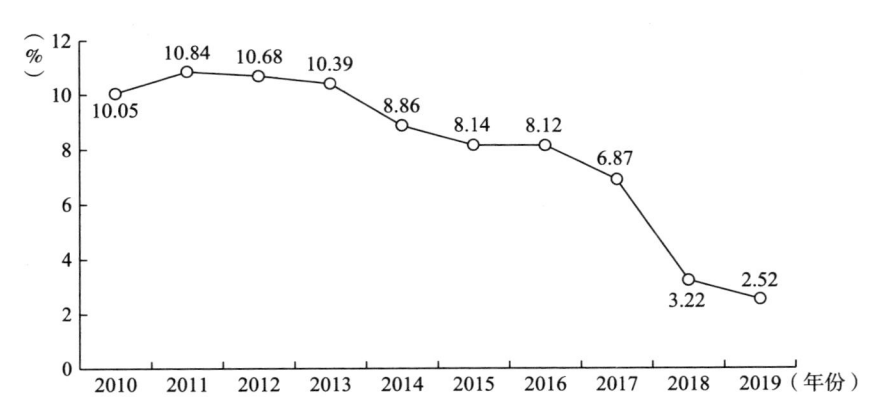

图10　山东规模以上工业中小企业ROA情况（2010～2019年）

资料来源：山东省统计局、历年《山东省统计年鉴》、山东省亚太资本市场研究院。

（八）规模以上工业中小企业净资产收益率（ROE）分析

净资产收益率（ROE）是净利润与股东权益的比，该指标反映了股东权益的收益水平，用以衡量公司对股东投入资本的利用效率。净资产收益率作为衡量一家上市公司经营质量的重要指标之一，一般而言，较低的净资产收益率表明资本利用效率不高。根据我们的计算①，近十年，山东规模以上工业中小企业 ROE 与 ROA 变化趋势基本一致，ROE 数据呈现不断下滑趋势，截至 2019 年，ROE 下降至 7.45%（见图 11）。ROE 不断下降表明山东规模以上工业中小企业对股东投入资本的利用效率不断下降，结合企业的资产负债率不断上升的情况，可以看出山东中小企业经营风险不断增加。

图 11　山东规模以上工业中小企业 ROE 情况（2010～2019 年）

资料来源：山东省统计局、历年《山东省统计年鉴》、山东省亚太资本市场研究院。

---

① 山东省统计局未公布股东权益数据，我们根据公式总资产 = 总负债 + 股东权益计算所得。

B.3
山东省民营及中小企业融资报告（2020）

李宗超　闫小敏*

摘　要： 2018年以来，我国多个部门出台缓解中小企业融资难、融资贵问题的政策措施。2020年，面对新冠肺炎疫情对中小微企业造成的重大影响，我国出台多项措施，加大中小微企业信用贷款支持力度，支持中小企业复工复产。从2020年山东民营及中小企业融资情况来看，银行渠道方面，山东中小微企业贷款余额3.6万亿元，有力地促进了实体经济高质量发展，其中普惠小微贷款余额超8亿元，融资成本下降明显；资本市场方面，全省民营企业IPO融资95.02亿元，成为首发市场融资的主力军，此外，增发融资、债券融资均比上年有较大幅度增长；民间融资渠道方面，小额贷款公司、新型农村合作金融等民间融资表现不及往年。中小微企业融资难是世界性难题，不可避免地存在多种问题，山东应立足本地实际情况，学习省外先进经验，建立健全适合本省的中小企业综合金融服务体系。

关键词： 山东省　中小企业　民营企业　银行融资　民间融资

中小企业作为全球经济发展的重要贡献者，在促进经济社会发展中发挥着不可替代的作用。然而，从广大中小企业处境来看，融资不足依然是制约其发展的关键因素。与大型公司相比，中小企业存在天然的弱质性，例如缺

---

* 李宗超，山东省亚太资本市场研究院高级研究员，研究领域为证券投资、商业银行；闫小敏，山东省亚太资本市场研究院高级研究员，研究领域为证券市场、公司金融。

乏抵押物、信息不对称、成本收益不平衡等，使其获得银行贷款和从资本市场通过发行股票和债券的方式获得融资的可能性较小，很多中小企业需要通过家人、朋友或其他非正规融资渠道获得资金支持，难以弥补融资缺口。2018年，习近平总书记在民营企业座谈会上强调，要优先解决民营企业特别是中小企业融资难甚至融不到资的问题，同时逐步降低融资成本。解决中小企业融资难、融资贵的问题并优化中小企业融资结构是一项长期性、系统性的工程，是推动金融供给侧结构性改革、增强金融服务实体经济能力的重要任务，是全面建成小康社会的必然要求。

近年来，财政部、中国人民银行、中国银保监会等多个部门发布了多项缓解中小企业融资难、融资贵问题的政策措施。2019年中国银保监会印发《关于2019年进一步提升小微企业金融服务质效的通知》，2020年面对新冠肺炎疫情对中小微企业造成的重大影响，中国人民银行、财政部等八部门联合印发《关于进一步强化中小微企业金融服务的指导意见》，国家发改委等五部门联合印发《关于加大小微企业信用贷款支持力度的通知》，中小企业融资问题在一定程度上得到缓解。截至2020年末，全国普惠型小微企业贷款余额15.3万亿元，增速超过30%，其中5家大型银行增长54.8%，行政村基本实现基础金融服务全覆盖。2020年，山东省中小微企业贷款余额36776.2亿元，同比增长12.6%，增速较2015年提高2.9个百分点。[①] 可见，尽管受到新冠肺炎疫情影响，这些金融支持政策有力地推动了中小企业复工复产，加快了生产生活秩序的恢复，促进了实体经济高质量发展。

一 银行融资渠道

（一）出台多项融资政策

1. 支持民营经济35条

提到山东支持民营经济发展的政策措施，绕不开"支持民营经济35

[①] 《山东省民营经济（中小企业）"十四五"发展规划》，2021年8月，http://gxt.shandong.gov.cn/art/2021/8/5/art_15179_10293238.html。

条"。2018年，山东省政府印发《关于支持民营经济高质量发展的若干意见》（以下简称《意见》），提出六大方面35条具体措施，为民营企业提供政策支持，指明发展方向。《意见》包含6个方面：减轻企业税费负担，增强民营企业竞争力；解决民营企业融资难、融资贵问题，提升金融服务水平；营造公平竞争环境，拓宽民营经济发展领域；构建"亲""清"政商关系，全面优化政务服务；保护企业家人身和财产安全，维护民营企业合法权益；完善政策执行方式，充分发挥政策效应。其中，在解决民营企业融资难、融资贵问题方面，《意见》第11条提出增强金融机构服务能力。地方性金融机构要优化信贷评审技术，通过提升大数据分析能力，为民营企业提供精准信贷服务。支持金融机构发行小微企业贷款资产支持证券，将小微企业贷款基础资产由单户授信100万元及以下放宽至500万元及以下。鼓励金融机构发行小微企业金融债券，增强服务民营和小微企业能力。

民营企业是推动山东经济发展的重要力量，是推进供给侧结构性改革、推动高质量发展、建设现代化经济体系的重要主体。《意见》的出台，将破解制约民营经济发展的突出困难和问题，不断优化发展环境，促进全省民营经济高质量发展，促进民营经济在推进供给侧结构性改革、推动新旧动能转换、建设现代化经济体系方面更好地发挥作用。

2. 出台贷款风险补偿资金管理办法

为充分发挥山东财政资金的导向和放大作用，鼓励和引导金融机构加大向依法纳税并有融资需求的小微企业发放贷款力度，缓解小微企业融资难、融资贵问题，促进全省经济社会持续健康发展，2019年1月，山东省财政厅出台了《山东省小微企业贷款风险补偿资金管理办法》（以下简称《办法》）。《办法》包括托管机构与合作金融机构、补偿条件与程序等五章23条内容，对支持民营企业发展的相关部门责任进行了明确：省财政厅主要负责省级风险补偿资金的筹集安排、拨付计划下达及绩效评价等工作；省工业和信息化厅主要负责指导、督促风险补偿业务，复核省级风险补偿资金拨付计划，组织托管机构、合作金融机构的年度考核等工作；省地方金融监管局主要负责协调指导金融机构加大小微企业贷款投放和省级风险补偿资金的规范使用等工作；中国人民银行济南分行负责运用再贷款、再贴现等央行货币政策工具，支持和引导金融机构加大小微企业信贷投放等工作；中国银保监会山东监管局主要负责核准金融机构"两增两控"目标、动态监控合作金融机构的不良贷款率、指导合作金融机构在本行政区域内开展业务，督促其履行合作协议约定的义务。托管机构负责受理和审核合作金融机构不良贷款的风险补偿申请；拨付和回收追回的省级风险补偿资金；负责管理省级风险补偿资金账户安全及收支；按规定及时报送省级风险补偿资金收支、使用情况及资金管理使用意见建议；直接将省级风险补偿资金追偿资金及其购买的金融产品增值收益缴入专户，不得通过中间账户周转；对合作金融机构和小微企业的贷款信息等商业秘密负责；其他按照规定应承担的职责。

3. 创新政策保障中小企业发展

2020年初，面对突如其来的新冠肺炎疫情，山东省委、省政府统筹推进新冠肺炎疫情防控和经济社会发展工作，印发《关于贯彻落实习近平总书记重要讲话精神统筹推进新冠肺炎疫情防控和经济社会发展工作的若干意见》，包括"总体要求""抓紧抓实抓细疫情防控""统筹推进疫情防控和经济社会发展工作""加强党对统筹疫情防控和经济社会发展工作的领导"四大部分[①]。围绕贯彻落实国家宏观政策、加强运行调节等环节，有序推进企业复工达产和实施重点项目建设。

为全面落实党中央、国务院关于疫情防控的决策部署，支持中小企业积极应对疫情影响，实现平稳健康发展，2020年2月，山东省人民政府办公厅发布《关于应对新型冠状病毒感染肺炎疫情支持中小企业平稳健康发展的若干意见》。意见提出要强化金融支持，主要包含6方面内容：加大信贷支持力度、降低信贷融资成本、降低企业担保费率、加强应急转贷基金使用、实施疫情防控重点保障企业贷款财政贴息和实施贷款风险补偿政策。在"加大信贷支持力度"中提出"对受疫情影响较大的行业企业，要灵活运用无还本续

---

① 山东省委、省政府印发《关于贯彻落实习近平总书记重要讲话精神统筹推进新冠肺炎疫情防控和经济社会发展工作的若干意见》，http://www.shandong.gov.cn/art/2020/2/29/art_107860_105879.html。

贷、应急转贷等措施，支持相关企业特别是中小微企业稳定授信，银行机构要对其到期贷款予以展期或续贷。对受疫情影响、授信到期还款确有困难的中小微企业，银行机构和地方金融组织要通过适当降低利率、减免逾期利息、调整还款期限和方式，帮助企业渡过难关，不得盲目抽贷、断贷、压贷。2020年，省内各银行机构对小微企业贷款余额和新增贷款规模不得低于去年同期水平"。

2020年2月，中国人民银行济南分行制定《关于全力做好金融服务保障工作 助力打赢疫情防控阻击战的通知》，要求全省金融机构贯彻党中央、国务院关于防控新冠肺炎疫情的决策部署，落实中国人民银行、国家外汇管理局和山东省委、省政府有关工作要求，切实加强金融服务保障工作，并在"加强对疫情防控的资金支持""强化疫情防控的资金拨付汇划保障""优化疫情防控期间外汇服务""加强疫情防控期间的金融服务"四方面提出了18项具体工作措施。山东省地方金融监管局、中国人民银行济南分行等6部门联合发布《关于强化金融服务支持企业复工生产和项目开工建设的通知》，指出要把支持全省企业复工生产、项目开工建设作为当前重要工作来抓，紧紧围绕保防控、保市场、保供给，进一步加大金融支持力度。各有关部门、银行机构要全面对接企业复工复产融资需求，根据不同企业情况分类施策，符合信贷政策的争取早投放、快投放。

疫情期间，山东各银行机构对营业网点进行科学管理、全面防控，积极推行线上办公，主动开展上门服务，保障重点防疫企业、重大建设项目、复工复产企业资金供给，满足居民日常金融服务需求，有力地支持了全省疫情防控和经济社会平稳发展。

（二）金融机构贷款情况

1. 社会融资规模创新高

2011年初，"社会融资"一词出现在与金融调控有关的叙述中。社会融资规模是全面反映金融与经济关系，以及金融对实体经济资金支持的总量指标，地区社会融资规模更能全面地反映各地实体经济从整个金融体系获得的资金支持。"十三五"期间，山东社会融资规模整体扩张，至2020年末社会融资余额突破15万亿元，创历史新高。2019年和2020年，山东省金融总量增长势头强劲，社会融资结构持续优化，民营及中小企业等领域信贷增长较快，反映了全省金融支持实体经济向好，经济高质量发展的动力和活力持续增强。具体来看，2019年末，山东省社会融资规模余额为13.3万亿元，同比增长10.1%，比上年提高1.6个百分点；2020年末，全省社会融资规模达到15.2万亿元，同比增长14.3%，比上年提高4.2个百分点，增幅高于全国1.2个百分点。社会融资规模增量方面，2019年突破1万亿元，同比增长49.9%，比上年提高41.3个百分点；2020年，虽然受新冠肺炎疫情影响，但政府出台多项金融支持政策，全年社会融资增量突破2万亿元，同比增长45.4%，增速虽比上年回落4.5个百分点，但依然处于高增长状态（见图1）。

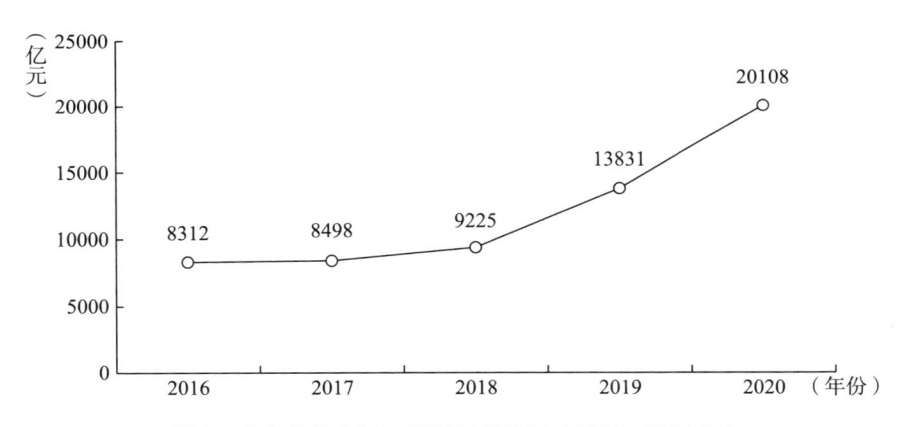

图1 山东省社会融资规模增量统计（2016～2020年）

资料来源：山东省统计局、山东省亚太资本市场研究院。

2. 整体贷款额度有限

（1）金融机构对小微企业贷款余额增长缓慢

"十三五"期间，山东金融机构对全省小微企业贷款余额从2016年的13977.0亿元增至2020年的17096.7亿元，年平均增速5.17%（见图2）。2019年和2020年，中国人民银行济南分行不断优化货币政策工具运用，将定向降准资金支持小微企业情况纳入宏观审慎评估，建立包括资金投向、金额、期限、利率等要素在内的小微企业贷款台账，实施资金精准投放。贷款延期和发放信用贷款等操作，既有效缓解了企业流动性紧张问题，又为企业节约了过桥费、抵押担保费等融资成本，有力地支持了实体经济。2020年，中国人民银行济南分行积极落实"两项直达工具"（普惠小微企业贷款延期支持工具和普惠小微企业信用贷款支持计划），有效地发挥结构性货币政策工具的精准"滴灌"作用，推动全省银行开展中小微企业金融服务能力提升工程、完善普惠小微信用贷款投放长效机制，有效凝聚工作合力，引导金融加大对实体企业特别是小微、民营和"三农"主体的支持力度，促进全省金融与实体经济良性循环。2020年末，全省小微企业贷款余额为17096.7亿元，同比增长5.70%，增速比上年提高0.41个百分点，但相对于全省贷款余额增速来讲，小微企业贷款余额增速较为缓慢。

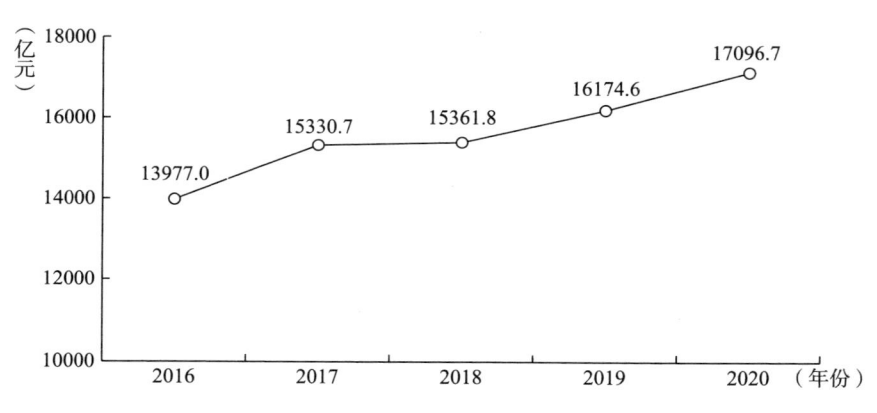

图2 山东省小微企业贷款余额统计（2016~2020年）

资料来源：山东省统计局、山东省亚太资本市场研究院。

（2）小微企业贷款增速仅为全省贷款增速的1/3

"十三五"期间，山东本外币贷款余额由59063.3亿元增至97880.6亿元，年平均增速为13.46%，而同一时期小微企业贷款增速仅为4.46%，小微企业贷款余额增速低于全省贷款余额增速。图3列出了山东省本外币贷款和小微企业贷款余额增速。根据《山东省统计年鉴》中"金融机构分行业本外币贷款情况"的数据，制造业贷款余额位居行业之首，但在2016年至2019年呈现加速减少态势，2016年减少14.0亿元，而2019年则减少1542.7亿元，制造业贷款余额由 2016 年末的 16969.1 亿元减至 2019 年末的 14554.3 亿元。2016 年至 2019 年贷款余额增长较快的行业主要有交通运输、仓储和邮政行业，水利、环境和公共设施管理业，以及租赁和商务服务业等，这些行业由于进入门槛高，中小企业较少，而制造业包含了众多中小企业，通过对比研究发现，制造业整体贷款余额的下降势必会影响中小企业的信贷。

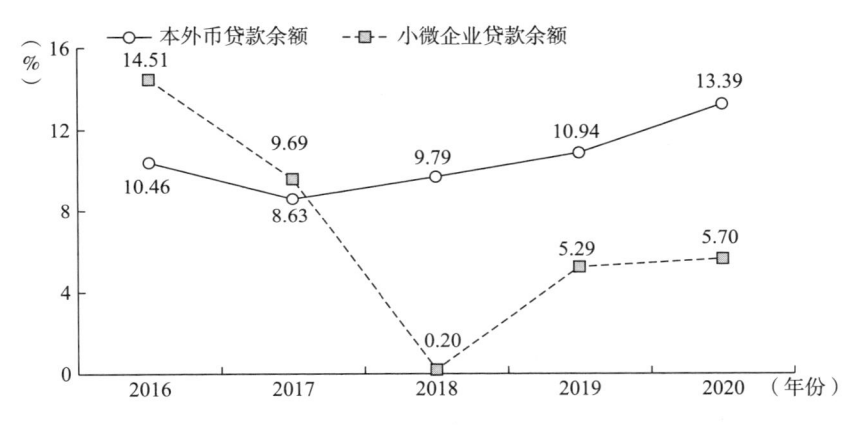

图 3　山东省本外币贷款和小微企业贷款余额增速统计（2016～2020 年）
资料来源：山东省统计局、山东省亚太资本市场研究院。

（3）小微企业贷款比例呈现下降趋势

近年来，山东省小微企业贷款余额与全省贷款余额占比呈现下滑态势，由 2017 年的 21.63% 降至 2020 年的 17.47%，平均每年下降 1.04 个百分点（见图 4）。近年来，山东与广东、江苏的差距不断扩大，与浙江的差距不断缩小，为改变发展缓慢的局面，2017 年山东省委、省政府做出了实施新旧动能转换重大工程的战略部署，以动能转换统领全省经济发展大局，金融资源向高端装备制造、高端化工、信息等十大产业聚集。截至 2020 年末，山东中小企业突破 350 万家，根据山东市场监督管理局发布的"行业活力词云图"数据，省内"金属制品业""农业""电热力生产业"活跃度较高[1]，而这些行业多属于资源开发型、产品初加工型、贴牌加工型等传统行业，具

---

[1] 资源获取时间为 2021 年 3 月 17 日，http://218.57.139.23：8088/dpzs/meta/dpzs/analyses/dpsj_wy/mh/main? type = dashboard。

有劳动密集度高、产业层次低、产品附加值低等特征。受制于宏观环境变化和我国银行现有风控管理措施趋严等，这些中小微企业在获取金融支持方面存在一定的困难。现实中，还存在个别银行"垒小户"瓜分贷款目标，或打"擦边球"进行人为调整划型，或通过减缓整体贷款发放速度完成目标任务等行为，更造成中小微企业融资困难。

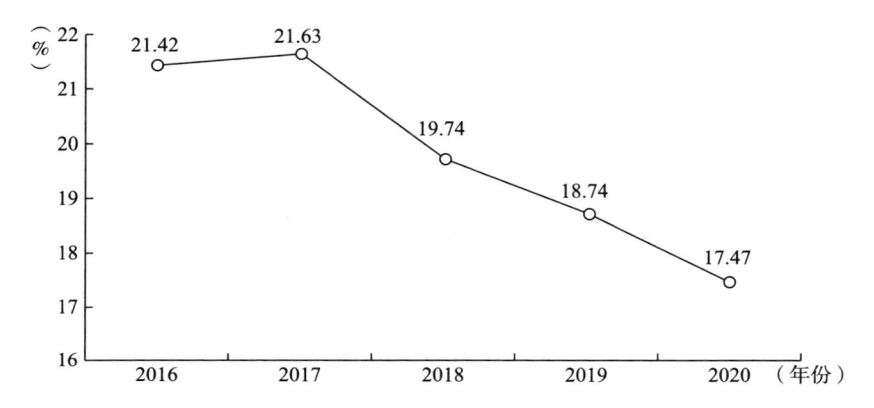

图4　山东省小微企业贷款余额与全省贷款余额占比统计（2016~2020年）
资料来源：山东省统计局、山东省亚太资本市场研究院。

3. 普惠金融贷款利率下降

在实施新旧动能转换以来，山东经济向着高质量发展方向转变，经济发展质量的提升为山东提供了在全国获取金融资源的基础，从而进一步提高金融供给水平。2019年和2020年，金融总量增势较好，融资结构持续优化，民营和小微企业等领域贷款快速增长。截至2019年末，全省普惠小微贷款余额为5835亿元，同比增长25.6%，全年新发放普惠型小微企业贷款平均利率为6.44%，较2018年新发放普惠型小微企业贷款平均利率下降0.54个百分点[1]。2020年，为减轻新冠肺炎疫情对中小微企业的冲击，帮助小微企业缓解资金压力，解决小微企业融资难、融资贵问题，中国人民银行创设了"普惠小微企业贷款延期支持工具"和"普惠小微企业信用贷款支持计划"两项直达工具，有力地带动了全省普惠小微贷款量增、面扩和价降。2020年，

---

[1] 数据来自2020年8月19日山东省银行业协会发布的《2019年山东银行业社会责任报告》。

山东普惠小微贷款余额为8176.8亿元，同比增长40.1%，普惠小微企业融资成本下降最明显，12月利率为5.50%，同比下降0.93个百分点[①]。中国人民银行济南分行通过落实利率市场化改革措施和贷款市场报价利率（LPR）改革要求，有效地降低了全省中小微企业及实体经济融资成本。

二 资本市场融资渠道

（一）IPO融资

2020年10月，国务院印发《关于进一步提高上市公司质量的意见》，提出全面推行、分步实施证券发行注册制；优化发行上市标准，增强包容性。2019年，科创板成功设立并试点注册制；2020年，创业板改革并试点注册制。不久的将来注册制将扩展至整个资本市场。对于民营企业而言，全面实施注册制后，其IPO将会迎来重大机遇，尤其是新经济领域中的民营企业会得到更多的资本市场支持。民营企业在资本市场支持下获得大发展的一个优秀案例即浙江省的"凤凰行动"，早在2018年浙江省就出台《关于深入实施"凤凰行动"计划促进上市公司稳健发展的意见》，提出建立上市公司股权融资支持机制、拓展民营上市公司融资渠道等9条针对性政策措施，极大地促进了本省民营经济的发展。浙江省的"凤凰行动"给山东省提供了重要的参考借鉴。

2019年初，山东省设立了由省政府分管领导任组长的山东省推动企业上市专项小组，通过实行名单制、台账化管理，重点解决拟上市企业存在的问题，帮助排队企业尽快发行上市，辅导企业快速报会审核，两年以来山东省企业IPO数量和融资额明显增加，恢复至2016年和2017年水平。2019年，山东省企业IPO数量16家，融资额172.81亿元；2020年，IPO数量17家，融资额为153.99亿元。其中，2019年是最近5年中融资额最多的年份（见图5）。

---

① 《2020年山东省金融运行情况》，http://www.scio.gov.cn/xwfbh/gssxwfbh/xwfbh/shandong/Document/1697685/1697685.htm。

2019年和2020年，山东省深入推进流程再造，优化营商环境，激发市场主体活力，企业上市数量明显增加。在2020年资本市场成立30年的关键节点，山东省上市企业的数量正式迈入了"200时代"，成为企业上市"最好年份"①。

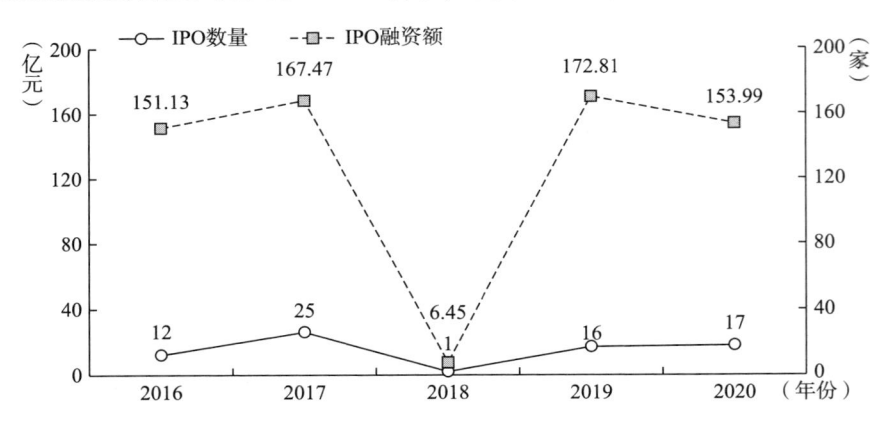

图5　山东省上市公司 IPO 数量及融资额统计（2016～2020年）

资料来源：Wind、山东省亚太资本市场研究院。

近两年，山东省民营企业成为上市主力军。2019年和2020年全省民营企业 IPO 数量均为12家，分别占各自年份 IPO 总数量的75.00%和70.59%；两年中民营企业 IPO 融资额分别为97.17亿元、95.02亿元，分别占各自年份IPO 融资额的56.23%、61.71%。2019年民营企业 IPO 融资额最多的是华熙生物（688363.SH），共计融资23.69亿元。华熙生物（688363.SH）是我国最早应用微生物发酵法生产透明质酸的企业之一，并率先实现产业化，改变了我国以动物组织提取法生产透明质酸且主要依靠进口的落后局面。另一家登陆科创板的民营企业是睿创微纳（688002.SH），募集资金12.00亿元，是我国首批登陆科创板的25家企业之一。2020年，山东省民营企业 IPO 募集资金最多的是东岳硅材（300821.SZ），共计募集20.70亿元，是我国有机硅行业中生产规模最大的企业之一，募集资金主要用于产能扩张和技术研发（见表1）。上市是企业转型升级的绝佳途径，可以借助资本市场的支持，培育省内行业龙头企业和骨干企业，打破规模小、价值低、生产落后的困局，做强实体经

---

①　https://baijiahao.baidu.com/s?id=1687033954603493851&wfr=spider&for=pc。

济，实现山东省产业"腾笼换鸟""凤凰涅槃"。

表1 山东省民营企业IPO募集资金统计（2019年和2020年）

单位：亿元

年份	股票代码	股票简称	募集资金	行业（证监会标准）
2019	688363.SH	华熙生物	23.69	医药制造业
	603217.SH	元利科技	12.51	化学原料和化学制品制造业
	688002.SH	睿创微纳	12.00	计算机、通信和其他电子设备制造业
	603967.SH	中创物流	10.21	装卸搬运和运输代理业
	300801.SZ	泰和科技	9.13	化学原料和化学制品制造业
	603279.SH	景津环保	5.49	通用设备制造业
	688021.SH	奥福环保	5.23	专用设备制造业
	300594.SZ	朗进科技	4.23	铁路、船舶、航空航天和其他运输设备制造业
	603739.SH	蔚蓝生物	3.94	食品制造业
	603755.SH	日辰股份	3.87	食品制造业
	300786.SZ	国林科技	3.47	专用设备制造业
	300779.SZ	惠城环保	3.40	废弃资源综合利用业
2020	688136.SH	科兴制药	11.09	医药制造业
	688557.SH	兰剑智能	5.03	通用设备制造业
	605198.SH	德利股份	1.52	酒、饮料和精制茶制造业
	002984.SZ	森麒麟	13.08	橡胶和塑料制品业
	605100.SH	华丰股份	8.56	通用设备制造业
	688556.SH	高测股份	5.83	专用设备制造业
	300848.SZ	美瑞新材	4.70	化学原料和化学制品制造业
	688309.SH	恒誉环保	4.96	专用设备制造业
	300840.SZ	酷特智能	3.56	纺织服装、服饰业
	605001.SH	威奥股份	12.20	铁路、船舶、航空航天和其他运输设备制造业
	300830.SZ	金现代	3.79	软件和信息技术服务业
	300821.SZ	东岳硅材	20.70	化学原料和化学制品制造业

资料来源：Wind、山东省亚太资本市场研究院。

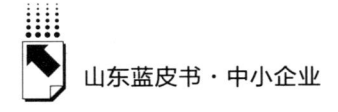

（二）增发融资

增发是已上市公司的再融资行为，与配股、优先股、可转债和可交换债等一样，是再融资的重要方式之一。2019年，中国证监会发布再融资规则征求意见稿，再融资规模出现回暖迹象。从全国范围来看，根据Wind数据统计，2020年再融资规模为11976.91亿元，同比下跌7.02%，尽管融资额出现下降，但再融资家数相比2019年出现了45.98%的增幅。再融资新规的实施，有效地推动了再融资市场复苏。其中，2020年有362家上市公司实施了增发融资，共计融资8341.37亿元，与上年相比，家数增长44.22%，融资额增长21.11%。

从山东省的情况来看，2019年共有7家上市公司增发募集资金616.60亿元，2020年共有17家上市公司增发募集资金181.06亿元。2019年增发融资之所以高，是因为国企万华化学（600309.SH）增发融资高达522.18亿元，居当年全国增发市场融资额第一位，占当年增发募集资金额的7.58%。万华化学（600309.SH）主要是发行股份吸收合并烟台万华化工有限公司，用于解决与控股股东下属匈牙利BC公司之间存在的潜在同业竞争问题。在资本市场支持下，万华化学（600309.SH）通过整合产业链，其MDI全球市占率仍将不断提升，行业话语权不断加大，市场定价能力进一步增强。

从山东省民营上市公司来看，2019年共有5家民营上市公司增发募集资金31.39亿元，2020年共有11家民营上市公司增发募集资金84.84亿元，增发数量和募集资金分别比2019年增长1.20倍和1.70倍。2019年和2020年民营上市公司增发募集金额分别占当年增发融资总额的5.09%、46.85%。2019年增发募集资金最多的民营上市公司是中际旭创（300308.SZ），募集资金15.56亿元，主要用于400G光模块研发生产、铜陵光模块产业园建设、补充流动资金及偿还银行贷款等方面，有效地提升了公司的综合实力和行业地位。2020年增发募集资金最多的民营上市公司是玲珑轮胎（601966.SH），募集资金19.91亿元，用于建设荆门全钢高性能轮胎生产项目及补充流动资金，可为荆门及周边省市市场提供更加快速便捷的服务并迅速响应客户的临时需求，生产机动性更强，物流等成本更为低廉,是其在华中地区的重要布局(见表2)。

表2 山东省民营上市公司增发募集资金统计(2019年和2020年)

单位:亿元

年份	股票代码	股票简称	募集资金	行业(证监会标准)
2019	300308.SZ	中际旭创	15.56	计算机、通信和其他电子设备制造业
	603638.SH	艾迪精密	7.00	专用设备制造业
	300343.SZ	联创股份	5.13	化学原料和化学制品制造业
	603577.SH	汇金通	3.13	金属制品业
	300479.SZ	神思电子	0.57	计算机、通信和其他电子设备制造业
2020	601966.SH	玲珑轮胎	19.91	橡胶和塑料制品业
	002746.SZ	仙坛股份	10.45	畜牧业
	603113.SH	金能科技	10.00	石油加工、炼焦和核燃料加工业
	300285.SZ	国瓷材料	8.36	化学原料和化学制品制造业
	300659.SZ	中孚信息	7.13	软件和信息技术服务业
	002891.SZ	中宠股份	6.51	农副食品加工业
	300443.SZ	金雷股份	5.00	专用设备制造业
	300677.SZ	英科医疗	5.00	橡胶和塑料制品业
	002374.SZ	中锐股份	4.80	金属制品业
	002469.SZ	三维化学	3.08	化学原料和化学制品制造业
	002469.SZ	三维化学	3.08	化学原料和化学制品制造业
	002810.SZ	山东赫达	1.50	化学原料和化学制品制造业

资料来源:Wind、山东省亚太资本市场研究院。

(三)债券融资

1. 可转债融资

可转债融资是再融资的又一重要手段。在增发、配股、优先股、可转债四大再融资方式中,可转债融资额仅次于增发融资。从全国范围看,可转债融资近5年总体呈现上升趋势。尤其是2019年再融资新规征求意见稿出台后,可转债融资规模突破2000亿元,实现了质的飞跃,当年融资额同比大幅增长1.31倍。2020年再融资新规落地实施后,再融资规模继续保持高位。全年206家上市公司实施了可转债融资，数量比2019年多出100家；全年可转债融资额2475.25亿元，几乎与2019年持平。

从山东省情况来看，2019年山东有8家上市公司可转债募集资金80.03亿元，2020年14家上市公司可转债募集资金247.99亿元，募集资金额比2019年增长2.10倍。2019年发行可转债融资最高的是海尔智家（600690.SH），共计融资30.07亿元。2020年发行可转债融资最高的是青农商行（002958.SZ），共计融资50亿元，用于补充该行核心一级资本，提高资本充足率水平，夯实各项业务持续健康发展的资本基础。可转债作为一种灵活的股权融资方式，打开了上市公司融资的新空间。可转债相对来讲风险偏低，这一特点对于市场投资者来说也具有较大的吸引力。在目前多举措缓解企业融资难、支持民营经济发展的背景之下，上市公司通过可转债募集资金的空间将更大。

从山东省民营上市公司来看，2019年、2020年均有5家民营上市公司发行可转债来募集资金，募集资金分别为36.09亿元、109.89亿元，2020年募集资金比2019年增长2.04倍，主要是2020年歌尔股份（002241.SZ）、蓝帆医疗（002382.SZ）可转债发行规模较大。2019年金能科技（603113.SH）以15.00亿元的可转债发行规模成为当年可转债募集资金最多的民营上市公司。2020年歌尔股份（002241.SZ）发行可转债募集资金额达40.00亿元，募集资金投向双耳无线智能耳机项目、AR/VR及相关光学模组项目及青岛研发中心项目，也是当年全省民营上市公司可转债发行规模最大的公司。蓝帆医疗（002382.SZ）以31.44亿元的可转债发行规模仅次于歌尔股份（002241.SZ），募集资金主要用于公司两大事业部，即心脑血管事业部和防护事业部一系列拓展深化主业发展的项目，赋能现有产业（见表3）。

表3 山东省民营上市公司可转债发行统计（2019年和2020年）

单位：亿元

年份	股票代码	股票简称	募集资金	行业（证监会标准）
2019	603113.SH	金能科技	15.00	石油加工、炼焦和核燃料加工业

续表

年份	股票代码	股票简称	募集资金	行业（证监会标准）
2019	603612.SH	索通发展	9.45	非金属矿物制品业
	300677.SZ	英科医疗	4.70	橡胶和塑料制品业
	603278.SH	大业股份	5.00	金属制品业
	002891.SZ	中宠股份	1.94	农副食品加工业
2020	002241.SZ	歌尔股份	40.00	计算机、通信和其他电子设备制造业
	002382.SZ	蓝帆医疗	31.44	专用设备制造业
	000726.SZ	鲁泰A	14.00	纺织业
	603708.SH	家家悦	6.45	零售业
	601366.SH	利群股份	18.00	零售业

资料来源：Wind、山东省亚太资本市场研究院。

2. 可交换债

可交换债也是一种低成本的融资工具，与可转债相比融资规模较小。一般来说，可交换债和其转股标的股分别属于不同的发行人，可交换债的发行人为控股母公司的股东，而转股标的的发行人则为上市子公司。2020年，全国上市公司可交换债共计融资459.97亿元，比2019年下降44.67%。

从山东省上市公司来看，2019~2020年两年全省共有5家上市公司发行7次可交换债来募集资金，其中，2019年4家上市公司共计募集12亿元，2020年2家上市公司共计募集27亿元。蓝帆医疗（002382.SZ）股东淄博蓝帆投资有限公司连续2年发行可交换债。浪潮信息（000977.SZ）的股东浪潮集团有限公司在2020年分2期发行可交换债，共计募集资金25亿元，成为当年全省通过可交换债融资最多的上市公司。

从山东省民营上市公司来看，2019年中际旭创（300308.SZ）、蓝帆医疗（002382.SZ）和特锐德（300001.SZ）3家民营上市公司的大股东通过发行可交换债合计募集资金10.00亿元，其中，蓝帆医疗（002382.SZ）股东淄博蓝帆投资有限公司两年间共计募集资金5亿元（见表4）。蓝帆医疗（002382.SZ）股东对外扩张迅猛，并购德国瓣膜明星企业NVT进军结构性心脏病领域，投资全球第二大全磁悬浮人工心脏布局心衰领域到神经、外周介入新产品的研发，实现了从中低值耗材向高值耗材的转变，这其中离不开资本市场的支持。

表4 山东省民营上市公司可交换债发行统计（2019年和2020年）

单位：亿元

年份	股票代码	股票简称	募集资金	行业（证监会标准）
2019	300308.SZ	中际旭创	5.00	计算机、通信和其他电子设备制造业
	002382.SZ	蓝帆医疗	3.00	专用设备制造业
	300001.SZ	特锐德	2.00	电气机械和器材制造业
2020	002382.SZ	蓝帆医疗	2.00	专用设备制造业

资料来源：Wind、山东省亚太资本市场研究院。

三　民间融资渠道

（一）小额贷款公司

1. 数量持续减少

小额贷款公司是由地方金融监管部门审批、监管，由自然人、企业法人与其他社会组织投资设立，不吸收公众存款，经营小额贷款业务的有限责任公司或股份有限公司。与银行相比，小额贷款公司借贷程序更为便捷、贷款更为迅速，能与中小企业、个体工商户的资金需求相匹配；与民间借贷相比，小额贷款更加规范、贷款利息可双方协商。我国从2005年开始试点小额贷款公司，随着2008年《关于小额贷款公司试点的指导意见》的发布，小额贷款公司迅速发展壮大起来。2015年之后，随着我国经济下行压力增大和银行借贷政策向普惠金融领域倾斜，加上部分地方对牌照监管收紧，小额贷款公司资产质量下降，导致其获客难、风控难、筹资难，部分公司被依法吊销营业执照，小额贷款公司数量不断下降（见图6）。

山东省小额贷款公司数量发展趋势与全国相似，2015年也是山东小贷行业的"分水岭"，2015年数量达到339家的顶峰，此后数量不断下降。

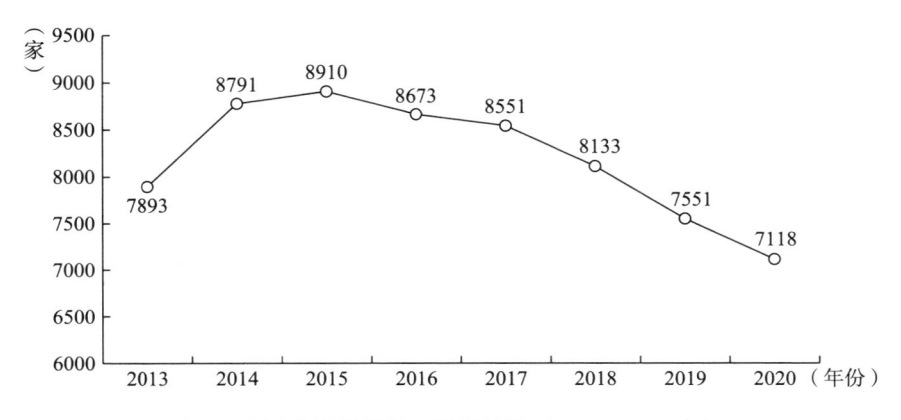

图 6　全国小额贷款公司数量统计（2013～2020 年）
资料来源：中国人民银行、山东省亚太资本市场研究院。

2020年末全省小额贷款公司跌破300家，重新回落至2013年水平（见图7）。不准跨区域经营、融资杠杆率低已经成为小额贷款公司身上的两道"枷锁"，再加上近年来助贷的挤压，小贷公司的生存空间被不断压缩。2021年2月，中国银保监会山东监管局组织开展全省"失联"或"空壳"小额贷款公司排查工作，发现76家小额贷款公司处于失联、空壳状态，意味着2021年山东小额贷款公司数量将继续减少。

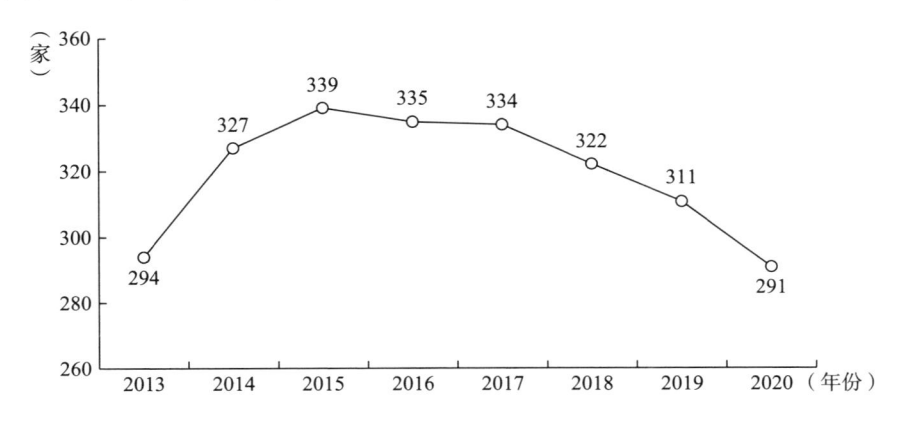

图 7　山东省小额贷款公司数量统计（2013～2020 年）
资料来源：中国人民银行、山东省亚太资本市场研究院。

2. 贷款额整体下滑

小额贷款公司是我国惠普金融体系的重要生力军，长期坚持"小额、分散"的经营原则，立足县域和本地，扎根基层，着力服务"三农"、小微企业，客观上起到了平抑民间借贷价格的作用，成为我国新型金融组织之一。"十三五"期间，山东小额贷款公司发放贷款额先增后跌，但整体维持在500亿元之上。根据山东省地方金融监督管理局数据，2017年山东小额贷款公司发放贷款突破600亿元，达663.54亿元，成为"十三五"期间最高的一年，此后至2020年贷款额不断下降，2020年发放贷款额仅为507.92亿元[1]（见图8）。小额贷款公司经营业绩受经济环境和国家政策影响较大，2017年后受到金融去杠杆、强监管的影响，小额贷款公司经营环境趋紧，贷款额不断下滑，未来经营环境仍面临着较大挑战。

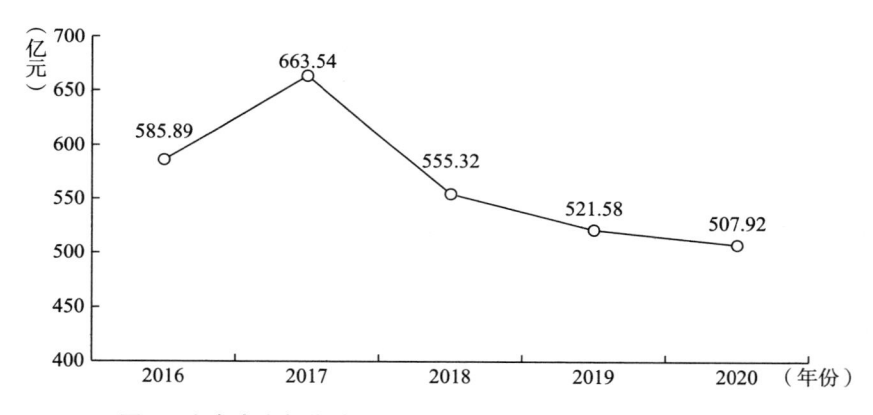

图8 山东省小额贷款公司发放贷款额统计（2016～2020年）

注：2016年为截至当年10月数据。
资料来源：山东省地方金融监督管理局、山东省亚太资本市场研究院。

3. 涉企贷款相对稳定，涉农贷款不断下滑

服务区域内农户、小微企业是小额贷款公司的使命。小额贷款公司通过坚守拾遗补阙、错位经营的市场定位，凭借灵活便利的产品设计，为无法获得或无法充分获得金融服务的农户、个体工商户和小微企业，提供非抵押担保的信

---

[1] 由于批准设立与正式营业并具备报数条件之间存在时滞，山东省地方金融监督管理局统计口径小额贷款公司数据与中国人民银行公布的数据存在一定差别。

用贷款或保证贷款、房屋抵押担保贷款；依托传统优质制造业企业商业承兑汇票，为上下游小微企业提供票据质押贷款等。此外，小额贷款公司还通过创新业务，在传统贷款业务之外开展融资性担保、小微企业私募债业务等创新业务，帮助小微企业获得直接融资，最大限度地减少融资的中间环节和成本。

"十三五"期间，山东小额贷款公司针对小微企业发放的贷款较为稳定，最高点出现2017年，共计发放贷款388.06亿元，最低点为2018年的317.10亿元。其间，涉农贷款则呈现逐年下滑态势，由2016年的254.44亿元降落至2020年的124.75亿元（见图9）。小额贷款公司虽被定义为服务"三农"、小微企业的金融机构，但由于农户具有分散经营、抗风险能力差、抵押物较少等特征，加之天气等原因，针对"三农"领域的贷款业务比例较低。在打造乡村振兴齐鲁样板背景下，推进农业升级、业务转型、鼓励服务创新是小额贷应侧重的层面。

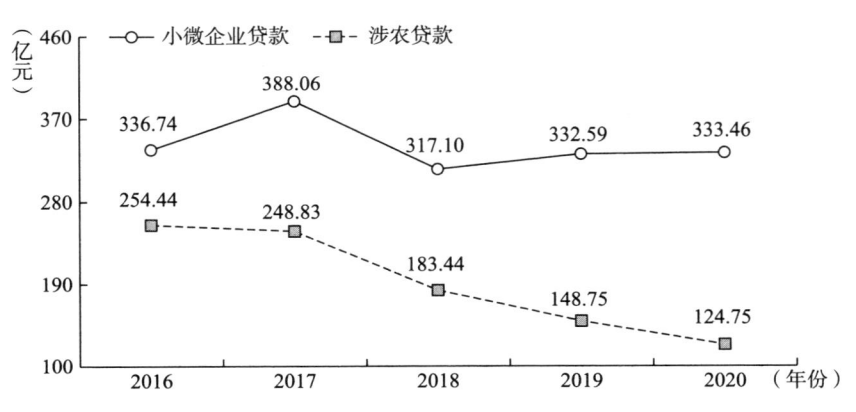

图9　山东省小额贷款公司针对小微企业和农户发放贷款统计（2016~2020年）
注：2016年为截至当年10月数据。
资料来源：山东省地方金融监督管理局、山东省亚太资本市场研究院。

（二）新型农村合作金融

1. 信用互助次数逐年上涨

早在2014年8月，山东率先提出在全国开展新型农村合作金融试点，当年末国务院原则同意山东省开展新型农村合作金融试点，山东也由此成为全国唯一试点省份。新型农村合作金融试点，将在符合条件的农民专业合作社基础上，规范发展新型农村合作金融组织，统一使用"农民信用互助社"专属名称，赋予其法人地位。"农民信用互助社"以支持社员生产经营为宗旨，实行"社员制、封闭制、民主管理"，不以营利为目的，不对外吸储放贷，不支付固定回报，由山东省地方金融监管局负责监管。

试点开展以来，新型农村合作金融组织迅速遍及全省，截至2016年末，山东省已有107个县（市、区）和12个开发区的284家农民合作社取得信用互助业务试点资格，12个市实现了县域全覆盖。截至2019年末，山东共有299家农民专业合作社开展信用互助业务试点，参与社员（包括法人社员）2.2万人。截至2020年末，自2014年试点以来，全省信用互助业务累计突破万笔。2016年突破了千笔，此后逐年增加，2019年突破了2000笔，2020年突破了2500笔（见图10）。山东新型农村合作金融试点以"增量、扩面、提质"为主线，稳妥地扩大覆盖面，稳步扩大信用互助业务量，初步建立了与山东省农业农村发展相适应、运行规范、监管有力、成效明显的新型农村合作金融框架。

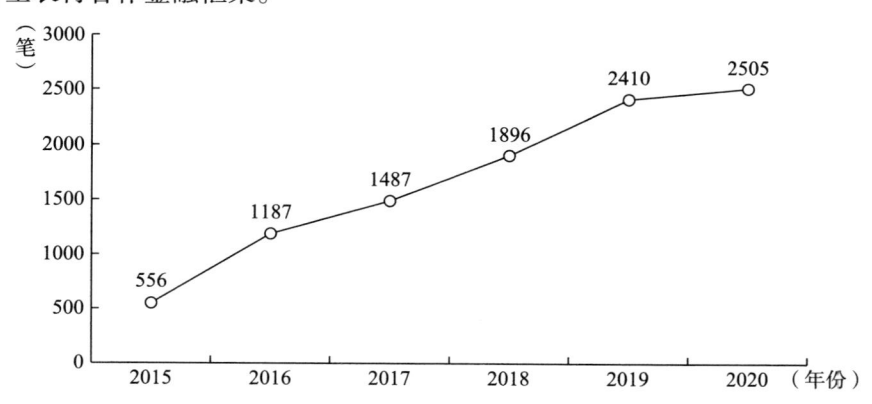

图10 山东省试点农民合作社信用互助业务数量统计（2015～2020年）

资料来源：山东省地方金融监督管理局、山东省亚太资本市场研究院。

2. 信用互助金额整体上涨

山东省开展新型农村合作金融试点以来，截至2019年试点农民合作社信用互助金额快速增长，由2015年的1748.40万元增至2019年的9170.39

万元，5年间增幅达4.25倍。2020年尽管互助业务数量出现增长，但受新冠肺炎疫情影响，互助金额出现下降，全年互助金额为7249.66万元（见图11）。自2014年试点以来，全省试点农民合作社信用互助金额已累计达38567.15万元。为保证资金安全，试点引入托管银行制度，确定了中国农业银行山东省分行、山东省农信联社为合作托管银行，由托管银行履行账户开立、资金存放、支付结算等托管职能，开展业务指导、辅助监管等综合服务。这两家合作托管银行机构针对合作社特点，积极开发金融产品，加大对信用互助的外源融资支持。此外，2017年，党的十九大提出乡村振兴战略后，山东省印发《关于加快推进省级涉农资金统筹整合的实施意见》，提出改变以职能部门为主体的涉农资金管理体制，将涉农资金全部纳入乡村振兴"资金池"，山东纳入省级统筹整合范围的涉农资金突破300亿元。

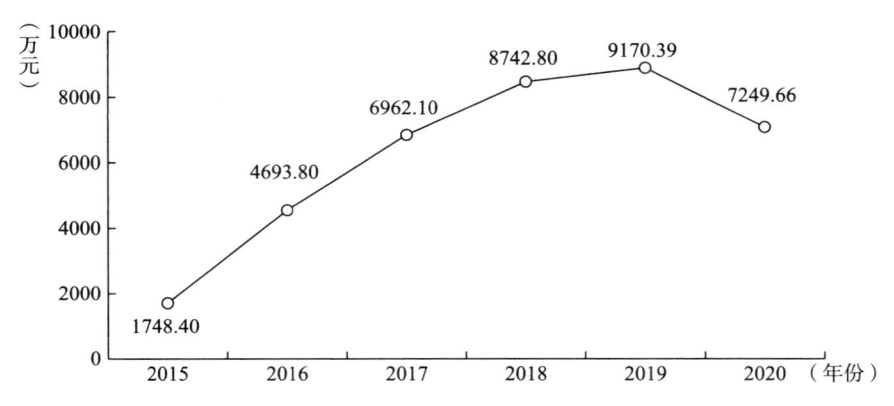

图11 山东省试点农民合作社信用互助金额统计（2015~2020年）

资料来源：山东省地方金融监督管理局、山东省亚太资本市场研究院。

（三）民间融资机构

1. 民间融资机构分类

为鼓励民间资本参与山东金融市场建设，2012年3月，山东省人民政府办公厅印发《关于促进民间融资规范发展的意见》，确定开展民间融资规范引导试点工作，通过在试点地区大胆审慎探索，发展了民间资本管理公司（包括民间融资服务公司）和民间融资登记服务公司（包括民间借贷登记服务中心）两类新型民间融资形式。2014年11月，山东省地方金融监督管理局（原山东省金融工作办公室）印发《山东省民间融资机构监督管理暂行办法》，成为全国第一个省级层面的民间融资机构监管办法；2016年8月，印发了《山东省民间融资机构监督管理办法》。由于2016年版管理办法有效期已满，2020年7月，山东省地方金融监督管理局印发《山东省民间融资机构监督管理办法》，该监管办法所称民间融资机构，是指依法设立，经批准开展民间资本管理业务或民间融资登记服务业务的法人机构，包括民间资本管理公司和民间融资登记服务机构两类。

2013年，山东省共成立民间融资机构202家，2014年增至680家，注册资本达到337.56亿元。此后至2019年上半年，受经济下行和金融去杠杆影响，民间融资机构数量出现下降，但整体数量稳定在500家左右。鉴于数据获取困难，我们根据山东民间资本管理公司数量占山东民间融资机构总量的比例约为84%，估算出2020年山东民间融资机构总量约为386家（见图12），可以看出，在金融监管趋严、新冠肺炎疫冲击、个别公司违规经营等因素影响下，2020年山东民间融资机构总量出现了大幅下滑。

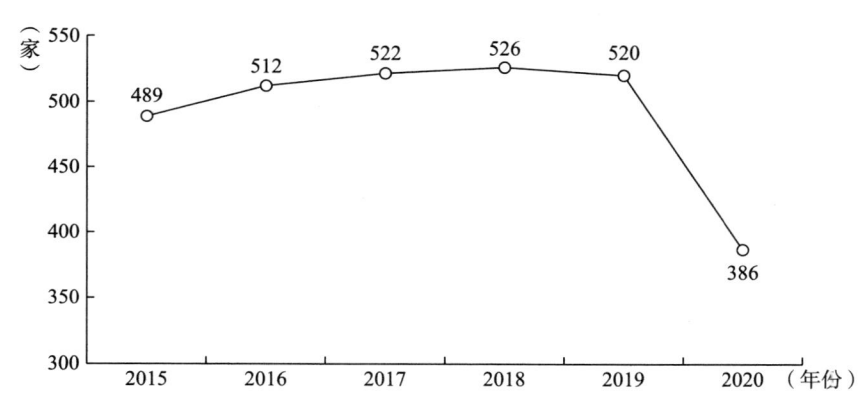

图12 山东省民间融资机构数量统计（2015~2020年）

注：2015年、2016年和2017年为开业数量，2018年、2019年为获得业务许可数量，2020年为估算数量。

资料来源：山东省地方金融监督管理局、山东省亚太资本市场研究院。

2. 民间资本管理公司

（1）公司数量大幅减少

2015 年至 2019 年上半年，山东省民间资本管理公司数量较为稳定，维持在 450 家左右。2020 年 12 月，山东省地方金融监督管理局发布了 2019 年度民间资本管理公司分类评级情况，全省民间资本管理公司中，Ⅰ级 41 家，占 12.35%；Ⅱ级 109 家，占 32.83%；Ⅲ级 103 家，占 31.03%；Ⅳ级 51 家，占 15.36%；Ⅴ级 28 家，占 8.43%。根据《山东省民间资本管理公司分类评级办法》，分类评级结果为Ⅳ级的，除采取对Ⅲ级的监管措施外，可责令暂停部分或全部业务；分类评级结果为Ⅴ级的，除采取对Ⅳ级的监管措施外，限期未整改到位的，依法责令暂停或停止全部业务。根据分类评级办法，2020 年在山东省 324 家民间资本管理公司中，Ⅳ级和Ⅴ级公司共 79 家，经营存在违法违规行为。其中，28 家Ⅴ级公司若限期未整改到位，将被依法责令停止全部业务。由此可见，金融监管成为资本管理公司数量减少的重要因素，2020 年山东省民间资本管理公司数量急剧减少，年末降至 324 家（见图 13）。

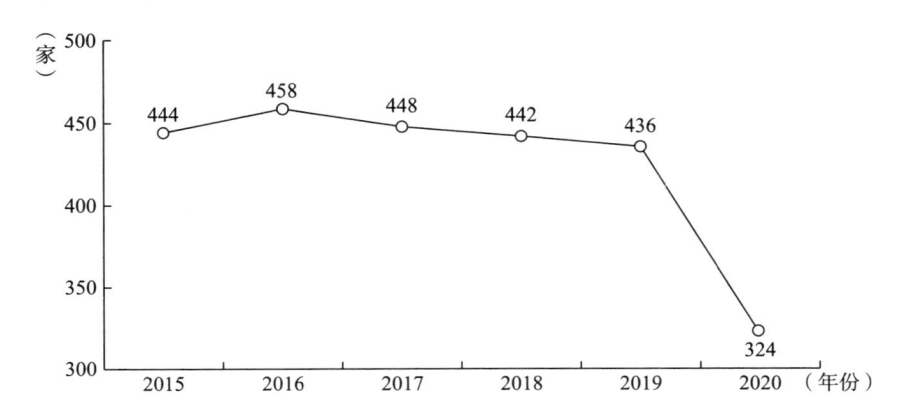

图 13 山东省民间资本管理公司数量统计（2015～2020 年）

资料来源：山东省地方金融监督管理局、山东省亚太资本市场研究院。

（2）投资金额创新高

从近六年情况来看，2017 年是民间资本管理公司投资额的拐点，此后便一路上涨，其中，2018 年投资金额同比增长 59.16%，成为增速最快的一年。2020年投资金额更是达到了692.33亿元，成为试点以来最高的一年（见图14）。尽管山东省民间资本管理公司数量减少，但其整体投资额却不断出现新高。在经历了初期的探索之后，民间资本管理公司逐步走上正轨，向着规模化、阳光化、规范化的方向发展。部分民间资本管理公司已开始找到适合自己的发展方向，践行"助农助小"的使命担当，成为普惠金融的有机组成部分，通过为广大农户、个体工商户、小微企业服务，有力地支持了全省实体经济的发展。

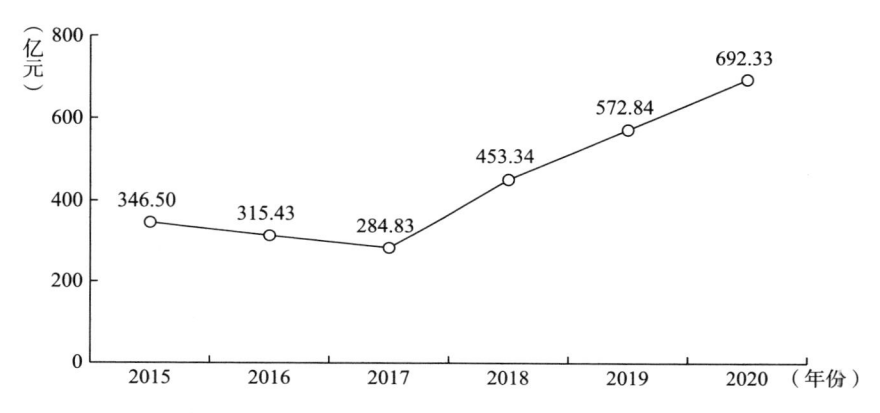

图14 山东省民间资本管理公司整体投资金额统计（2015~2020年）

注：2019年为估算数值。

资料来源：山东省地方金融监督管理局、山东省亚太资本市场研究院。

（3）践行助农助小使命

近年来，山东省民间融资机构在一定程度上缓解了部分中小微企业和"三农"融资难题，增强了经济运行自我调整和适应能力，在弥补正规金融不足、满足部分市场主体融资需求方面发挥了积极作用。《关于促进民间融资规范发展的意见》提出，民间融资机构应"立足于服务中小微型企业、'三农'和居民融资需求"，通过改革创新解决民间融资中存在的问题，采取有效方式规范和引导民间融资，发挥积极作用，抑制负面影响，促进民间融资有序健康发展。

伴随着山东民间资本管理公司投资额的增长，其涉农投资额、小微企业投资额也在逐年增长，由2016年的164.79亿元增至2020年的456.60亿元，

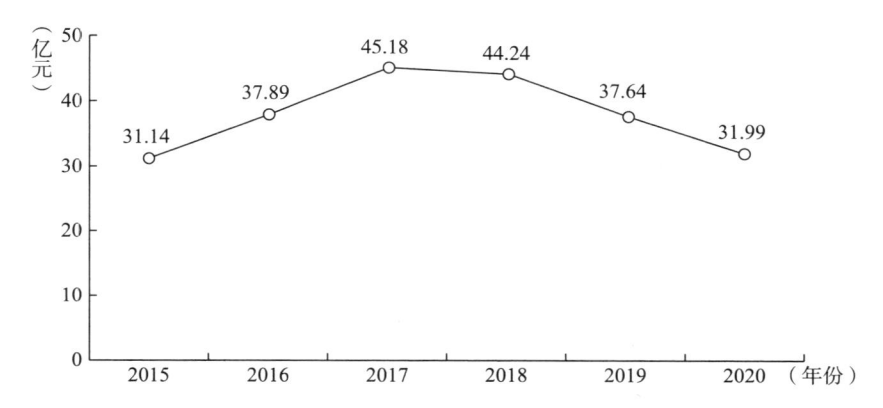

图18　山东省民间融资登记服务公司登记的资金需求额（2015~2020年）

注：2020年是根据上年变化幅度估算出来的数值。

资料来源：山东省地方金融监督管理局、山东省亚太资本市场研究院。

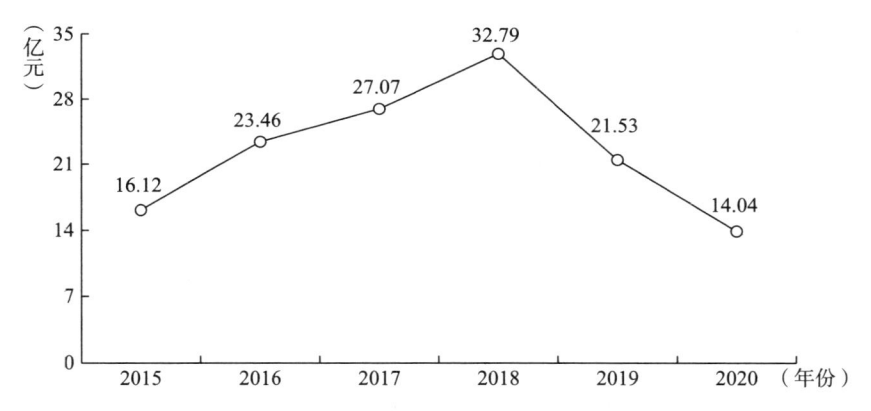

图19　山东省民间融资登记服务公司登记的资金出借额（2015~2020年）

注：2020年是根据上年变化幅度估算出来的数值。

资料来源：山东省地方金融监督管理局、山东省亚太资本市场研究院。

14.04亿元（见图19）。资金出借额的减少，一方面与登记资金需求减少有关，另一方面与近两年来国家实施普惠金融战略，"三农"、个体工商户和中小微企业在正规金融渠道获得贷款难度降低有关。不过，民间融资登记服务公司登记的资金出借额与资金需求额仍存在较大差距，说明了民间融资需求依然很大。

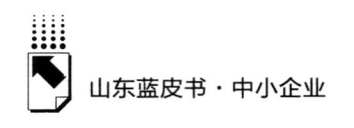

四 政策性融资担保

（一）成立省投融资担保集团

长期以来，山东省担保业对小微企业和"三农"发展支撑不足，成为全省金融业发展的突出短板和制约实体经济发展的重要瓶颈。2019年2月，山东省投融资担保集团成立，在全省开启构建融资担保体系。

山东省投融资担保集团重点支持单户担保金额在500万元及以下的小微企业和"三农"主体，优先为贷款信用记录良好和有效抵质押品虽不足但产品有市场、项目有前景、技术有竞争力的小微企业及"三农"主体融资提供担保增信；保持较低费率水平，规范收费行为，切实降低小微企业和"三农"主体负担；注重从严管理，积极防控风险，将风险控制置于体系建设和业务开展全过程，确保担保体系规范健康可持续发展。山东省投融资担保集团是定位于不以营利为目的、准公益性的省级政府性担保机构，将以开展再担保分险业务为主，优先选择省内功能作用发挥较好、风险控制能力较强、管理健全、运作规范的政府性融资担保机构作为业务合作对象，为符合条件的担保项目提供再担保服务。

（二）组建地方政府性融资担保机构

2020年7月末，山东省政府办公厅发布《关于印发推动政府性融资担保机构支持小微企业和"三农"发展的实施意见》。实施意见提出一系列举措，进一步引导全省各级政府性融资担保机构聚焦"支小支农"主责主业、扩大业务规模、降低担保费率、规范业务运作，助推全省实体经济高质量发展。山东省将加快全省政府性融资担保体系建设，各市积极培育本级政府性融资担保、再担保机构，规范运作，及时整改或出清虚假出资、直接或变相抽资的融资担保、再担保机构。同时，各县（市、区）可组建政府性融资担保机构或入股市级政府性融资担保机构，确保2020年末实现政府性融资担保业务市级全覆盖，并向经济相对发达、需求旺盛的县（市、区）延伸。

（三）确定政府性融资担保机构

为充分发挥政府性融资担保机构作用，扎实做好"六稳"工作，全面落实"六保"任务，助推小微企业和"三农"主体健康发展，2020年10月，山东省财政厅、山东省地方金融监督管理局在全省范围开展政府性融资担保机构确认工作，将49家政府性融资担保机构纳入首批名单范围（不含青岛市）（见表5），加快构建覆盖全省的政府性融资担保业务体系。对49家纳入名单的政府性融资担保机构，要求坚守准公共定位，弥补市场不足，聚焦主责主业，坚持降费让利，稳步提高小微企业和"三农"融资担保在保余额占比，尽快实现"支小支农"担保业务占比达到80%以上、平均担保费率降至1%以下，切实为小微企业和"三农"主体融资增信服务。

表5　山东省政府性融资担保机构名单（不含青岛市）（2020年）

地区	序号	单位
省级	1	山东省投融资担保集团有限公司
	2	山东省农业发展信贷担保有限责任公司
	3	山东省促进就业创业贷款担保中心
济南市	4	济南市融资担保有限公司
	5	科信融资担保有限公司
	6	山东同晟融资担保有限公司
	7	山东省赢信融资担保有限公司
	8	济南财金农业科技融资担保有限公司
淄博市	9	淄博市鑫润融资担保有限公司
	10	桓台县金泰融资担保有限公司
	11	淄博联盛融资性担保有限公司
	12	淄博融信融资担保有限公司
东营市	13	东营市融资担保有限责任公司
	14	东营区融资担保有限公司
	15	广饶县经济发展融资担保有限公司

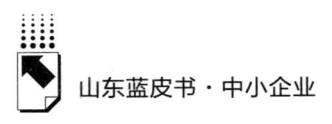

续表

地区	序号	单位
烟台市	16	烟台润福融资担保有限责任公司
	17	海阳市盛海融资担保有限公司
	18	招远市财金融资担保有限公司
	19	莱州市金意融资担保有限公司
潍坊市	20	潍坊市再担保集团股份有限公司
	21	潍坊市汇金融资担保有限公司
	22	昌邑市北海融资担保有限公司
	23	潍坊国科融资担保有限公司
	24	潍坊公利融资担保有限公司
	25	高密市鑫融融资担保有限公司
	26	寿光市金泉融资担保有限公司
	27	潍坊诚信融资担保有限公司
济宁市	28	山东财信融资担保股份有限公司
	29	济宁市兖州区惠金融资性担保有限公司
	30	梁山县财金融资担保有限公司
泰安市	31	泰安弘泽融资担保有限公司
日照市	32	日照信达融资担保有限公司
	33	莒县长诚融资担保有限公司
	34	日照市岚山融资担保有限公司
临沂市	35	莒南鑫盛融资担保有限公司
	36	临沂临港经济开发区兴港融资担保有限公司
德州市	37	德州市融资担保有限公司
	38	山东君力融资担保有限公司
聊城市	39	聊城市东安广融资担保有限责任公司
	40	茌平县宏信融资担保有限公司
滨州市	41	滨州市滨城区瑞信融资担保有限公司
	42	滨州市沾化区远恒融资担保有限公司
	43	博兴县鑫达融资担保有限公司
	44	邹平市财信融资担保有限公司
	45	山东阳信鑫诺融资担保有限公司

续表

地区	序号	单位
滨州市	46	无棣县鑫达融资担保有限公司
	47	山东恒发融资担保有限公司
	48	滨州市再担保股份有限公司
	49	滨州市滨发融资担保有限公司

资料来源：山东省财政厅、山东省亚太资本市场研究院。

五　存在的问题及建议

（一）融资存在的问题

1. 中小企业金融供给不可持续

山东中小微企业数量众多，根据山东省政府新闻办召开的展望"十四五"主题系列新闻发布会的数据，截至 2020 年末，全省市场主体达到 1185.8 万家，其中，中小企业突破 350 万家。尽管山东省中小企业数量庞大，但存在"小、散"的特征，而且广泛分布于农副食品加工业、化学原料和化学制品制造业、金属制品业、非金属矿物制品业、通用设备制造业、服务行业等传统行业，核心技术能力和核心竞争力不足，平均寿命短。根据《小微企业融资的全球经验》[①] 一书的数据，我国中小微企业平均寿命仅 3 年左右，远低于美国（7~8 年）和日本（12 年）。此外，根据工信部中小企业局发布的《2019 年中国中小工业企业经济运行报告》，2019 年山东省规模以上工业中小企业同比减少 35.54%，且亏损面为 22.5%。可见，山东中小企业发展的不稳定，必然带来大量的非有效信贷需求，导致信贷发放隐性成本增加。在有效信贷需求不足的情况下，部分银行和民间融资机构为了抢占信贷市场和完成普惠金融业务考核目标，可能会凭借其实力和优势争夺优质客户，打破全省市场竞争格局和金融生态，不利于中小微企业信贷市场

---

① 雷曜：《小微企业融资的全球经验》，机械工业出版社，2020 年。

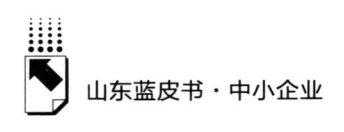

的长期培育。

2. 直接融资方式存在短板

在山东众多中小微企业中，不乏一些知识密集型企业，这类企业具有很强的科研能力和竞争能力，但同时也存在投入资金较大、资产较轻、回报周期长和风险较大等特征。知识密集型企业过度使用信贷融资，会出现流动资金困难和短期财务风险增加等问题，给经营带来风险。因此，初创中的知识密集型企业更应该适合运用天使投资、私募、VC、IPO 等直接融资方式。但是，山东中小企业无论是与广东、江苏、浙江等省对比还是在其经济总量中的占比，直接融资方式都远不能满足中小企业融资需求，融资存在结构性缺口。此外，山东实施新旧动能转换项目已长达 3 年，但新旧动能转换引导基金在全省各地仍存在拨付不及时、成立后多数不能及时进行投资、配套制度办法滞后、部分扶持政策难以及时兑现等问题，说明山东在支持知识密集型企业发展方面存在环节问题。

3. 部分信贷不能形成生产性支出

山东中小微企业多分布在传统制造业和服务业，进入门槛较低，短期内可出现大量同质类企业，而市场为其服务的深度和广度却有限。山东省内分布着众多产业集群，在产业处于旺季时，信贷资金的投放使得同质类中小企业大量涌现，集群迅速增大，生产模式简单但规模却迅速提升，在市场开发能力不足和周期衰退情况下，简单的资产性投入不能有效转化为生产性支出，不但会损害融资方利益还会造成自身损失，使中小企业自身信誉有所丧失。此外，部分企业主可能会将成本低廉的信贷资金投入房地产、股票等资产中获取收益，客观上推高资产价格，产生资产泡沫，进而扭曲社会资源分配。

4. 融资成本高扭曲中小企业支持机制

目前，我国银行业赢利水平普遍偏高。截至 2020 年末，我国沪深上市公司共有 4145 家，其中上市银行 27 家，占比为 0.65%，但这 27 家银行利润额却占全部上市公司的 38.22%。再举一个例子，2020 年 8 月美国杂志《财富》评选出世界 500 强企业，我国共有 10 家银行入选，这 10 家银行利润占中国内地（含香港）124 家上榜企业利润总额的 44%。尽管对比往年 50% 以上的占比已明显下降，但银行利润依然偏高，而银行利润过高必然会挤压非金融企业的利润。因此，合理的利润再分配应该较好地运用税收、利差，进行自动调节，较少地实施利差保护等市场化手段。此外，民间融资成本同样较高。通过查询中国裁判文书网，输入"民间融资、利率、山东省、2020 年"四个关键词，共有 75 条案由记录，剔除相同案由共计 60 条。这些案件中所涉及的借款利率，为法律保护的最高上限（24%）的占四成，低于 24% 的利率的同样占四成，高于 24% 的利率的占两成，纠纷案中涉及的最高借款利率甚至达到了 72%（见图 20）。这 60 起民间融资纠纷案件平均借款利率高达 22.45%，这一利率远非中小企业所能承受，较高的融资成本严重影响了中小微企业的正常经营。

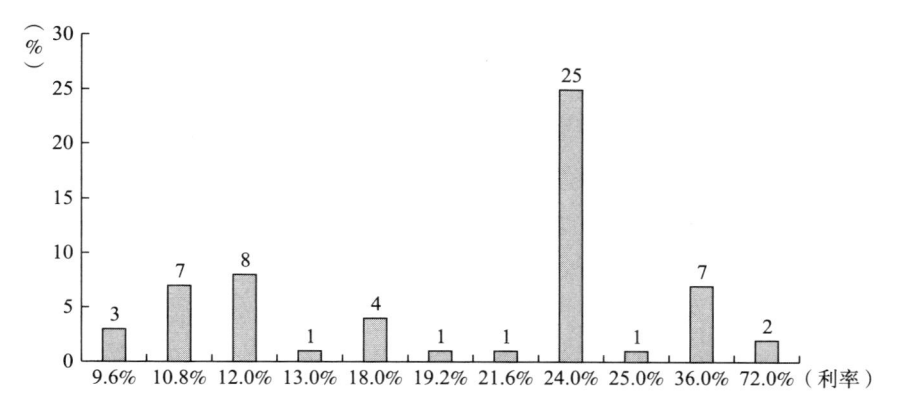

图 20　山东民间融资纠纷案例借款利率分布情况（2020 年）

资料来源：中国裁判文书网、山东省亚太资本市场研究院。

（二）缓解中小企业融资难问题的建议

1. 定量和定性指标相结合，做到贷款有的放矢

解决中小企业融资难问题，不能只简单地增加信贷规模，以资金规模支持生产规模、以金融让利掩盖经营不善，这样容易产生严重的道德风险和逆向选择，最终使金融机构坏账滋生，破坏金融体系并增加金融风险。应该按照金融服务实体经济和商业可持续原则，从金融供给侧改革出发，增强服务实体经济的针对性。同时，学习发达地区经验，运用普惠金融和中小企业贷款定量和定性指标相结合的方式，提升金融机构支持中小企业的有效性。

2. 落实"竞争中性"原则，营造公平竞争的营商环境

尽管我国早已出台《中华人民共和国中小企业促进法》，但政策协调上仍缺乏与其对应的机制，在法规体系、风险分担机制和信用体系建设等方面依然存在不足，例如中小企业信用信息分散，难以归集。从山东省的角度来看，应该设立专门的中小企业管理机构和机制，加快在全省范围内形成涵盖中小企业信用担保、融资服务、政策性金融等的法规体系，消除融资隐性壁垒，实现中小企业大数据互联互通，形成一套完整的支持和保护中小企业的发展体系。同时，根据山东省实际情况，科学划分中小企业标准，科学制定金融政策，让更多的财税、金融等优惠政策惠及更多中小企业尤其是创新型、科技型中小企业。

3. 重视多渠道、多层次服务中小企业

在发挥银行融资主力军作用的同时，也要引导小额贷款公司、民间资本管理机构、新型农村合作金融等非正规金融合法合规发展，发展多层次资本市场，充分发挥齐鲁股权交易中心和青岛蓝海股权交易中心融资功能，打造创新创业企业友好型直接融资制度。同时，还要发挥政府性担保公司和基金的带动作用，与银行、保险、证券等金融机构共同形成更为合理的信用风险分担机制。通过优化多种融资渠道和方式，协调发挥多方合力，打造支撑山东中小企业发展的独特的融资体系。

4. 探索利用大数据等技术手段解决中小企业融资难问题

从2020年新冠肺炎疫情发生期间的多个案例来看，数字技术已成为解决中小企业融资问题的"捷径"。金融机构可以通过大数据、云计算、区块链和人工智能等技术，与中小企业创新联通数据模式，将中小企业数据有效归集，提升中小企业信息透明度，在全省开展中小企业数字金融市场基础设施建设，培育以动产抵押登记为代表的数字产权集成服务机制，提升中小企业授信和融资能力。鼓励全省金融机构采用数字技术和信息化平台，实现对中小企业精准画像、信用培育和政策投放，改进风险机制，形成激励相容的

产品创新机制,从而在根本上提升对中小企业的服务能力。

5. 学习台州、兰考、苏州等地小微金融创新经验

近年来,我国在服务中小企业方面涌现出一大批改革创新的金融机构和较多的先进经验,其中浙江台州、河南兰考和江苏苏州等地的做法最为典型,值得山东学习和推广。

台州是民营经济大市,是全国小微企业金融服务改革创新试验区。经过多年的探索和实践,形成了"政府有为、市场有效"的中小企业金融服务经验,赢得了小微金融服务"全国看浙江、浙江看台州"的赞誉。台州还通过"两试点一拓展"的具体措施,破除企业与银行之间的壁垒,大大提升金融机构服务中小企业的能力。兰考是传统的农业县,也是我国传统县域经济的典型代表。兰考以构建国家级普惠金融改革试验区为契机,通过"五个结合"——普惠金融与金融扶贫、产业发展、基层党建、激励政策和信用建设相结合,形成以数字普惠金融综合服务平台为核心,以普惠授信体系、信用信息体系、金融服务体系、风险防控体系为基本内容的"一平台四体系"模式。苏州科技型、创新型企业众多,通过探索创新征信工作机制、政银信息共享、征信平台开发利用,逐渐形成"政府+市场"双轮驱动的发展模式。依托"三平台一中心"——综合金融服务平台、股权融资服务平台、地方企业征信平台和企业自主创新金融支持中心,苏州建立了"企业守信用、机构更创新、政府有推动"的中小企业综合金融服务体系。

山东是农业大省,是全国重要的粮食、蔬菜瓜果、畜禽、水产等农产品生产基地,并涌现出多个特色农业市、县,兰考模式可提供参考。山东还是工业大省,工业行业聚集着众多民营企业,临朐铝型加工产业、博兴厨具产业、临清轴承产业、武城空调通风设备等众多特色产业均在全国具有一定的知名度,为这些特色产业提供金融服务时,台州模式可提供参考。同时,山东正在实施新旧动能转换重大工程,支持创新创业、科技型企业发展,这一点可借鉴苏州模式经验。

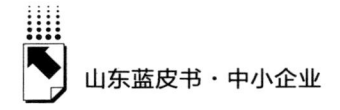

参考文献

1. 雷曜：《小微企业融资的全球经验》，机械工业出版社，2020。
2. 工信部中小企业局：《中国中小工业企业经济运行报告（2019）》，2020 年 5 月。
3. 山东省银行业协会：《2019 年山东银行业社会责任报告》，2020 年 8 月。
4. 山东省银行业协会：《2020 年山东银行业社会责任报告》，2021 年 8 月。
5. 王云云：《山东省小额贷款公司发展现状、问题及对策研究》，《时代金融》2016 年第 5 期。

B.4 山东省民营上市公司研究报告（2020）

闫小敏　孙同岩[*]

摘　要： 2019年12月，中共中央、国务院发布《关于营造更好发展环境支持民营企业改革发展的意见》，提出完善民营企业直接融资支持制度；完善股票发行和再融资制度，提高民营企业首发上市和再融资审核效率，积极鼓励符合条件的民营企业在科创板上市；深化创业板、新三板改革，服务民营企业持续发展。作为经济总量在全国排名靠前的省份，山东省2020年继续加大对企业上市的鼓励力度，各地市相继出台多项鼓励措施，提高资本市场服务实体经济的能力，鼓励企业快速发展、做大做强，推动经济高质量发展。截至2020年末，山东民营上市公司总资产、净资产分别达到8580.45亿元、4763.51亿元，全年营业收入和净利润分别达到6334.57亿元、438.32亿元，与2019年相比增长明显。但是与经济实力排名靠前的广东、江苏、浙江3省的民营上市公司相比，无论是民营上市公司数量，还是民营上市公司的赢利能力、融资环境等仍存在较大差距。

关键词： 民营上市公司　赢利能力　融资环境

改革开放40多年来，民营经济已成为国民经济的重要组成部分。民营

---

[*] 闫小敏，山东省亚太资本市场研究院高级研究员，研究领域为证券市场、公司金融；孙同岩，山东省亚太资本市场研究院高级研究员，研究领域为资本市场、公司金融。

企业作为民营经济的重要载体发展迅速，在推进供给侧结构性改革、推动高质量发展和建设现代化经济体系进程中发挥着重要作用，在促进就业、提高创新能力等方面也发挥着不可替代的作用。2019年12月，中共中央、国务院发布《关于营造更好发展环境支持民营企业改革发展的意见》，提出营造公平竞争的市场环境、政策环境、法治环境，确保权利平等、机会平等、规则平等；提出完善民营企业直接融资支持制度；完善股票发行和再融资制度，提高民营企业首发上市和再融资审核效率；积极鼓励符合条件的民营企业在科创板上市；深化创业板、新三板改革，服务民营企业持续发展。作为经济总量在全国排名靠前的省份，山东省2020年继续加大对企业上市的支持力度，各地市相继出台多项鼓励措施，提高资本市场服务实体经济的能力，鼓励企业快速发展、做大做强，推动经济高质量发展。全年民营经济市场主体增长14.4%，新登记市场主体221.4万户，增长2.1%。其中，新登记企业79.5万户，增长11.7%。全年社会融资规模增量20108亿元，是2019年的1.5倍，增量创历史新高。截至2020年末，山东民营上市公司总资产、净资产分别达到8580.45亿元、4763.51亿元，全年营业收入和净利润分别达到6334.57亿元、438.32亿元，与2019年相比增长明显。但是与经济实力排名靠前的广东、江苏、浙江3省的民营上市公司相比，无论是民营上市公司数量，还是民营上市公司的赢利能力、融资环境等仍存在较大差距。

一　总体概况

截至2020年末，山东有A股上市公司229家，其中民营上市公司132家，数量占比57.64%；山东拥有新三板上市企业466家，其中民营上市企业416家，数量占比89.27%。沪深两市山东公司和新三板山东公司合计695家，其中民营上市公司548家，数量占比78.85%。减除31家未能在规定时间内披露财务报告的上市公司后，本报告以517家民营上市公司为研究样本进行分析。

从地市分布来看，济南有民营上市公司114家，占全省民营上市公司的比重为22.05%，青岛以88家民营上市公司排名第2。其次为烟台、威海、

山东省民营上市公司研究报告（2020）

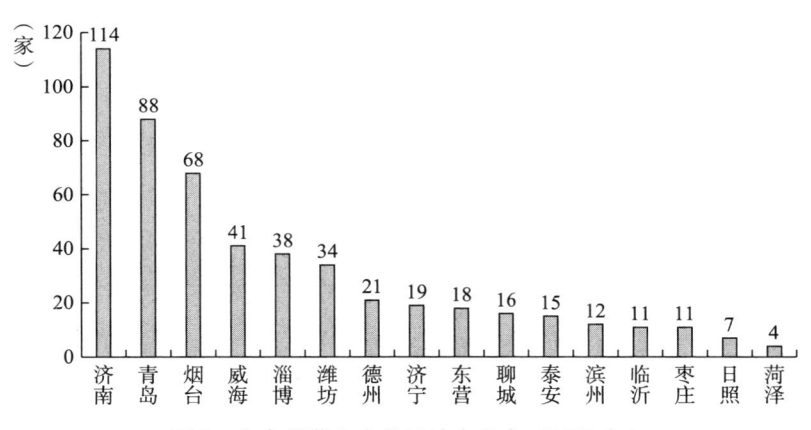

图1 山东民营上市公司地市分布（2020年）

注：截至2020年末，山东有上市民营上市公司548家，本统计数据剔除未在规定时间内披露财务报告的31家上市公司。

资料来源：Wind、山东亚太资本市场研究院。

淄博、潍坊、德州，民营上市公司均超20家。日照和菏泽的民营上市公司均不足10家，分别为7家和4家，数量最少。

二 山东省民营上市公司经营绩效分析

（一）总资产分析

2020年山东民营上市公司总资产累计为8580.45亿元，比2019年增长14.33%。2020年山东民营上市公司平均总资产为16.60亿元。民营上市公司总资产超过100亿元的有19家，占全省民营上市公司的比重为3.68%。山东有392家民营上市公司的总资产不足10亿元，占全省民营上市公司的比重达到75.82%（见表1）。

表1 山东民营上市公司总资产分布（2020年）

单位：家，%

总资产	家数	占比
≥100亿元	19	3.68

续表

总资产	家数	占比
50亿~100亿元	26	5.03
10亿~50亿元	80	15.47
1亿~10亿元	226	43.71
<1亿元	166	32.11
合计	517	100

资料来源：Wind、山东省亚太资本市场研究院。

2020年，歌尔股份（002241.SZ）以总资产491.18亿元成为山东总资产最高的民营上市公司，该公司总资产比2019年增长41.71%。山东19家资产总额超过百亿元的民营上市公司分布在9个城市，烟台、青岛、淄博分别有5家、4家、4家。这3个城市拥有的资产总额超过百亿元的民营上市公司数量占全省资产总额超过百亿元的民营上市公司的比重为68.42%。2020年山东19家资产总额超过百亿元的民营上市公司分布在11个行业，其中化工行业有6家，占比为31.58%，生物医药、轻工制造行业分别有3家和2家资产总额超过百亿元的民营上市公司。

表2 山东资产总额超过百亿元的民营上市公司（2019年和2020年）

单位：亿元，%

序号	股票代码	股票简称	城市	行业	2019年	2020年	增幅
1	002241.SZ	歌尔股份	潍坊市	电子	346.60	491.18	41.71
2	002078.SZ	太阳纸业	济宁市	轻工制造	322.95	358.66	11.06
3	002589.SZ	瑞康医药	烟台市	生物医药	324.65	312.90	-3.71
4	601966.SH	玲珑轮胎	烟台市	化工	265.81	292.99	10.23
5	600180.SH	瑞茂通	烟台市	交通运输	226.14	283.55	25.39
6	601058.SH	赛轮轮胎	青岛市	化工	178.77	210.56	17.78
7	002408.SZ	齐翔腾达	淄博市	化工	141.31	206.39	46.05
8	002353.SZ	杰瑞股份	烟台市	机械设备	165.19	188.10	13.87
9	002470.SZ	*ST金正	临沂市	化工	228.01	179.04	-21.48
10	300001.SZ	特锐德	青岛市	电气设备	149.68	170.67	14.02

续表

序号	股票代码	股票简称	城市	行业	2019年	2020年	增幅
11	002382.SZ	蓝帆医疗	淄博市	生物医药	132.59	170.35	28.48
12	601163.SH	三角轮胎	威海市	化工	150.75	166.54	10.47
13	600308.SH	华泰股份	东营市	轻工制造	137.02	149.04	8.77
14	300308.SZ	中际旭创	烟台市	通信	104.91	136.16	29.79
15	601366.SH	利群股份	青岛市	商业贸易	120.35	130.99	8.84
16	300677.SZ	英科医疗	淄博市	生物医药	29.92	129.35	332.32
17	000726.SZ	鲁泰A	淄博市	纺织服装	118.85	121.30	2.06
18	603113.SH	金能科技	德州市	采掘	86.63	120.65	39.27
19	002545.SZ	东方铁塔	青岛市	化工	118.09	117.69	-0.34

资料来源：Wind、山东省亚太资本市场研究院。

山东有392家总资产不足10亿元的民营上市公司，其中有166家总资产不足1亿元，占全省民营上市公司的比重达32.11%。速普教育（836998.NQ）、方硕科技（831606.NQ）等13家民营上市公司的总资产均不足1000万元（见表3）。

表3 山东资产总额不足1000万元的民营上市公司（2020年）

单位：万元

序号	股票代码	股票简称	上市日期	城市	总资产
1	873486.NQ	树茂盛	2020年9月2日	济南市	946
2	873511.NQ	球温保	2020年10月27日	济南市	880
3	830930.NQ	天行健	2014年8月13日	青岛市	841
4	870570.NQ	ST信带通	2017年1月20日	青岛市	830
5	870010.NQ	金盾安保	2016年12月1日	泰安市	700
6	873056.NQ	山东隆驰	2018年11月14日	枣庄市	615
7	836432.NQ	益信通	2016年3月14日	济南市	596
8	839132.NQ	中际传媒	2016年10月19日	烟台市	593
9	871651.NQ	米兔网络	2017年6月16日	枣庄市	571
10	835143.NQ	ST中顾	2016年1月8日	济南市	513
11	831259.NQ	创优股份	2014年11月4日	济南市	494

续表

序号	股票代码	股票简称	上市日期	城市	总资产
12	831606.NQ	方硕科技	2014年12月30日	烟台市	253
13	836998.NQ	速普教育	2016年4月25日	青岛市	220

资料来源：Wind、山东省亚太资本市场研究院。

（二）净资产分析

2020年山东民营上市公司累计净资产为4763.51亿元，民营上市公司平均净资产为9.21亿元。山东民营上市公司净资产超过50亿元的有24家，占全省民营上市公司的比重为4.64%。全省有254家民营上市公司的净资产不足1亿元，占全省民营上市公司的比重为49.13%（见表4）。

表4 山东民营上市公司净资产分布（2020年）

单位：家，%

净资产	家数	占比
≥50亿元	24	4.64
10亿~50亿元	78	15.09
1亿~10亿元	161	31.14
0~1亿元	250	48.36
<0	4	0.77
合计	517	100

资料来源：Wind、山东省亚太资本市场研究院。

2020年，歌尔股份（002241.SZ）以净资产197.34亿元成为山东净资产最高的民营上市公司，该公司净资产比2019年增长22.35%。山东24家净资产超过50亿元的民营上市公司分布在10个城市，其中烟台、青岛、淄博分别有5家、5家、4家。这3个城市拥有的净资产超过50亿元的民营上市公司占全省净资产超过50亿元的民营上市公司的比重为58.33%。2020年山东24家净资产超过50亿元的民营上市公司分布在11个行业，其中化工行业有8家，占全省净资产超过50亿元的民营上市公司的比重为

33.33%，生物医药行业有4家净资产超过50亿元（见表5）。

表5 山东净资产超过50亿元的民营上市公司（2019年和2020年）

单位：亿元，%

序号	股票代码	股票简称	城市	行业	2019年	2020年	增幅
1	002241.SZ	歌尔股份	潍坊市	电子	161.29	197.34	22.35
2	601966.SH	玲珑轮胎	烟台市	化工	110.32	165.12	49.67
3	002078.SZ	太阳纸业	济宁市	轻工制造	147.00	162.39	10.47
4	002353.SZ	杰瑞股份	烟台市	机械设备	100.40	113.74	13.29
5	601163.SH	三角轮胎	威海市	化工	100.71	108.61	7.84
6	002589.SZ	瑞康医药	烟台市	生物医药	102.53	104.80	2.21
7	002382.SZ	蓝帆医疗	淄博市	生物医药	84.63	98.17	16.00
8	002408.SZ	齐翔腾达	淄博市	化工	81.96	97.85	19.39
9	300677.SZ	英科医疗	淄博市	生物医药	15.02	94.43	528.70
10	600308.SH	华泰股份	东营市	轻工制造	83.94	88.52	5.46
11	601058.SH	赛轮轮胎	青岛市	化工	74.09	88.10	18.91
12	000726.SZ	鲁泰A	淄博市	纺织服装	82.99	80.92	-2.50
13	603113.SH	金能科技	德州市	采掘	58.94	80.59	36.73
14	300308.SZ	中际旭创	烟台市	通信	69.26	79.93	15.41
15	002545.SZ	东方铁塔	青岛市	化工	77.20	78.38	1.53
16	002470.SZ	*ST金正	临沂市	化工	117.17	63.56	-45.75
17	600180.SH	瑞茂通	烟台市	交通运输	61.91	61.29	-1.00
18	002595.SZ	豪迈科技	潍坊市	机械设备	49.57	57.76	16.52
19	002498.SZ	汉缆股份	青岛市	电气设备	50.54	56.55	11.89
20	002984.SZ	森麒麟	青岛市	化工	36.10	55.50	53.74
21	300001.SZ	特锐德	青岛市	电气设备	36.73	53.79	46.45
22	300285.SZ	国瓷材料	东营市	化工	39.55	53.69	35.75
23	002283.SZ	天润工业	威海市	汽车	45.71	50.47	10.41
24	688363.SH	华熙生物	济南市	生物医药	45.50	50.18	10.29

资料来源：Wind、山东省亚太资本市场研究院。

2020年，山东有28家民营上市公司的净资产不足1000万元，占山东民营上市公司的比重为5.42%。ST威能（834851.NQ）、ST奥盖克

（430395.NQ）、ST 中顾（835143.NQ）、ST 信带通（870570.NQ）4 家民营上市公司资不抵债，面临退市风险（见表 6）。

表 6　山东净资产不足 1000 万元的民营上市公司（2020 年）

单位：万元

序号	股票代码	股票简称	上市日期	城市	净资产
1	832603.NQ	懿姿股份	2015 年 6 月 5 日	青岛市	994
2	871378.NQ	微图软件	2017 年 4 月 11 日	济南市	948
3	872919.NQ	科尔股份	2018 年 9 月 28 日	聊城市	946
4	830930.NQ	天行健	2014 年 8 月 13 日	青岛市	783
5	872197.NQ	汉诺宝嘉	2017 年 9 月 21 日	济南市	738
6	836635.NQ	大宏智能	2016 年 3 月 18 日	济南市	722
7	873511.NQ	球温保	2020 年 10 月 27 日	济南市	654
8	870010.NQ	金盾安保	2016 年 12 月 1 日	泰安市	615
9	871651.NQ	米兔网络	2017 年 6 月 16 日	枣庄市	568
10	871334.NQ	城业城	2017 年 4 月 21 日	青岛市	549
11	873215.NQ	紫光圣果	2019 年 2 月 26 日	威海市	546
12	834359.NQ	金色童年	2015 年 11 月 16 日	济南市	540
13	835295.NQ	联通人力	2016 年 1 月 6 日	烟台市	530
14	836432.NQ	益信通	2016 年 3 月 14 日	济南市	508
15	838686.NQ	源宜基因	2016 年 9 月 1 日	潍坊市	483
16	873056.NQ	山东隆驰	2018 年 11 月 14 日	枣庄市	453
17	873486.NQ	树茂盛	2020 年 9 月 2 日	济南市	435
18	839132.NQ	中际传媒	2016 年 10 月 19 日	烟台市	311
19	831259.NQ	创优股份	2014 年 11 月 4 日	济南市	311
20	871859.NQ	明日教育	2017 年 8 月 10 日	青岛市	267
21	870671.NQ	光远文化	2017 年 1 月 19 日	威海市	232
22	836998.NQ	速普教育	2016 年 4 月 25 日	青岛市	114
23	430576.NQ	泰信电子	2014 年 1 月 24 日	济南市	58
24	831606.NQ	方硕科技	2014 年 12 月 30 日	烟台市	41
25	870570.NQ	ST 信带通	2017 年 1 月 20 日	青岛市	-934
26	835143.NQ	ST 中顾	2016 年 1 月 8 日	济南市	-1486

续表

序号	股票代码	股票简称	上市日期	城市	净资产
27	430395.NQ	ST奥盖克	2014年1月24日	青岛市	-2633
28	834851.NQ	ST威能	2015年12月31日	潍坊市	-28746

资料来源：Wind、山东省亚太资本市场研究院。

（三）资产负债率分析

截至2020年末，山东民营上市公司平均资产负债率为42.59%，比2019年同期上升0.74个百分点。从全省民营上市公司资产负债率分布来看，2020年有337家民营上市公司的资产负债率不足50%，占全省民营上市公司的比重为65.18%（见表7）。资产负债率超过70%的民营上市公司有60家，占全省民营上市公司的比重为11.61%。

表7 山东民营上市公司资产负债率分布（2020年）

单位：家，%

资产负债率	家数	占比
≥70%	60	11.61
50%~70%	120	23.21
30%~50%	159	30.75
0~30%	178	34.43
合计	517	100

资料来源：Wind、山东省亚太资本市场研究院。

其中，资产负债率超过80%的有28家，占全省民营上市公司的比重为5.42%。ST中顾（835143.NQ）、ST威能（834851.NQ）等4家民营上市公司公司资产负债率超过100%，已经资不抵债（见表8）。

表8 资产负债率超过80%的民营上市公司（2020年）

单位：%

序号	股票代码	股票简称	上市日期	资产负债率
1	835143.NQ	ST中顾	2016年1月8日	389.67

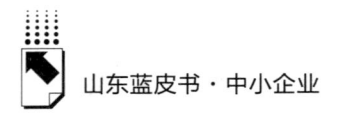

续表

序号	股票代码	股票简称	上市日期	资产负债率
2	834851.NQ	ST威能	2015年12月31日	239.53
3	870570.NQ	ST信带通	2017年1月20日	212.53
4	430395.NQ	ST奥盖克	2014年1月24日	114.54
5	832657.NQ	ST光合集	2015年6月18日	98.98
6	002323.SZ	*ST雅博	2009年12月18日	96.07
7	430576.NQ	泰信电子	2014年1月24日	95.84
8	831338.NQ	山东信和	2014年11月10日	94.24
9	600385.SH	*ST金泰	2001年7月23日	91.11
10	002248.SZ	华东数控	2008年6月12日	90.37
11	872872.NQ	首宏医疗	2018年7月24日	90.32
12	837892.NQ	宏运通	2016年7月11日	86.59
13	872197.NQ	汉诺宝嘉	2017年9月21日	85.92
14	873215.NQ	紫光圣果	2019年2月26日	85.84
15	839253.NQ	红霖股份	2016年9月22日	85.70
16	870671.NQ	光远文化	2017年1月19日	85.30
17	831606.NQ	方硕科技	2014年12月30日	83.79
18	873132.NQ	泰鹏智能	2018年12月27日	83.43
19	873016.NQ	林森生物	2018年10月23日	83.04
20	873027.NQ	华夏高科	2018年11月28日	82.50
21	831928.NQ	开泰石化	2015年2月3日	82.45
22	832736.NQ	华鼎伟业	2015年7月10日	82.33
23	837377.NQ	云宇制动	2016年6月6日	82.25
24	831579.NQ	三信股份	2014年12月30日	81.68
25	832078.NQ	泰利模具	2015年3月6日	80.91
26	834700.NQ	征途科技	2015年12月22日	80.31
27	834359.NQ	金色童年	2015年11月16日	80.16
28	831311.NQ	博安智能	2014年11月11日	80.02

资料来源：Wind、山东省亚太资本市场研究院。

（四）营业收入分析

2020年山东民营上市公司营业收入累计为6334.57亿元，比2019年增长8.85%。平均营业收入12.25亿元，比2019年增长1亿元。山东民营上市公司营业收入超过100亿元的有13家，占山东民营上市公司的比重为2.51%（见表9）。歌尔股份（002241.SZ）以577.43亿元的营业收入排名首位，该公司营业收入比2019年增长64.29%。山东有75.04%的民营上市公司营业收入不足5亿元，其中营业收入不足1亿元的民营上市公司占全省的比重达44.29%。速普教育（836998.NQ）、中际传媒（839132.NQ）等32家民营上市公司2020年营业收入不足1000万元。

表9 山东民营上市公司营业收入分布（2020年）

单位：家，%

营业收入	家数	占比
≥100亿元	13	2.51
50亿~100亿元	17	3.29
20亿~50亿元	33	6.38
5亿~20亿元	66	12.77
1亿~5亿元	159	30.75
<1亿元	229	44.29
合计	517	100

资料来源：Wind、山东省亚太资本市场研究院。

2020年山东营业收入超过100亿元的13家民营上市公司平均营业收入为224.41亿元，分布在8个城市。其中，烟台营业收入超过百亿元的民营上市公司有4家；济南、淄博分别有2家，东营、济宁、青岛、威海、潍坊分别有1家。山东营业收入超过百亿元的民营上市公司分布在9个行业。其中化工行业有3家；轻工制造、生物医药行业分别有2家；电子、机械设备、家用电器、交通运输、商业贸易、食品饮料行业分别有1家（见表10）。

表 10　山东营业收入超过百亿元的民营上市公司（2020 年）

单位：%

序号	股票代码	股票简称	城市	行业	2019 年	2020 年	增幅
1	002241.SZ	歌尔股份	潍坊市	电子	351.48	577.43	64.29
2	600180.SH	瑞茂通	烟台市	交通运输	402.57	366.65	-8.92
3	002589.SZ	瑞康医药	烟台市	生物医药	352.59	272.04	-22.85
4	002408.SZ	齐翔腾达	淄博市	化工	300.58	246.86	-17.87
5	002726.SZ	龙大肉食	烟台市	食品饮料	168.22	241.02	43.28
6	002078.SZ	太阳纸业	济宁市	轻工制造	227.63	215.89	-5.16
7	601966.SH	玲珑轮胎	烟台市	化工	171.64	183.83	7.10
8	603708.SH	家家悦	威海市	商业贸易	152.64	166.78	9.26
9	601058.SH	赛轮轮胎	青岛市	化工	151.28	154.05	1.83
10	300677.SZ	英科医疗	淄博市	生物医药	20.83	138.37	564.28
11	600308.SH	华泰股份	东营市	轻工制造	135.39	123.08	-9.09
12	601028.SH	玉龙股份	济南市	机械设备	18.40	119.08	547.17
13	002242.SZ	九阳股份	济南市	家用电器	93.51	112.24	20.03

资料来源：Wind、山东省亚太资本市场研究院。

2020 年山东有 293 家民营上市公司营业收入实现增长，占全省民营上市公司的比重达 56.67%。其中，蓝思种业（833273.NQ）、英科医疗（300677.SZ）、玉龙股份（601028.SH）等 18 家民营上市公司的营业收入增幅超过 100%，占全省民营上市公司的比重为 3.48%（见表 11）。

表 11　营业收入增幅超过 100% 的山东民营上市公司（2019 年和 2020 年）

单位：亿元，%

序号	股票代码	股票简称	2019 年	2020 年	增幅
1	833273.NQ	蓝思种业	0.04	0.34	750.00
2	300677.SZ	英科医疗	20.83	138.37	564.28
3	601028.SH	玉龙股份	18.40	119.08	547.17
4	873410.NQ	生态家园	0.13	0.53	307.69
5	839761.NQ	隽秀生物	0.01	0.04	300.00

续表

序号	股票代码	股票简称	2019年	2020年	增幅
6	832657.NQ	ST光合集	0.20	0.77	285.00
7	830774.NQ	百博生物	0.35	1.23	251.43
8	873449.NQ	盛泉养老	0.10	0.26	160.00
9	838394.NQ	金润股份	0.64	1.54	140.63
10	872258.NQ	渤海水产	2.94	7.06	140.14
11	836780.NQ	新之科技	2.56	6.15	140.23
12	870796.NQ	斯科瑞	0.35	0.84	140.00
13	838686.NQ	源宜基因	0.02	0.05	150.00
14	688002.SH	睿创微纳	6.85	15.61	127.88
15	002382.SZ	蓝帆医疗	34.76	78.69	126.38
16	837833.NQ	同科股份	8.15	17.71	117.30
17	871643.NQ	祥生科技	1.21	2.61	115.70
18	873427.NQ	蓝盟科技	0.14	0.29	107.14

资料来源：Wind、山东省亚太资本市场研究院。

（五）净利润分析

2020年山东民营上市公司净利润累计为438.32亿元，比2019年增长48.10%。山东民营上市公司平均净利润为0.85亿元，比2019年增长0.28亿元。山东民营上市公司净利润超过10亿元的有10家，占全省民营上市公司的比重为1.93%；有437家民营上市公司的净利润不足1亿元，占全省民营上市公司的比重为84.52%。净利润超过1亿元的民营上市公司占全省民营上市公司的比重为15.47%（见表12）。

表12 山东民营上市公司净利润分布（2020年）

单位：家，%

净利润	家数	占比
≥10亿元	10	1.93
5亿~10亿元	20	3.87

续表

净利润	家数	占比
1亿~5亿元	50	9.67
0~1亿元	325	62.86
<0	112	21.66
合计	517	100

资料来源：Wind、山东省亚太资本市场研究院。

2020年，英科医疗（300677.SZ）实现净利润70.05亿元，排名第1。该公司2019年仅实现净利润1.78亿元，增幅3835.39%。歌尔股份（002241.SZ）2020年实现净利润28.52亿元，排名第2（见表13）。

表13 净利润超过10亿元的山东民营上市公司（2019年和2020年）

单位：亿元，%

序号	股票代码	股票简称	2019年	2020年	增幅
1	300677.SZ	英科医疗	1.78	70.05	3835.39
2	002241.SZ	歌尔股份	12.79	28.52	122.99
3	601966.SH	玲珑轮胎	16.67	22.20	33.17
4	002078.SZ	太阳纸业	21.98	19.68	-10.46
5	002382.SZ	蓝帆医疗	5.19	17.63	239.69
6	002353.SZ	杰瑞股份	13.92	17.22	23.71
7	601058.SH	赛轮轮胎	11.91	15.21	27.71
8	601163.SH	三角轮胎	8.47	10.60	25.15
9	002408.SZ	齐翔腾达	6.32	10.29	62.86
10	002595.SZ	豪迈科技	8.63	10.07	16.69

资料来源：Wind、山东省亚太资本市场研究院。

（六）ROA分析

2020年山东有99家民营上市公司的ROA超过10%，占山东民营上市公司的比重为19.15%。其中英科医疗（300677.SZ）、百丞税务（835500.NQ）ROA均超过50%，分别达到54.15%、50.30%。ROA超过

20%的山东民营上市公司有16家，其中有2家为沪深上市公司，分别为英科医疗（300677.SZ）、道恩股份（002838.SZ），其余14家均为三板上市公司（见表14）。

表14 ROA超过20%的山东民营上市公司（2020年）

单位：亿元，%

股票代码	股票简称	净利润	资产总计	ROA
300677.SZ	英科医疗	70.05	129.35	54.15
835500.NQ	百丞税务	0.25	0.49	50.30
830774.NQ	百博生物	0.39	0.83	46.97
002838.SZ	道恩股份	8.69	29.71	29.25
837953.NQ	圣邦人力	0.45	1.61	27.90
873192.NQ	易飞国际	0.09	0.33	27.21
871336.NQ	裕龙农牧	0.81	3.07	26.52
832607.NQ	安华生物	0.32	1.31	24.54
838394.NQ	金润股份	0.52	2.13	24.26
835682.NQ	安之畅	0.08	0.34	23.71
873059.NQ	莱恩光电	0.18	0.82	21.69
835861.NQ	奥诺科技	0.20	0.94	21.60
832119.NQ	路通精密	0.49	2.31	21.39
872682.NQ	国君医疗	0.12	0.56	21.27
833611.NQ	镭之源	0.19	0.89	21.23
872022.NQ	味正品康	0.17	0.78	21.22

资料来源：Wind、山东省亚太资本市场研究院。

将山东民营上市公司的ROA与其融资成本相比较，以中国人民银行一年期贷款基准利率4.35%作为企业的融资成本，山东有267家民营上市公司的ROA不足4.35%，占全省民营上市公司的比重为51.64%，也就是说过半数的民营上市公司的ROA不足以覆盖融资成本。2020年山东民营上市公司ROA分布如表15所示。

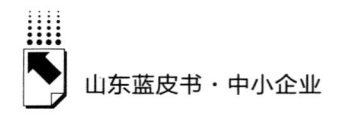

表15　山东民营上市公司ROA分布（2020年）

单位：家，%

ROA	家数	占比
≥20%	16	3.09
10%~20%	83	16.05
5%~10%	131	25.34
0~5%	175	33.85
<0	112	21.66
合计	517	100

资料来源：Wind、山东省亚太资本市场研究院。

（七）ROE分析

2020年山东有200家民营上市公司的ROE超过10%，占山东民营上市公司的比重为38.68%（见表17）。其中，英科医疗（300677.SZ）、百丞税务（835500.NQ）ROE超过70%，分别达到74.18%、73.61%。ROE超过20%的山东民营上市公司有15家，其中2家为沪深上市公司，分别为英科医疗（300677.SZ）、道恩股份（002838.SZ），其余13家均为三板上市公司（见表16）。

表16　ROE超过20%的山东民营上市公司（2020年）

单位：亿元，%

股票代码	股票简称	净利润	净资产	ROE
300677.SZ	英科医疗	70.0451	94.4276	74.18
835500.NQ	百丞税务	0.2482	0.3372	73.61
830774.NQ	百博生物	0.3882	0.6524	59.50
873192.NQ	易飞国际	0.0901	0.1885	47.80
002838.SZ	道恩股份	8.6915	20.0116	43.43
873016.NQ	林森生物	0.0455	0.1058	43.01
832398.NQ	索力得	0.9363	2.2396	41.81
873410.NQ	生态家园	0.0677	0.1620	41.79

续表

股票代码	股票简称	净利润	净资产	ROE
837953.NQ	圣邦人力	0.4486	1.0835	41.40
834700.NQ	征途科技	0.0462	0.1175	39.32
873132.NQ	泰鹏智能	0.1728	0.4418	39.11
871336.NQ	裕龙农牧	0.8135	2.2596	36.00
873338.NQ	智乐星	0.1012	0.3077	32.89
872682.NQ	国君医疗	0.1188	0.3734	31.82
835203.NQ	亚微软件	0.1669	0.5246	31.81

资料来源：Wind、山东省亚太资本市场研究院。

将山东民营上市公司的ROE与银行存款相比较发现，山东有138家民营上市公司的ROE不及中国人民银行一年期存款基准利率1.5%，占全省民营上市公司的比重为26.69%。2020年山东民营上市公司ROE分布如表17所示。

表17　山东民营上市公司ROE分布（2020年）

单位：家，%

ROE	家数	占比
≥30%	15	2.90
20%~30%	52	10.06
10%~20%	133	25.73
0~10%	205	39.65
<0	112	21.66
合计	517	100

资料来源：Wind、山东省亚太资本市场研究院。

三　广东、江苏、浙江、山东四省比较

（一）广东、江苏、浙江、山东四省民营上市公司数量比较

将经济总量排名靠前的广东、江苏、浙江与山东的民营上市公司数量进

行对比发现，广东、江苏、浙江分别有民营上市公司1404家、1131家、1021家，分别比山东多156.20%、106.39%、86.31%。山东民营上市公司数量明显少于经济总量排名靠前的广东、江苏、浙江。从未如期披露年报的上市公司来看，浙江、江苏、广东三省未披露年报的上市公司数量占各省全部民营上市公司数量的比重分别为3.82%、4.77%、5.48%，山东未披露年报的上市公司数量占全省民营上市公司数量的比重为5.66%，这一比例四省排名第1（见表18）。

表18　广东、江苏、浙江、山东四省民营上市公司数量对比（2020年）

单位：家，%

省份	数量	未如期披露年报数量	未披露率	样本企业
广东	1404	77	5.48	1327
江苏	1131	54	4.77	1077
浙江	1021	39	3.82	982
山东	548	31	5.66	517

资料来源：Wind、山东省亚太资本市场研究院。

对比上述四省民营上市公司的结构来看，山东民营上市公司中有416家为三板上市，占全省民营上市公司的比重达到75.91%，即山东仅有24.09%的民营上市公司为沪深上市公司，这一比重比浙江、广东、江苏分别低16.26个、8.39个、6.15个百分点（见表19）。可见，山东民营上市公司无论是在总量还是在上市板块分布上均与广东、江苏、浙江有较大差距。

表19　广东、江苏、浙江、山东四省民营上市公司上市板块分布情况（2020年）

单位：家，%

省份	数量	沪深	三板	沪深上市民企占比	三板上市民企占比
广东	1404	456	948	32.48	67.52
江苏	1131	342	789	30.24	69.76
浙江	1021	412	609	40.35	59.65

续表

省份	数量	沪深	三板	沪深上市民企占比	三板上市民企占比
山东	548	132	416	24.09	75.91

资料来源：Wind、山东省亚太资本市场研究院。

（二）广东、江苏、浙江、山东四省民营上市公司总资产对比分析

剔除未如期披露年报的民营上市公司，广东、江苏、浙江、山东分别有1327家、1077家、982家、517家民营上市公司。广东民营上市公司累计总资产为34016.57亿元，总量在四省中排名第1，其次是浙江和江苏。广东、江苏、浙江民营上市公司累计总资产分别为山东民营上市公司累计总资产的3.96倍、3.87倍、3.61倍，即山东民营上市公司累计总资产占广东民营上市公司累计总资产的比重为25.22%，占浙江民营上市公司累计总资产的比重为25.83%、占江苏民营上市公司累计总资产的比重为27.26%（见表20）。

表20 广东、江苏、浙江、山东四省民营上市公司总资产对比（2020年）

单位：家，亿元

省份	数量	总资产	平均总资产
广东	1327	34016.57	25.63
江苏	1077	30947.55	28.73
浙江	982	33217.85	33.83
山东	517	8580.45	16.60

资料来源：Wind、山东省亚太资本市场研究院。

从平均总资产来看，浙江民营上市公司平均总资产为33.83亿元，在四省中排名第1，其次是江苏和广东，民营上市公司平均总资产分别为28.73亿元、25.63亿元。山东民营上市公司平均总资产为16.60亿元，占广东民营上市公司平均总资产的比重为64.77%，占江苏民营上市公司平均总资产的比重为57.78%、占浙江民营上市公司平均总资产的比重为49.07%。

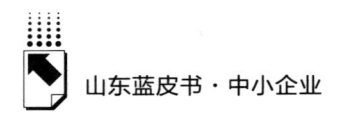

表21 广东、江苏、浙江、山东四省民营上市公司总资产分布对比（2020年）

单位：家，%

总资产	山东		广东		江苏		浙江	
	家数	占比	家数	占比	家数	占比	家数	占比
≥100亿元	19	3.68	62	4.67	37	3.44	69	7.03
50亿~100亿元	26	5.03	81	6.10	59	5.48	77	7.84
10亿~50亿元	80	15.47	283	21.33	234	21.73	243	24.75
1亿~10亿元	226	43.71	457	34.44	429	39.83	347	35.34
0~1亿元	166	32.11	444	33.46	318	29.53	246	25.05
合计	517	100	1327	100	1077	100	982	100

资料来源：Wind、山东省亚太资本市场研究院。

从上述四省民营上市公司总资产的分布来看，总资产超过10亿元的山东民营上市公司占全省民营上市公司的比重为24.18%，这一比重分别比江苏、广东、浙江低6.47个、7.92个、15.44个百分点。其中，浙江总资产超过百亿元的民营上市公司的数量占该省全部民营上市公司数量的比重为7.03%，在四省中排名第1。其次为广东、山东、江苏，三省总资产超过百亿元的民营上市公司占各省民营上市公司数量的比重分别为4.67%、3.68%、3.44%。山东总资产超过百亿元的民营上市公司数量占全省民营上市公司数量的比重比江苏高出0.24个百分点，分别比广东和浙江低0.99个、3.35个百分点。另外，山东总资产分布在1亿~10亿元的民营上市公司占全省民营上市公司的比重为43.71%，分别比江苏、浙江、广东高3.88个、8.37个9.27个百分点（见表21和图2）。

研究发现，山东19家总资产超过百亿元的民营上市公司的平均总资产为207.16亿元，广东、江苏、浙江总资产超过百亿元的民营上市公司的平均总资产分别为327.23亿元、536.50亿元、305.74亿元。广东、江苏、浙江总资产超过百亿元的民营上市公司的平均总资产分别是山东的1.58倍、2.59倍、1.48倍。尽管山东总资产超过百亿元的民营上市公司占全省民营上市公司量的比重比江苏高出0.24个百分点，但江苏总资产超过百亿元的

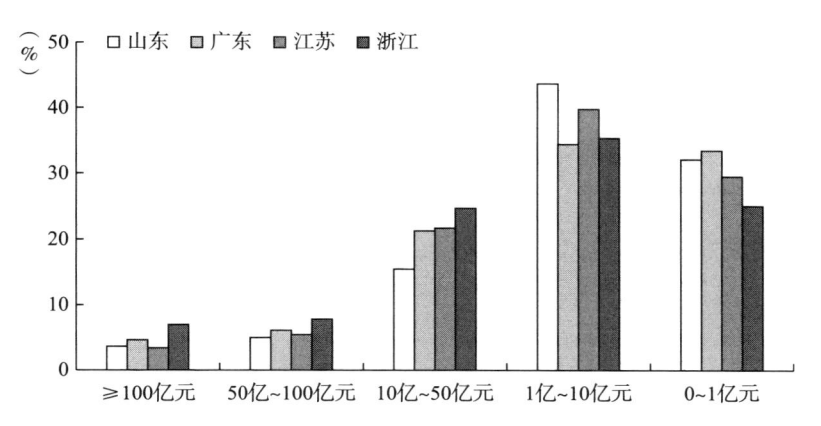

图 2 广东、江苏、浙江、山东四省民营上市公司总资产分布（2020 年）
资料来源：Wind、山东省亚太资本市场研究院。

民营上市公司的平均总资产是山东的158.00%。这与山东没有总资产超过千亿元的民营上市公司有很大关系。2020 年，歌尔股份（002241.SZ）以总资产491.18 亿元成为山东总资产最高的民营上市公司。而广东有美的集团（000333.SZ）、比亚迪（002594.SZ）、顺丰控股（002352.SZ）三家总资产超过千亿元的民营上市公司，其总资产分别达到3603.83 亿元、2010.17 亿元、1111.60 亿元；江苏有新城控股（601155.SH）、中南建设（000961.SZ）、苏宁易购（002024.SZ）三家总资产超过千亿元的民营上市公司，其总资产分别达到5377.53 亿元、3592.53 亿元、2120.75 亿元；浙江有荣盛石化（002493.SZ）、滨江集团（002244.SZ）、新湖中宝（600208.SH）三家总资产超过千亿元的民营上市公司，其总资产分别达到2415.15 亿元、1720.16 亿元、1356.85 亿元。

（三）广东、江苏、浙江、山东四省民营上市公司净资产对比分析

截至2020 年末，广东、浙江、江苏民营上市公司累计净资产分别为16143.63 亿元、15641.16 亿元、12403.42 亿元，分别是山东的3.39 倍、3.28 倍、2.60 倍，即山东民营上市公司累计净资产占江苏民营上市公司累计净资产的比重为38.40%，占浙江民营上市公司累计净资产的比

重为30.45%，占广东民营上市公司累计净资产的比重为29.51%（见表22）。

表22　广东、江苏、浙江、山东四省民营上市公司净资产对比（2020年）

单位：家，亿元

省份	家数	净资产	平均净资产
广东	1327	16143.63	12.17
江苏	1077	12403.42	11.52
浙江	982	15641.16	15.93
山东	517	4763.51	9.21

资料来源：Wind、山东省亚太资本市场研究院。

从平均净资产来看，山东民营上市公司平均净资产为9.21亿元，分别比江苏、广东、浙江民营上市公司平均净资产低2.31亿元、2.96亿元、6.72亿元，山东民营上市公司平均净资产占江苏民营上市公司平均净资产的比重为80%，占广东民营上市公司平均净资产的比重为75.74%，占浙江民营上市公司平均净资产的比重为57.85%。

从上述四省民营上市公司净资产分布来看，山东净资产超过10亿元的民营上市公司占全省民营上市公司的比重为19.73%，这一比重分别比江苏、广东、浙江低4.60个、4.99个、11.74个百分点。其中，浙江净资产超过50亿元的民营上市公司占该省民营上市公司总量的比重为7.23%，在四省中排名第1。其次为广东、山东、江苏，三省净资产超过50亿元的民营上市公司占各省民营上市公司总量的比重分别为5.12%、4.64%、3.62%。山东净资产过50亿元的民营上市公司占全省民营上市公司的比重尽管比江苏高出1.02个百分点，但分别比广东和浙江低0.48个、2.59个百分点。另外，山东净资产在1亿~10亿元的民营上市公司占全省民营上市公司的比重为79.50%，分别比江苏、广东、浙江高4.85个、5.87个、13个百分点（见表23和图3）。

表23 广东、江苏、浙江、山东四省民营上市公司净资产分布对比（2020年）

单位：家，%

净资产	山东		广东		江苏		浙江	
	家数	占比	家数	占比	家数	占比	家数	占比
≥50亿元	24	4.64	68	5.12	39	3.62	71	7.23
10亿~50亿元	78	15.09	260	19.59	223	20.71	238	24.24
1亿~10亿元	161	31.14	356	26.83	317	29.43	267	27.19
0~1亿元	250	48.36	621	46.80	487	45.22	386	39.31
<0	4	0.77	22	1.66	11	1.02	20	2.04
合计	517	100	1327	100	1077	100	982	100

资料来源：Wind、山东省亚太资本市场研究院。

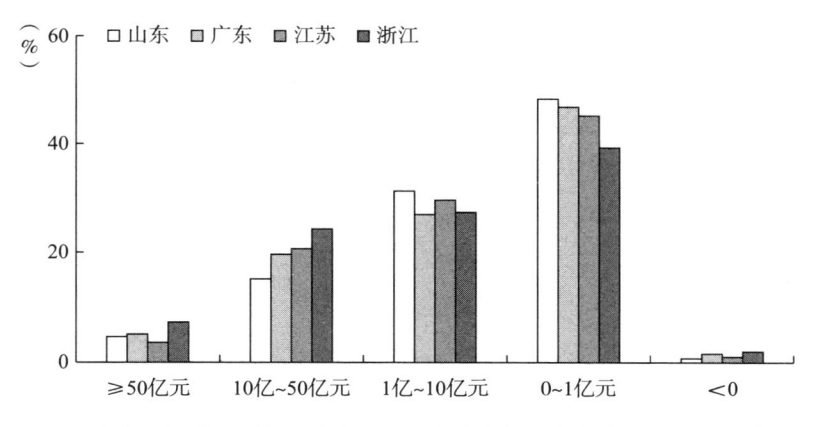

图3 广东、江苏、浙江、山东四省民营上市公司净资产分布（2020年）
资料来源：Wind、山东省亚太资本市场研究院。

研究发现，山东有6家净资产超过百亿元的民营上市公司，其平均净资产为142亿元，广东有29家净资产超过百亿元的民营上市公司，其平均净资产为219.51亿元，江苏有19家净资产超过百亿元的民营上市公司，其平均净资产为265.89亿元，浙江有30家净资产超过百亿元的民营上市公司，其平均净资产为198.61亿元。广东、江苏、浙江净资产超过百亿元的民营上市公司的平均净资产分别是山东的1.55倍、1.87倍、1.40倍。这与山东没有净资产超过500亿元的民营上市公司有很大关系。

2020年末，歌尔股份（002241.SZ）以净资产197.34亿元成为山东净资产最高的民营上市公司，而广东有美的集团（000333.SZ）、比亚迪（002594.SZ）、顺丰控股（002352.SZ）三家净资产规模超过500亿元的民营上市公司，其净资产分别达到1242.37亿元、644.54亿元、567.60亿元；江苏有新城控股（601155.SH）、苏宁易购（002024.SZ）两家净资产规模超过500亿元的民营上市公司，其净资产分别达到821.38亿元、768.32亿元；浙江有荣盛石化（002493.SZ）一家净资产规模超过500亿元的民营上市公司，其净资产达到698.60亿元。

（四）广东、江苏、浙江、山东四省民营上市公司资产负债率对比分析

截至2020年末，山东517家民营上市公司累计负债3816.94亿元，山东民营上市公司累计负债额占浙江民营上市公司累计负债额的比重为21.72%，占广东民营上市公司累计负债额的比重为21.36%，占江苏民营上市公司累计负债额的比重为20.58%。山东民营上市公司整体资产负债率为44.48%，分别比广东、浙江、江苏低8.06个、8.43个、15.44个百分点。山东民营上市公司平均负债为7.38亿元，在四省中最低。

表24　四省民营上市公司资产负债率对比

省份	数量（家）	净资产（亿元）	负债额（亿元）	总资产（亿元）	资产负债率（%）	平均负债（亿元）
广东	1327	16143.63	17872.94	34016.57	52.54	13.47
江苏	1077	12403.42	18544.13	30947.55	59.92	17.22
浙江	982	15641.16	17576.69	33217.85	52.91	17.90
山东	517	4763.51	3816.94	8580.45	44.48	7.38

资料来源：Wind、山东省亚太资本市场研究院。

研究发现，2020年末英科医疗（300677.SZ）以负债293.84亿元成为山东负债最高的民营上市公司，而广东有美的集团（000333.SZ）、比亚迪（002594.SZ）两家负债规模超过1000亿元的民营上市公司，其总负债分别达到2361.46亿元、1365.63亿元；江苏有新城控股（601155.SH）、中南建设（000961.SZ）、苏宁易

购（002024.SZ）三家负债规模超过1000亿元的民营上市公司，其负债规模分别达到4556.14亿元、3108.90亿元、1352.43亿元；浙江有荣盛石化（002493.SZ）、滨江集团（002244.SZ）两家负债规模超过1000亿元的民营上市公司，其负债规模分别达到1716.55亿元、1439.71亿元。

截至2020年末，资产负债率超过30%的山东民营上市公司占全省民营上市公司的比重为65.57%，而广东、浙江、江苏三省资产负债率超过30%的民营上市公司占三省民营上市公司的比重分别为70.01%、70.15%、72.16%，分别比山东高4.44个、4.58个、6.59个百分点。其中，山东资产负债率超过50%的民营上市公司占全省民营上市公司的比重为34.82%，广东、浙江、江苏三省资产负债率超过50%的民营上市公司占三省民营上市公司的比重分别为36.25%、38.39%、39.00%，分别比山东高1.43个、3.57个、4.18个百分点（见表25）。可见，山东民营上市公司经营相对保守，广东、浙江、江苏三省在融资方面优于山东。

表25 广东、江苏、浙江、山东四省民营上市公司资产负债率分布对比（2020年）

单位：家，%

资产负债率	山东 家数	山东 占比	广东 家数	广东 占比	江苏 家数	江苏 占比	浙江 家数	浙江 占比
≥70%	60	11.61	153	11.53	100	9.29	119	12.12
50%（含）至70%	120	23.21	328	24.72	320	29.71	258	26.27
30%（含）至50%	159	30.75	448	33.76	357	33.15	312	31.77
0~30%	178	34.43	398	29.99	300	27.86	293	29.84
合计	517	100	1327	100	1077	100	982	100

资料来源：Wind、山东省亚太资本市场研究院。

（五）广东、江苏、浙江、山东四省民营上市公司营业收入对比分析

2020年，山东民营上市公司累计营业收入6334.57亿元，比江苏民营上市公司累计营业收入低10637.14亿元，比浙江低12455.22亿元，比广东

低18164.23亿元。山东民营上市公司累计营业收入占江苏民营上市公司累计营业收入的比重为37.32%；占浙江民营上市公司累计营业收入的比重为33.71%；占广东民营上市公司累计营业收入的比重为25.86%（见表26）。

表26　广东、江苏、浙江、山东四省民营上市公司营业收入对比（2020年）

单位：家，亿元

省份	数量	营业收入	平均营业收入
广东	1327	24498.80	18.46
江苏	1077	16971.71	15.76
浙江	982	18789.79	19.13
山东	517	6334.57	12.25

资料来源：Wind、山东省亚太资本市场研究院。

2020年，山东民营上市公司平均营业收入12.25亿元，平均营业收入比江苏民营上市公司低3.51亿元；比广东低6.21亿元；比浙江低6.88亿元。

山东营业收入超过百亿元的民营上市公司占全省民营上市公司的比重为2.51%，这一比重比江苏高0.56个百分点，分别比广东、浙江低0.28个、2.28个百分点（见表27）。山东13家营业收入超过百亿元的民营上市公司平均营业收入为224.41亿元，广东、江苏、浙江营业收入超过百亿元的民营上市公司平均营业收入分别为412.28亿元、454.73亿元、212.81亿元。尽管山东营业收入超过百亿元的民营上市公司平均营业收入略高于浙江，但是浙江营业收入超过百亿元的民营上市公司占全省民营上市公司的比重是山东的1.91倍。广东、江苏营业收入超过百亿元的民营上市公司平均营业收入分别是山东的1.84倍、2.03倍。

表27　广东、江苏、浙江、山东四省民营上市公司营业收入分布对比（2020年）

单位：家，%

营业收入	山东		广东		江苏		浙江	
	家数	占比	家数	占比	家数	占比	家数	占比
≥100亿元	13	2.51	37	2.79	21	1.95	47	4.79

续表

营业收入	山东		广东		江苏		浙江	
	家数	占比	家数	占比	家数	占比	家数	占比
50亿(含)至100亿元	17	3.29	37	2.79	27	2.51	40	4.07
20亿(含)至50亿元	33	6.38	99	7.46	82	7.61	93	9.47
5亿(含)至20亿元	66	12.77	252	18.99	207	19.22	203	20.67
1亿(含)至5亿元	159	30.75	386	29.09	360	33.43	307	31.26
0~1亿元	229	44.29	516	38.88	380	35.28	292	29.74
合计	517	100	1327	100	1077	100	982	100

资料来源：Wind、山东省亚太资本市场研究院。

研究发现，2020年山东没有营业收入超过千亿元的民营上市公司，2020年歌尔股份（002241.SZ）以营业收入577.43亿元成为山东营业收入最高的民营上市公司。而广东有美的集团（000333.SZ）、比亚迪（002594.SZ）、顺丰控股（002352.SZ）三家营业收入超过千亿元的民营上市公司，其营业收入分别达到2842.21亿元、1565.98亿元、1539.87亿元；江苏有苏宁易购（002024.SZ）、新城控股（601155.SH）两家营业收入超过千亿元的民营上市公司，其营业收入分别达到2522.96亿元、1454.75亿元；浙江有荣盛石化（002493.SZ）一家营业收入超过千亿元的民营上市公司，其营业收入达到1072.65亿元。

（六）广东、江苏、浙江、山东四省民营上市公司净利润对比分析

2020年，山东民营上市公司累计净利润438.32亿元，比江苏民营上市公司累计净利润低493.64亿元，比广东低931.75亿元，比浙江低1168.77亿元。山东民营上市公司累计净利润占浙江民营上市公司累计净利润的比重为47.03%；占广东民营上市公司累计净利润的比重为31.99%；占浙江民营上市公司累计净利润的比重为27.27%（见表28）。

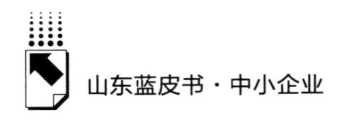

表28 广东、江苏、浙江、山东四省民营上市公司净利润对比（2020年）

单位：家，亿元

省份	数量	净利润	平均净利润
广东	1327	1370.07	1.03
江苏	1077	931.96	0.87
浙江	982	1607.09	1.64
山东	517	438.32	0.85

资料来源：Wind、山东省亚太资本市场研究院。

2020年，山东民营上市公司平均净利润为0.85亿元，平均净利润比江苏民营上市公司低0.02亿元；比广东低0.18亿元；比浙江低0.79亿元，浙江民营上市公司平均净利润是山东的近2倍。

山东净利率超过1亿元的民营上市公司占全省民营上市公司的比重为15.47%，广东、江苏、浙江净利润超过1亿元的民营上市公司占三省民营上市公司的比重分别为16.88%、18.57%、26.18%。其中，山东净利润超过10亿元的民营上市公司占全省民营上市公司的比重为1.93%，而江苏、广东、浙江净利润超过10亿元的民营上市公司占三省民营上市公司的比重分别为1.95%、2.64%、4.18%，分别比山东高出0.02个、0.71个、2.25个百分点（见表29）。山东10家净利润超过10亿元的民营上市公司平均净利润为22.15亿元，江苏、广东、浙江净利润超过10亿元的民营上市公司平均净利润分别为28.62亿元、35.03亿元、26.25亿元。可见，山东赢利能力靠前的民营上市公司无论是数量还是赢利能力与江苏、广东和浙江相比还是有很大的差距。

表29 广东、江苏、浙江、山东四省民营上市公司净利润分布对比（2020年）

单位：家，%

净利润	山东		广东		江苏		浙江	
	家数	占比	家数	占比	家数	占比	家数	占比
≥10亿元	10	1.93	35	2.64	21	1.95	41	4.18

续表

净利润	山东		广东		江苏		浙江	
	家数	占比	家数	占比	家数	占比	家数	占比
5亿（含）至10亿元	20	3.87	37	2.79	17	1.58	38	3.87
1亿（含）至5亿元	50	9.67	152	11.45	162	15.04	178	18.13
0（含）至1亿元	325	62.86	733	55.24	658	61.10	552	56.21
<0	112	21.66	370	27.88	219	20.33	173	17.62
合计	517	100	1327	100	1077	100	982	100

资料来源：Wind、山东省亚太资本市场研究院。

研究发现，2020年山东没有净利润超过百亿元的民营上市公司，2020年英科医疗（300677.SZ）以净利润70.05亿元成为山东净利润最高的民营上市公司。而广东有美的集团（000333.SZ）一家净利润超过百亿元的民营上市公司，其净利润达到275.07亿元；江苏有新城控股（601155.SH）一家净利润超过百亿元的民营上市公司，其净利润达到164.66亿元；浙江有荣盛石化（002493.SZ）一家净利润超过百亿元的民营上市公司，其净利润达到133.72亿元。

（七）广东、江苏、浙江、山东四省民营上市公司ROA对比分析

截至2020年末，山东517家民营上市公司累计总资产规模为8580.45亿元，累计实现净利润438.32亿元，全省民营上市公司ROA为5.11%，为四省最高，分别比浙江、广东、江苏高0.27个、1.08个、2.10个百分点。山东民营上市公司较高的ROA水平与全省民营上市公司较低的资产负债水平有很大关系。数据显示，山东民营上市公司整体资产负债率为44.48%，分别比广东、浙江、江苏低8.06个、8.43个、15.44个百分点。山东民营上市公司平均负债为7.38亿元，为四省最低。

表30 广东、江苏、浙江、山东四省民营上市公司ROA对比（2020年）

省份	家数（家）	净利润（亿元）	总资产（亿元）	ROA（%）
广东	1327	1370.07	34016.57	4.03
江苏	1077	931.96	30947.55	3.01

续表

省份	家数（家）	净利润（亿元）	总资产（亿元）	ROA（%）
浙江	982	1607.09	33217.85	4.84
山东	517	438.32	8580.45	5.11

资料来源：Wind、山东省亚太资本市场研究院。

ROA超过20%的山东民营上市公司占全省民营上市公司的比重为3.09%，广东、浙江、江苏而ROA超过20%的民营上市公司占三省民营上市公司的比重分别为3.54%、4.07%、4.64%，分别比山东高出0.45个、0.98个、1.55个百分点（见表31）。山东ROA超过20%的16家民营上市公司中，三板上市公司占87.5%；广东、江苏、浙江ROA超过20%的民营上市公司中，三板上市公司分别占76.60%、92.00%、77.50%。

表31 广东、江苏、浙江、山东四省民营上市公司ROA分布对比（2020年）

单位：家，%

ROA	山东		广东		江苏		浙江	
	家数	占比	家数	占比	家数	占比	家数	占比
≥20%	16	3.09	47	3.54	50	4.64	40	4.07
10%~20%	83	16.05	214	16.13	150	13.93	188	19.14
5%~10%	131	25.34	283	21.33	307	28.51	274	27.90
0~5%	175	33.85	413	31.12	351	32.59	307	31.26
<0	112	21.66	370	27.88	219	20.33	173	17.62
合计	517	100	1327	100	1077	100	982	100

资料来源：Wind、山东省亚太资本市场研究院。

另外，山东ROA低于5%的民营上市公司占全省民营上市公司的比重为55.51%，广东、江苏、浙江三省ROA低于5%的民营上市公司占三省民营上市公司的比重分别为59.00%、52.92%、48.88%。将山东民营上市公司的ROA与其融资成本相比较，以中国人民银行一年期贷款基准利率4.35%作为企业的融资成本，山东有267家民营上市公司的ROA不足4.35%，占全省民营上市公司的比重为51.64%。广东、江苏、浙江这一比重分别为55.61%、48.93%、44.30%。山东民营上市公司总资产的赢利能力与江苏和浙江相比有明显的差距。

（八）广东、江苏、浙江、山东四省民营上市公司 ROE 对比分析

截至2020年末，山东517家民营上市公司累计净资产规模为4763.51亿元，累计实现净利润438.32亿元，全省民营上市公司ROE为9.20%，广东、江苏、浙江、山东四省排名第2（见表32）。

表32　广东、江苏、浙江、山东四省民营上市公司 ROE 对比（2020 年）

省份	家数（家）	净利润（亿元）	净资产（亿元）	ROE（%）
广东	1327	1370.07	16143.63	8.49
江苏	1077	931.96	12403.42	7.51
浙江	982	1607.09	15641.16	10.27
山东	517	438.32	4763.51	9.20

资料来源：Wind、山东省亚太资本市场研究院。

山东 ROE 超过30%的民营上市公司占全省民营上市公司的比重为2.90%，而广东、浙江、江苏 ROE 超过30%的民营上市公司占三省民营上市公司的比重分别为5.43%、5.85%、6.82%，分别比山东高出2.53个、2.95个、3.92个百分点（见表33）。山东 ROE 超过30%的15家民营上市公司中，三板上市公司占86.67%；广东、江苏、浙江 ROE 超过30%的民营上市公司中，三板上市公司分别占81.94%、92.06%、88.06%。

表33　广东、江苏、浙江、山东四省民营上市公司 ROE 分布对比（2020 年）

单位：家，%

ROE	山东 家数	山东 占比	广东 家数	广东 占比	江苏 家数	江苏 占比	浙江 家数	浙江 占比
≥30%	15	2.90	72	5.43	63	5.85	67	6.82
20%~30%	52	10.06	128	9.65	94	8.73	102	10.39
10%~20%	133	25.73	306	23.06	303	28.13	294	29.94

续表

ROE	山东		广东		江苏		浙江	
	家数	占比	家数	占比	家数	占比	家数	占比
0~10%	205	39.65	451	33.99	398	36.95	346	35.23
<0	112	21.66	370	27.88	219	20.33	173	17.62
合计	517	100	1327	100	1077	100	982	100

资料来源：Wind、山东省亚太资本市场研究院。

另外，山东ROE低于10%的民营上市公司占全省民营上市公司的比重为61.31%，广东、江苏、浙江三省ROE低于10%的民营上市公司占三省民营上市公司的比重分别为61.87%、57.28%、52.85%。将民营上市公司的ROE与银行存款相比较发现，山东有138家民营上市公司的ROE不及中国人民银行一年期存款基准利率1.5%，占全省民营上市公司的比重为26.69%，广东、江苏、浙江这一比重分别为31.65%、23.58%、21.08%。可见，山东民营上市公司净资产的赢利能力与江苏和浙江相比有明显的差距。

专题报告
Special Reports

B.5
山东省民营及中小企业调研报告（2020）

山东省民营及中小企业研究课题组*

摘　要： 2020年，受新冠肺炎疫情和国际贸易变化等一系列冲击影响，山东省民营及中小企业遇到一些新的问题。为改变民营及中小企业生存条件，推动全省经济高质量发展，山东省民营及中小企业研究课题组开展了为期5个月的调研活动，先后调研了济南、烟台等12个市的200多家企业。调研发现，影响山东省民营及中小企业发展的主要原因有9个方面，其中最突出的是融资难融资贵、研发投入不足和数字化转型困难等。本报告对山东省民营及中小企业发展现状、经营绩效进

---

* 课题组组长：孙国茂，青岛大学经济学院特聘教授，博士生导师。
　成员：刘坤，济南大学商学院副教授；吴奉刚，山东财经大学金融学院副教授；李猛，中国社会科学院工业经济研究所博士研究生；李宗超、孙同岩，山东省亚太资本市场研究院高级研究员。
　执笔人：孙国茂、李宗超。
　感谢山东省市场监督管理局、山东大学经济学院、山东省瞪羚企业发展促进会、烟台市蓬莱区人民政府和齐鲁股权研究中心等单位对课题调研和报告完成给予的支持和帮助。

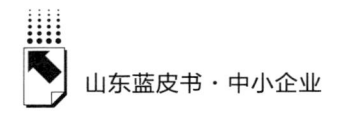

行了分析，研究发现，山东省民营上市公司发展较好，但与广东、江苏、浙江三省相比，山东民营上市公司科研投入、税收及对 GDP 的贡献不及三省。针对山东省经济发展现实，本报告提出了推动民营及中小企业高质量发展的建议。

关键词： 山东省　中小企业　民营企业　民营上市公司

党的十九大提出，支持民营企业发展，激发各类市场主体活力。2018年11月，习近平总书记在民营企业座谈会上指出："我国民营经济已经成为推动我国发展不可或缺的力量，成为创业就业的主要领域、技术创新的重要主体、国家税收的重要来源，为我国社会主义市场经济发展、政府职能转变、农村富余劳动力转移、国际市场开拓等发挥了重要作用。长期以来，广大民营企业家以敢为人先的创新意识、锲而不舍的奋斗精神，组织带领千百万劳动者奋发努力、艰苦创业、不断创新。我国经济发展能够创造中国奇迹，民营经济功不可没！"

党和国家最高领导人主持召开民营企业座谈会，在新中国历史上是第一次。这既反映了党中央对民营经济发展的高度重视，也说明改革开放40余年来我国民营经济发展到了一个非常重要的关口。在这次史无前例的重要会议上，习近平总书记不仅重申了党中央毫不动摇鼓励、支持和引导非公有制经济发展的一贯方针，厘清了社会上出现的关于民营经济的思想困惑和错误言论，还对现阶段我国民营企业的性质和作用给予充分肯定。习近平总书记说："民营经济是社会主义市场经济发展的重要成果，是推动社会主义市场经济发展的重要力量，是推进供给侧结构性改革、推动高质量发展、建设现代化经济体系的重要主体，也是我们党长期执政、团结带领全国人民实现'两个一百年'奋斗目标和中华民族伟大复兴中国梦的重要力量。"

近年来，为了加快民营经济发展，营造有利于不同所有制企业都能公平、透明地参与竞争的发展环境，国家先后出台了《关于营造更好发展环境支持民营企业改革发展的意见》《优化营商环境条例》《关于加强金融服务民营企业的若干意见》《关于促进中小企业健康发展的指导意见》等一系列政策，修订了《中小企业促进法》。但是，一些困扰民营及中小企业发展的问题始终未能从根本上消除，民营及中小企业发展状况没有发生明显改善，一些省份和地区民营及中小企业生存状况甚至进一步恶化。2020年9月，全国工商联发布了《2020中国民营企业500强调研分析报告》。报告认为，影响民营企业发展的因素主要集中在用工成本上升、税费负担重、融资难融资贵等方面。与前两年相比，这些影响因素并没有得到明显缓解，部分影响还有加剧趋势。西南财经大学中国家庭金融调查（CHFS）数据表明，亏损小微企业比重由2013年的6.2%上升至2017年的17.7%，近两年亏损小微企业比重更是快速上升。"经济日报—中国邮政储蓄银行小微企业运行指数"自2014年10月开始持续下行，从50.4下降到2020年末的44.1。大量研究表明，受去产能、环保限产、金融去杠杆、中美贸易摩擦升级等因素叠加影响，近年来民营企业经营困难增加，遭遇融资困境、出现信用债违约潮等。进入2020年，突如其来的新冠肺炎疫情给经济社会带来较大冲击，民营及中小企业首当其冲，面临着前所未有的困境。成本上升、稳就业压力攀升、国际市场持续低迷，不断积聚的风险通过产业链传导蔓延。整体看，即便是民营企业中的龙头企业同样出现了利润空间收窄、投资意愿下降的问题，这必然使风险隐患不断增加，进而影响整个国家经济的高质量发展。

2020年12月，中共山东省委十一届十二次会议通过了《关于制定山东省国民经济和社会发展第十四个五年规划和二〇三五年远景目标的建议》，对山东发展提出规划，"十四五"期间，山东综合实力走在前列，全省生产总值迈上新台阶，山东半岛城市群在黄河流域生态保护和高质量发展中的龙头作用凸显，成为国内大循环的战略节点、国内国际双循环的战略枢纽，成为国家新的经济增长极；发展质效走在前列，新技术、新产业、新业态、新模式"四新"经济占比大幅提升，新动能成为引领经济发展主引擎，现代产业体系初步形成，产业链产品链迈向中高端。要达到"十四五"规划目标，实现高质量发展和完成习近平总书记对山东"走在前列"的殷切嘱托，

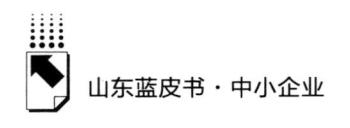

山东的当务之急是解决民营及中小企业高质量发展问题。

一 山东省民营及中小企业调研情况

（一）本次调研的背景和目的

"十三五"时期，山东省经济发展取得较大成就，综合实力实现跨越式提升。经济总量不断迈上新台阶，GDP连续突破6万亿元和7万亿元大关，2020年达到7.3万亿元，居全国第3位，人均GDP超过1万美元。新旧动能转换取得明显成效，产业结构不断优化升级。2020年三次产业结构为7.2∶39.8∶53.0，服务业对经济增长的贡献率达到78.2%。发展动能实现战略性转换。"四新"经济增加值占地区生产总值比重由2016年的22%提高到2020年的30.2%。高新技术企业数量达到1.4万家，是2015年的3.5倍。民营经济在全省GDP连续突破6万亿元和7万亿元大关和实施新旧动能转换重大工程中功不可没，2020年，全省民营经济实现增加值38050.0亿元，占全省GDP的52%；民营企业进出口总额达到1.53万亿元，占全省进出口总额的69.4%；私营企业和个体工商户累计安置就业3700多万人，成为吸纳就业最重要的渠道。民营企业累计培育国家制造业单项冠军130家、"专精特新""小巨人"141家，数量均居全国前列，民营高新技术企业数量则突破1万家。截至2020年末，全省民营市场主体发展到1169.8万户，中小企业达到360万户。其中，山东省认定培育省级以上"专精特新"企业2534家、瞪羚企业709家、"独角兽"企业13家、新跨越民营企业20家，培育国家级和省级小微企业"双创"示范基地16家和201家，这些数据显示，山东省民营经济发展呈现良好态势。

但是"十三五"以来，山东经济发展也出现一些新的问题，面临着前所未有的困难，其中最突出的问题就是民营及中小企业生存状况十分严峻，全国工商联《2020中国民营企业500强调研分析报告》的数据显示，近年来，山东省入选"中国民营企业500强"的企业数量不断减少，从2017年的 73 家减少到 2019 年的 52 家（见图 1）。在入选企业数量全国占比达到 10.42% 的情况下，营业收入（24725.62 亿元）和资产总额（17795.41 亿元）的全国占比仅为 8.20% 和 4.81%。入选企业数量、营业收入和资产总额不断减少的情况与广东、江苏和浙江三省形成反差。

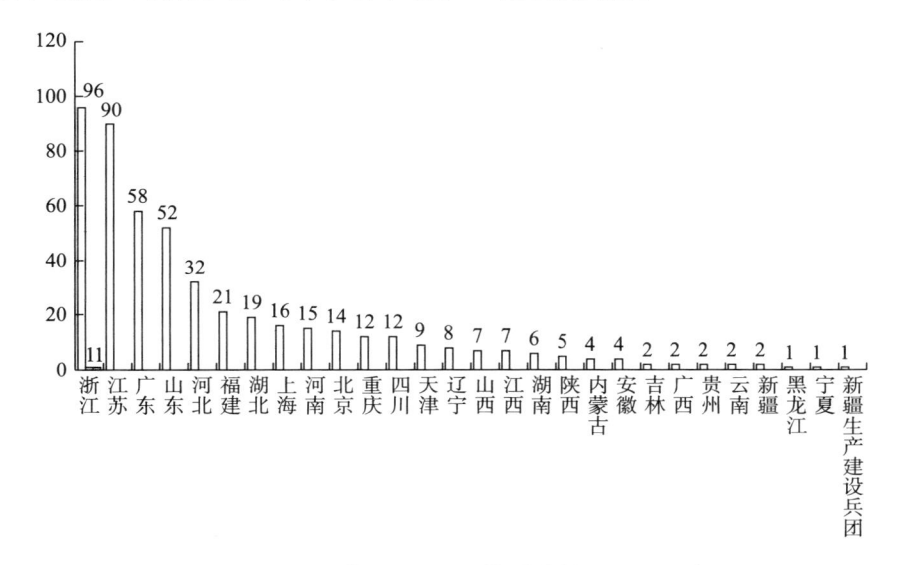

图 1 "中国民营企业 500 强"分布情况（2019 年）

资料来源：全国工商联《2020 中国民营企业 500 强调研分析报告》。

根据连续多年编写的《山东省民营及中小企业发展报告》（山东蓝皮书）积累的统计数据和形成的研究结果，近年来山东省代表民营及中小企业的规模以上工业中小企业数量持续减少，规模以上工业中小企业营业收入/GDP 呈下降态势。这一情况影响到当期一般预算财政收入，使全省财政收入增长进入平台期。如果不能从根本上改变这种状况，"十四五"期间，将对 GDP 贡献和财政收入产生更大的影响，进而影响山东省的 GDP 增速和经济总量在全国的排名。

2019 年，山东省一般预算财政收入为 6526 亿元，比 2018 年增加 0.65%；2020 年，山东省一般预算财政收入为 6560 亿元，比 2019 年增加 0.50%。以 2020 年财政收入为基数进行横向比较，山东财政收入大约相当于广东的 50%，江苏的 70% 和浙江的 90%。更重要的是，山东不仅财政收入规模和增幅低于

125

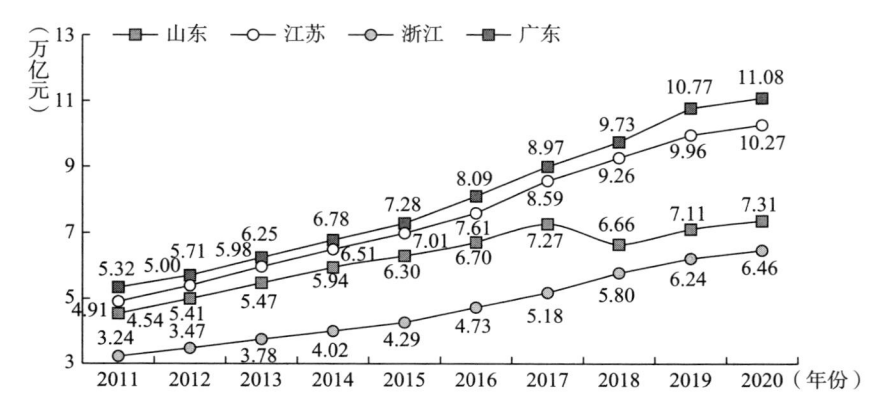

图2 广东、江苏、浙江、山东四省GDP统计（2011～2020年）
资料来源：广东、江苏、浙江、山东四省统计局、山东省亚太资本市场研究院。

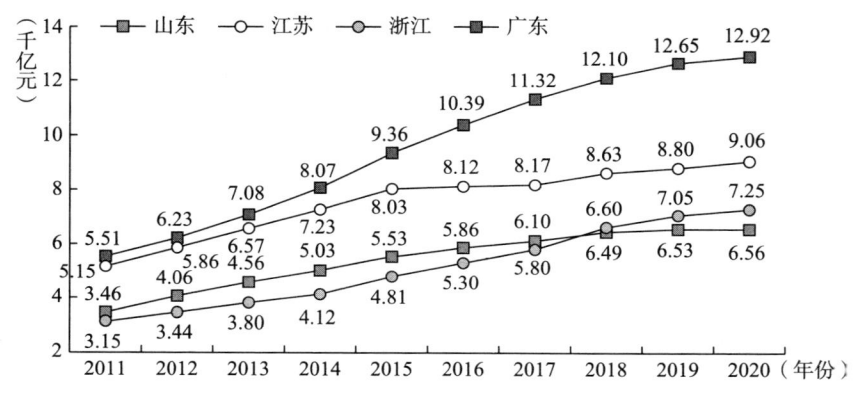

图3 广东、江苏、浙江、山东四省一般公共预算收入统计（2011～2020年）
资料来源：广东、江苏、浙江、山东四省统计局、山东省亚太资本市场研究院。

广东、浙江和江苏，单位GDP财政收入贡献也低于上述三省且近年来呈逐年下降态势。从图2和图3广东、江苏、浙江、山东四省GDP和一般公共预算收入相关数据可以看出，与广东、浙江和江苏相比，山东在财政收入方面的差距要大于GDP。目前，山东财政收入已进入平台期，"十三五"期间，山东一般公共预算收入与支出的比例呈现下滑趋势，比其他三省平均水平低10个百分点左右，2020年这一比例下降为58.41%，意味着未来财政支出将是收入的2倍，财政收入缺口呈加大趋势。众所周知，财政收入本质上是经济运行质量的反映。山东财政收入增长缓慢和单位GDP财政收入贡献低,与全省民营及中小企业的经营情况不佳密不可分,为了系统、全面地了解民营及中小企业生存状况恶化的原因,寻求有效解决途径支持全省民营经济高质量发展,课题组在全省范围开展民营及中小企业调研活动。

(二)课题组构成与调研方式

本次调研活动在山东省工信厅指导下,由"山东省民营及中小企业研究课题组"承担,课题组根据调研所得的数据和信息,最终完成《山东省民营及中小企业发展报告(2020~2021)》。课题组由7名专家组成,分别是青岛大学、山东财经大学、济南大学的金融学相关学者,中国社会科学院中小企业问题研究人员以及山东省亚太资本市场研究院研究人员。本次调研活动自2020年11月初到2021年3月底,持续时间为5个月。调研采用实地调研、召开座谈会和问卷调查三种方式。先后调研了济南、烟台、济宁、泰安、淄博、临沂、滨州、潍坊等12个城市,召开了10多场座谈会,发放了1000多份调查问卷。参与实地调研和座谈会的企业达到200多家,反馈问卷近1000份。参与调研的企业,从规模上看,既有年营业收入超过500亿元的企业,也有低于1000万元的企业。表1列出了参加调研的部分企业的名单。

表1 课题组实地调研部分企业名单

单位:亿元

序号	地市	公司名称	行业	营业收入
1	淄博	山东金诚石化集团有限公司	石油化工	500
2	济宁	山东太阳控股集团有限公司	轻工制造	500
3	烟台	山东龙大肉食品股份有限公司	食品饮料	100
4	临沂	山东清沂山石化科技有限公司	石油化工	100
5	泰安	山东华通控股集团有限公司	综合	100
6	临沂	鲁南制药集团股份有限公司	化学制药	100

续表

序号	地市	公司名称	行业	营业收入
7	滨州	山东齐悦科技有限公司	纺织制造	100
8	烟台	山东只楚集团有限公司	汽车零部件	10
9	烟台	山东富海集团有限公司	石油化工	10
10	烟台	山东北大高科华北制药有限公司	化学制药	10
11	烟台	蓬莱市超硬复合材料有限公司	新材料	5
12	烟台	蓬莱万寿机械有限公司	汽车零部件	5
13	威海	山东威海金鸿高分子集团有限公司	化学制品	3
14	烟台	蓬莱八仙过海旅游有限公司	旅游综合	2
15	烟台	烟台市牟平金矿有限公司	稀有金属	2
16	威海	山东浩然特塑股份有限公司	高分子化工	2
17	淄博	淄博和润马科托矿业技术有限公司	新材料	2
18	淄博	山东美氟科技股份有限公司	化学制品	1
19	淄博	山东星都石油化工科技股份有限公司	石油化工	1
20	淄博	山东利尔新材料有限公司	新材料	1
21	烟台	山东鼎驰木业集团有限公司	专业工程	0.5
22	济南	山东尚德供应链管理有限公司	金融科技	0.5
23	烟台	烟台华康生物医药科技有限公司	生物制品	0.2
24	淄博	淄博金服超市管理有限公司	金融科技	0.2

资料来源：山东省亚太资本市场研究院。

二 山东省民营及中小企业迫切需要解决的问题

通过调研，我们发现迫切需要解决的、制约民营及中小企业发展的问题主要有两大类十个问题（见表2）。内在因素主要表现在民营及中小企业不适应高质量发展规划，研发投入不足、数字化转型落后、科技创新以及公司治理等与高质量发展存在错位。外在因素主要表现在促进民营及中小企业发展的相关政策不完善和难以落地、营商环境差和金融支持缺乏等。

表2 调研中发现民营及中小企业面临的问题

原因	序号	问题
外在因素	1	营商环境
	2	融资约束
	3	缺乏劳动力
	4	人才缺乏，用工成本上升
	5	政策落实不到位
内在因素	1	研发投入不足
	2	数字化困境
	3	公司治理不规范
	4	对公司上市和资本市场存在偏见
	5	股权等历史遗留问题

资料来源：山东省亚太资本市场研究院。

（一）营商环境亟待进一步改善

近年来，山东省按照党中央、国务院要求，加快实施"放管服"改革和政府职能转变，深化制度创新、加快流程再造，出台了一系列推进制度建设和治理能力建设的政策措施。2018年12月，省政府出台了《贯彻落实国务院深化放管服改革要求进一步优化营商环境重点任务分工方案》；2020年2月，省委、省政府又出台《关于深化制度创新加快流程再造的指导意见》。但是，在调研中企业普遍反映，地方政府在优化营商环境、提高办事效率方面改变并不明显，主要表现为三个方面。首先，在政策执行过程中存在"一刀切"现象，如环保督察中的"一刀切"现象，有的民营及中小企业在"一律关停"和"先停再说"的做法中无法恢复生产。其次，一些政策在执行中流于形式，如大学生就业问题。最后，一些惠企政策落实不到位。具体地说，一是企业对优惠政策认知度较低。部分企业对政策不了解，甚至不知情，造成政策效应滞后或政策效应丧失。很多企业对已出台的减负降本政策、金融支持政策和创新支持政策表示不知道或不清楚，有少数企业不相信这些政策。

二是针对企业的优惠政策落实不及时。各级政府部门出台的企业帮扶政策较多，许多政策在落实过程中存在操作程序烦琐、兑付周期较长等问题，导致部分企业无法及时享受政策红利，政策预期与实施效果存在差距。

值得注意的是，2021年初北京大学发布了《中国省份营商环境研究报告（2020）》。在这份报告中，山东营商环境指数为59.26，低于东部10省份营商环境平均值62.23，高于全国总体平均值53.86，在31个省份中排名第9位，属于全国中等水平。根据该报告，山东营商环境指数的四个子环境指标排名为：市场环境排名第7、法律政策环境排名第10、政务环境排名第14、人文环境排名第15。这些排名表明，影响山东营商环境的主要因素来自"法律环境""政务环境""人文环境"。事实上，营商环境不仅影响着企业的经营绩效，更影响着企业家的发展信心。调研中我们发现，有的异地律师机构和中介服务机构与省内一些代理机构勾连，利用中小企业法律意识淡漠的漏洞，采用司法手段对中小企业进行变相"敲诈"，有的中小企业被法院判决后很快就破产倒闭。习近平总书记在谈到保护企业家人身安全和财产安全时曾经说过："按照罪刑法定、疑罪从无的原则处理，让企业家卸下思想包袱，轻装前进。"可见，山东的营商环境对民营及中小企业发展至关重要，改善和优化全省营商环境任重道远。

（二）民营及中小企业普遍面临融资约束问题

2020年5月，全国工商联发布了《2019－2020小微融资状况报告》，数据显示，2019年，44.2%的小型企业和71.6%的微型企业存在融资需求，2020年新冠肺炎疫情发生后，上述比例进一步上升。在本次调研中，每个民营及中小企业都提到了融资难、融资贵问题。尽管企业规模和所属行业差异很大，但几乎所有企业都不同程度地被融资难、融资贵的问题所困扰。企业普遍反映银行贷款额度偏低、利率高，贷款产品少、渠道不宽，抵押担保条件苛刻、抵押物评估值过低等，这不仅增加了企业的融资成本，而且使大多数企业很难从银行获得贷款。这些情况说明，山东民营及中小企业融资难、融资贵问题一直未能得到有效缓解，企业普遍面临融资约束。过去几年，山东省民营及中小企业融资约束程度远远高于其他省份，这一点从相关贷款统计数据中可以明显看出。2018年以前，山东民营及中小企业贷款占比远低于全国平均水平。2019年，虽然从公开数据上看民营及中小企业贷款占比这一指标有所变化，但融资约束并没有明显改变。一些小微企业因为资金短缺而停产或倒闭，甚至一些大型民营企业也因为银行停贷而陷入债务危机，如西王集团、大海集团、胜通集团、玉皇化工、中融新大等。近年来，山东省被公开报道的大型民营企业信用违约事件有近百起，不仅给大型民营企业信誉造成损失，而且对广大中小企业生存和发展信心造成巨大影响。

根据中国人民银行统计数据，2019年山东省贷款余额为8.60万亿元，其中民营及中小微企业贷款余额为3.27万亿元，占比为38.02%；浙江省贷款余额为12.18万亿元，其中民营及中小微企业贷款余额为3.67万亿元，占比为30.13%；江苏省贷款余额为10.21万亿元，其中民营及中小微企业贷款余额为3.30万亿元，占比为32.32%；广东省贷款余额为16.80万亿元，其中民营及中小微企业贷款余额为4.56万亿元，占比为27.14%。尽管与广东、浙江和江苏比较，山东民营及中小企业贷款占比最高，但从贷款余额上看，山东却最低。尤其需要指出的是，从四省的存款总量、贷款总量以及存贷款比等一系列反映深层次金融运行质量的指标看，山东均远低于其他三省。这意味着，在金融支持实体经济的力度上，山东与其他三省的差距较大。未来通过增加贷款总量缓解民营及中小微企业融资约束的空间已经非常有限，这种状况令人担忧。调研中，企业反映的融资难、融资贵问题主要集中在四个方面。一是缺乏为民营及中小微企业提供融资服务的普惠金融体系。在银行贷款难以满足资金需求的情况下，很多中小微企业转向非正规金融机构，通过影子银行或民间金融获取急需资金。国家开展互联网金融行业专项整治活动后，包括P2P网络借贷在内的非正规金融机构在短时间内消失殆尽，大部分借助互联网平台融资的民间金融渠道被取缔。国际上，普惠金融的典型代表是小额贷款公司。但是在我国，小额贷款行业已经名存实亡。二是已出台的相关政策可操作性较差，难以落地实施。近年来，为解决民营及中小微企业融资难问题,各级政府出台了一系列政策,目的是消除和化解民营及中小企业的融资约束。但现实中,这些政策很少产生实际效果。比如,2018年国家就成立了旨在解决小微企业融资难问题的融资担保基金;2019年,党中央、国务院又出台《关于有效发挥政府性融资担保基金作用切实支持小微企业和"三农"发展的指导意见》;2020年7月,山东省政府办公厅出台了《关于印发推动政府性融资担保机构支持小微企业和"三农"发展的实施意见》。事实上,政府性融资担保政策在山东省扶持作用微乎其微。三是贷款过程中商业银行普遍对民营及中小企业抵质押物要求过高。抵质押物范围也很窄,仍以土地和房产等不动产为主。知识产权质押存在登记难、评估难和变现难等问题,绝大多数银行不愿接受此类抵质押物。抵质押物折扣率过低,住宅、土地抵押率不超过70%,厂房、公寓、商铺不超过50%。抵押物登记、评估手续烦琐,有时银行还要进行内部评估,银行之间尚未实现评估结果互认。四是金融体系的"敢贷愿贷"机制不健全。2021年初,刘鹤副总理在国务院促进中小企业发展工作领导小组会议上要求金融机构不断提升能力,做到敢贷、愿贷、能贷、会贷。但现实中大多数金融机构不具有"敢贷愿贷"机制。一方面,对银行分支机构和基层人员尽职免责落实不到位,尽管银行已出台尽职免责办法,但各家银行对"尽职"的界定标准不一,免责条件缺乏可操作性,部分银行还存在"过度追责"的情况。另一方面,对民营及中小微企业信贷差异化考核和正向激励措施不到位,信贷人员权责利不对等,服务民营及中小微企业的积极性不高。

(三)研发投入严重不足

近期,山东省科技厅等十部门联合出台了《关于进一步提高全社会研发投入的若干措施》。文件提出,到2022年规模以上工业企业中有研发活动的占比达到35%左右,规模以上工业企业中有研发机构的占比达到20%以上。事实上,近年来山东省研发经费支出连续下滑。2020年,全省研发经费支出为1681.9亿元,远低于广东的3479.9亿元、江苏的3005.9亿元和浙江的1859.9亿元;从研发经费投入强度看,山东省仅为2.30%,不仅低于广东的3.14%、江苏的2.93%和浙江的2.88%，甚至低于全国平均水平2.40%。如果从研发经费支出规模看，2020年山东省研发经费支出额在全国排名第5，研发经费投入强度在全国排名第8。《2020年全国科技经费投入统计公报》公布的年度统计数据显示，在全部研发经费支出中，政府、高校和科研机构占25%～30%，企业占70%～75%。这就是说，研发经费投入强度低的主要原因是企业的研发经费支出不足。如果进一步分析企业研发投入低的原因，不外乎两者：一是部分企业经营业绩不佳，维持生存的压力持续加大；二是融资约束导致企业现金流严重不足。调研中，我们发现受访企业大多没有研发机构，有的企业虽然有研发机构，也只是挂了一个牌子，形同虚设。当问到企业的研发投入时，大多数民营企业颇感无奈，表示苦于维持公司经营与生存，实在无力进行研发投入。一些企业表现出缺乏发展信心。经济学基本理论和经济发展历史都告诉我们，技术进步和科技创新是决定经济增长最重要和最关键的因素。研发经费投入强度不仅反映了企业技术进步和科技创新的能力，也决定了全社会的潜在经济增长率。当前，在举国贯彻创新驱动新发展理念的背景下，山东研发经费支出和研发经费投入强度连年下降的现状令人忧心。事实上，山东要在"十四五"期间实现走在前列和迎头赶上的目标，唯一的出路就是在技术进步和科技创新上下功夫。

（四）民营及中小企业的数字化困境

2020年4月，中共中央、国务院出台的《关于构建更加完善的要素市场化配置体制机制的意见》明确提出，培育数字经济新产业、新业态和新模式，支持构建农业、工业、交通、教育、安防、城市管理、公共资源交易等领域规范化数据开发利用的场景。5月，工信部出台的《关于工业大数据发展的指导意见》也提出，支持工业企业实施设备数字化改造，升级各类信息系统，推动研发、生产、经营、运维等全流程的数据采集。山东省政府近年来出台了《数字山东发展规划（2018－2022年）》《山东省支持数字经济发展的意见》和《山东省数字经济园区（试点）建设行动方案》等一系列文件，推动数字山东建设和全省数字经济集聚创新发展。省政府提出，到2022年，山东数字经济占GDP的比重要达到45%以上。2020年，省政府再次出台《数字山东2020行动方案》，提出开展数字经济企业培育"沃土行动"，支持龙头企业发挥带动作用，重点扶持小微企业、创业团队发展。年内孵化100个左右创业团队，为小微企业培训万名技术人员。根据连续出版的《山东省民营及中小企业发展报告》积累的相关数据，山东省中小企业大多聚集在与第一、第二产业相关的传统行业，并以传统的方式管理和运营企业，缺乏高效并能创造高价值的数字技术和数字产品。因此，加快中小企业数字化转型不仅至关重要，而且迫在眉睫。但是，我们在调研中发现，大多数中小企业处于明显的"数字化困境"，面临着数字化转型困难的局面。数字化转型"不敢转""不会转""不能转"的现象十分普遍。一些中小企业担心数字化转型会带来与企业敏感指标相关的隐私与安全问题；一些中小企业则对数字化营销缺乏用户支持存在顾虑；还有企业表示难以接受数据分析的不确定性和支付工具服务费较高等。不难发现，隐私安全顾虑、缺乏外部支持、数字化费用高等因素是广大中小企业数字化转型困难的主要原因。还有一些中小企业甚至从未使用任何数字化平台，认为数字化平台为企业带来的效益并不确定，并且固执地认为自身缺乏数字化平台的使用能力，企业不适合进行数字化转型。

（五）公司治理不规范，缺乏上市积极性

调研发现，山东省民营及中小企业大多为家族企业，没有形成法人治理结构，更谈不上建立现代企业制度。参与调研的民营企业基本上采用大股东集权或家族集权式治理模式和管理模式。有的大型民营企业即使已经获得很多荣誉，但在公司股权结构、治理结构和组织架构方面仍然漏洞百出，公司决策程序混乱且决策随意。这种现象意味着这些公司的决策过程隐含着巨大的风险，长此以往，必然会损蚀公司的创新能力和竞争力，直至导致风险爆发。最近几年连续出现的民营企业信用违约风险就是典型的案例。从经济学角度分析，大股东集权或家族集权的管理模式在企业初创阶段有降低成本、

提高工作效率等优势。但在企业做大、做强和高质量发展的过程中，企业需要规范的治理模式和管理模式。大股东集权或家族集权的管理模式的天然弊端，使其在发展中表现出明显的局限性和低效率。研究表明，我国民营企业在 20 世纪 90 年代以前的很长一段时期内发展受到较大的限制，直到 90 年代中期以后发展速度才逐步加快。早期民营企业规模偏小、产权结构不清晰，在完成创业期发展并形成一定规模后，大股东集权或家族集权的管理模式不利于快速发展的各种缺陷逐步显现。从山东省民营企业发展的经验看，绝大多数的民营及中小企业认为治理模式和管理模式属于企业文化，现实中大多是复制成功企业的经验，在企业制度和文化建设上也以标杆企业和著名企业家为模仿对象，这种模仿他人的治理模式和管理模式往往有名无实，成为企业日常工作中的摆设。2015 年 4 月和 2018 年 9 月，山东省政府先后出台了《关于加快推动规模企业规范化公司制改制的意见》和《山东省现代金融产业发展规划（2018－2022 年)》两个文件，明确提出鼓励和推动全省企业通过规范化公司制改制，建立现代企业制度，实现高质量发展。但由于种种原因，政策执行效果不甚明显。主要原因是企业不愿按照现代企业制度要求实行规范化运作和管理。

调研中我们甚至发现，一些民营企业经营绩效较好、达到申请 IPO 上市条件，却对 IPO 持有明显的抵触态度。这些企业认为：第一，上市的目的其实就是圈钱，只要企业经营好就不会缺钱，因此上市和不上市都一样，企业上市后要受到各方面监管，企业没有必要为了融资而失去"自由"；第二，企业不上市时由家族和大股东控制，上市后家族和大股东有失去企业控制权的风险；第三，很多民营企业上市后的发展还不如上市前，企业上市后面临困境时没有得到政府的帮扶。截至 2020 年末，山东省 220 多家上市公司中市值低于 25 亿元和陷入经营困境的超过 40 家，这些上市公司几乎都是民营企业。2020 年 9 月，国务院出台《关于进一步提高上市公司质量的意见》，明确提出"将缺乏持续经营能力、严重违法违规扰乱市场秩序的公司及时清出市场"。目前，中国证监会正在按照国务院部署，完善上市公司退出制度，加快实施退市监管。可以预计，山东省 40 多家低市值、陷入经营困境或财务困境的上市公司，有相当数量的公司将被强制退市。对于一些民营企业来说，与其上市后再退市，还不如当初就不上市。因此，社会上流行一种说法，民营企业不应该上市，政府越是鼓励，民营企业就越是不应该上市。事实上，30年来证券市场所发生的各种事实说明，公司IPO的综合成本（长达数年时间、上千万元的财务支出等）确实较大，一些民营企业上市后会元气大伤。

（六）招工难、用工荒和用工成本上升困扰民营及中小企业

招工难、用工荒和用工成本上升是山东省民营及中小企业面临的一个普遍性问题。2020年9月，全国工商联发布的《中国民营企业500强调研分析报告（2020）》提出，劳动用工问题是影响民营企业发展的重要因素之一。本次调研中，大多数企业反映，近年来劳动用工成本不断上升。一些劳动密集型企业面临招工难问题的困扰。统计显示，近年来我国劳动市场的总体供求情况是，一线城市外来人口增多，二、三线城市相对较少。目前，山东省人口为净流出状态，必然导致新增劳动力呈负增长状态，劳动力供应量降低。此外，企业用工结构不合理现象也是用工存在缺口的一个重要原因。在就业结构失衡的状态下，企业招工难的现象日益突出。根据青岛大学劳动经济研究院2019年对青岛市3000户企业的调研，"用工短缺"多达9539人，用工缺口率为15.20%，其中胶州区高达23.08%。焊工、装配钳工、汽车维修工、制鞋工、缝纫工等传统产业用工以及保洁工、健康养老产业护理工等尤为短缺。另据2020年诸城市抗疫复工统计数据，企业"用工短缺"高达20767人，而农村剩余劳动力仅10651人，用工缺口高达10116人。

三 山东省民营及中小企业发展现状分析

（一）规模以上企业数量分析

根据我们连续多年编写的《山东省民营及中小企业发展报告》的相关数

据，截至2020年末，山东规模以上工业企业数量为26468家。图4列出了2010~2020年山东省规模以上工业企业数量变化。从图4可以看出，在整个"十三五"期间山东省规模以上工业企业数量一直呈下降态势。下降幅度最大的是2019年，与2018年相比，数量减少了7859家，减少幅度为22.46%。中小企业数量减少不仅与经济环境有关，更与政策环境有关。经济学家任泽平认为，近年来去产能和环保限产导致大量民营及中小企业关停并转。去产能的初衷是加速过剩产能出清。民营及中小企业产能相对落后，再加上部分地方政府的行政化"一刀切"管理方式导致一些民营及中小企业被关停；同时资源型行业去产能引起原材料价格大幅上升，但终端需求疲弱，价格难以向下传导，导致利润从以民营企业为主的中下游行业向以国有企业为主的资源型行业转移。污染防治是党中央确定的三大攻坚战之一，由于部分民营及中小企业环保意识淡漠，以往环保投入较少，现在环保成本上升和资源品价格上升必然会加大民营企业经营成本。

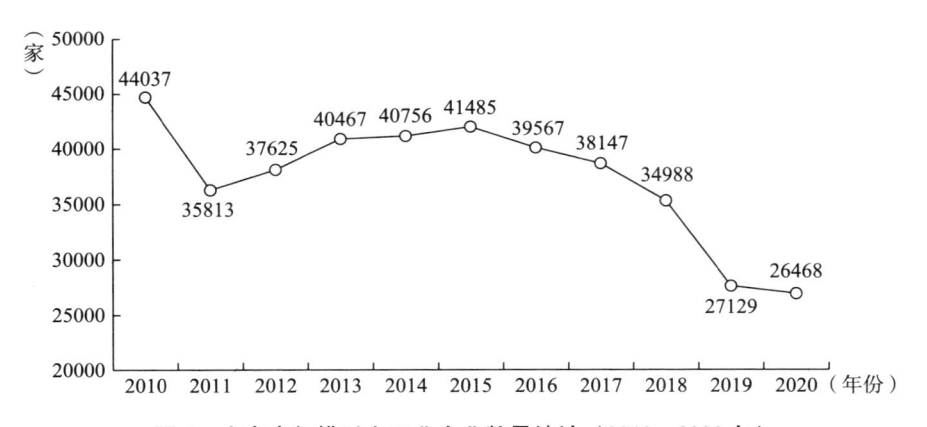

图4 山东省规模以上工业企业数量统计（2010~2020年）

资料来源：山东省统计局网站、历年《山东省统计年鉴》、山东省亚太资本市场研究院。

（二）规模以上中小企业营业收入分析

营业收入反映了企业的GDP贡献能力。根据我们连续多年编写的《山东省民营及中小企业发展报告》的相关数据，截至2020年末，山东规模以上工业企业主营业务收入为84270.4亿元。图5显示了2010~

2020年山东省规模以上工业企业营业收入变化情况。从图5可以看出,"十三五"期间山东省规模以上工业企业营业收入呈下降态势,其中,2018年的下降幅度为34.19%。营业收入下降的原因之一是"营改增"政策的实施。由于服务业企业改缴增值税且税率较低,工业企业逐步将内部非工业生产经营活动剥离,转向服务业,使工业企业财务数据有所缩减。这一点可以从山东省规模以上工业企业平均营业收入这一指标得到验证。近年来,山东省规模以上工业企业平均营业收入指标大体上也是呈下降趋势。2020年,由于企业数量大幅减少,平均主营业务收入为3.2亿元,同比增长3.23%。另外,由于实施环保督察后以化工、机械加工等为主的传统产业中小企业生产经营受到限制,原材料上涨也带动了营业收入的提高。

图5 山东规模以上工业企业营业收入和平均营业收入统计(2010～2020年)
资料来源:山东省统计局、历年《山东省统计年鉴》、山东省亚太资本市场研究院。

从近年来的情况看,山东规模以上工业企业无论是总的营业收入还是平均营业收入都处于下降趋势,尤其是2018年,总营业收入下跌幅度最大。尽管2019年出现企稳迹象,但总体看下降趋势并未改变。

(三)规模以上工业企业赢利状况分析

赢利状况在很大程度上反映了企业的宏观税收贡献能力。根据我们连续多年编写的《山东省民营及中小企业发展报告》的相关数据，截至2020年末，山东规模以上工业企业利润总额为4282.9亿元，图6显示了2010~2020年全省规模以上工业企业利润总额变化情况。从图6可以看出，在整个"十三五"期间山东省规模以上工业企业利润总额急剧下降，从2016年的8820.0亿元下降到2019年的3652.7亿元，3年间下降幅度达58.59%。

如果再看规模以上工业企业平均利润，"十三五"期间整体上也呈下降态势，从2016年的2229.13万元下降到2019年的1346.42万元。2020年平均利润出现增长，同样不能改变整体下降态势。如果从近10年的趋势看，将图5和图6进行比较可以发现，利润总额和营业收入始终保持同步。同样，2020年平均利润额出现小幅增长也是因为企业数量减少。考虑到2020年中小企业数量的减少，在新冠肺炎疫情影响下山东民营及中小企业未来生存压力将更大。

图6 山东规模以上工业企业利润总额和平均利润额统计（2010~2020年）
资料来源：山东省统计局、历年《山东省统计年鉴》、山东省亚太资本市场研究院。

四 山东民营及中小企业经营绩效分析

为了客观、全面地了解山东民营及中小企业生存状况，有针对性地发现问题并寻找解决问题的有效途径，需要使用财务数据对民营及中小企业经营绩效进行分析。在本报告中，由于无法获得全口径企业的财务数据，我们只能以全省规模以上工业企业为样本，利用宏观统计数据对企业的经营状况进行整体分析。尽管采用这样的方法无法判断不同行业的经营绩效差异，但通过对统计数据平均值的分析，仍大致上可以达到类似财务分析的效果和目的。

（一）规模以上工业企业总资产分析

总资产反映的是企业的经营规模和经营能力，通常，随着企业生产规模的扩大，企业的总资产规模也会迅速增加。也可以说，企业要扩大经营规模主要通过增加总资产规模。在企业的财务报表中，总资产由净资产和负债构成，因此在一般情况下，企业总资产的变化在很大程度上反映了企业的融资状况和融资能力。根据连续多年编写的《山东省民营及中小企业发展报告》的相关数据，截至2019年末，山东规模以上工业中小企业总资产为95643.3亿元。图7列出了2010~2020年全省规模以上工业企业总资产变化情况。从图7可以看出，整个"十三五"期间山东省规模以上工业企业总资产不但没有增加，反而有所下降，从2016年的105046.3亿元下降到2020年的95643.3亿元，5年间累计下降8.95%。

从平均总资产来看，"十三五"期间，山东省规模以上工业企业平均总资产一直在2.4亿~3.6亿元徘徊。2020年平均总资产大幅增加，达到3.53亿元，也是企业数量减少的结果，因此不具有解释意义。如果从近10年趋势看，山东省规模以上工业企业总资产在"十三五"期间呈现快速上升的态势，在2017年创出了107932.9亿元的高点，此后出现下跌。"十二五"期间企业平均总资产也呈现出上升态势，从2010年的1.22亿元增加到2015年的2.44亿元，整整增加了1倍（见图7）。

（二）规模以上工业企业销售利润率分析

企业销售利润率（ROS）是指企业利润总额占销售收入的比重，是衡量

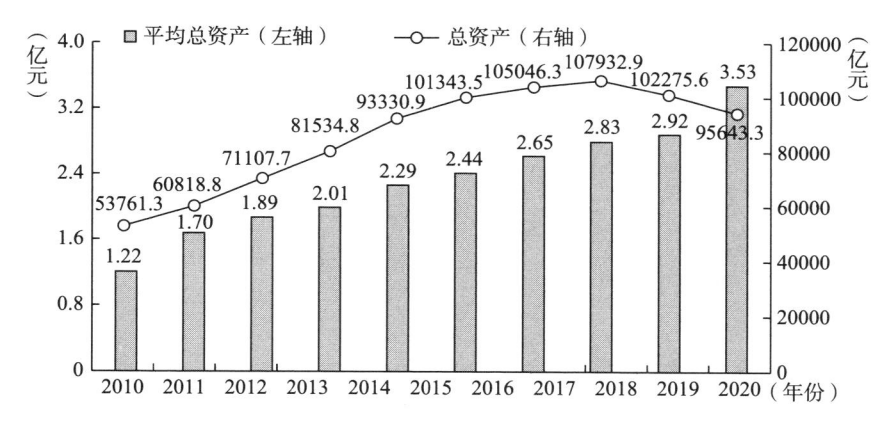

图7 山东规模以上工业企业总资产及平均总资产统计（2010~2019年）

资料来源：山东省统计局、历年《山东省统计年鉴》、山东省亚太资本市场研究院。

企业销售收入赢利水平的指标，通常被用来直观判断企业的经营绩效和赢利能力。在宏观经济相对稳定的市场环境下，每个行业在特定的经济周期内都有一个相对稳定的销售利润率。因此，销售利润率属于赢利能力类指标，对于单一企业而言，它可以反映企业的竞争能力和行业地位；而对于行业和企业群体而言，销售利润率则体现了宏观经济运行质量。根据连续多年编写的《山东省民营及中小企业发展报告》的相关数据，2019年末，山东省规模以上工业企业销售利润率为4.39%。图8列出了2010~2019年山东省规模以上工业企业销售利润率变化情况。从图8可以看出，自"十二五"期间山东省规模以上工业企业销售利润率开始逐年下降，从2010年的7.30%下降到2019年的4.39%，10年间企业销售利润率下降2.91个百分点。

（三）规模以上工业企业资产收益率分析

资产收益率（ROA）反映了企业单位资产所创造的利润，对于任何企业来说，ROA都是代表经营绩效的最重要指标。ROA指标的差异通常表明处在不同行业的企业资产边际效率不同。对于相同的行业而言，ROA越高，表明企业在增加收入和节约资源等方面取得的效果越好。一个企业如果ROA持续降低，甚至出现负值，表明它的财务风险在不断增加，直至破产。

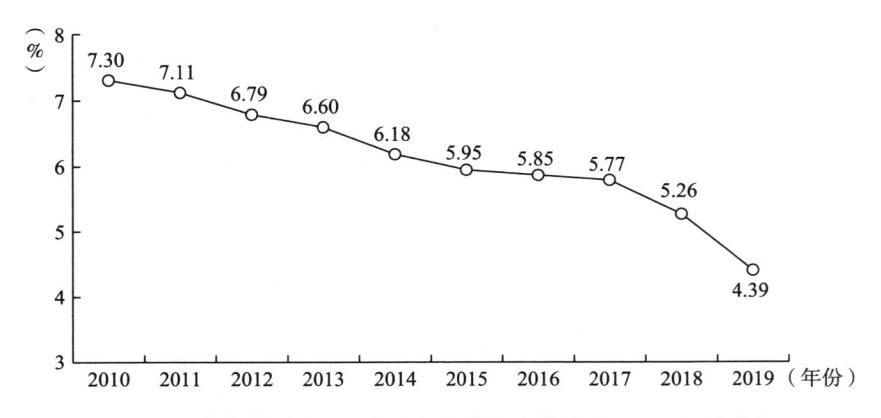

图8 山东规模以上工业企业销售率润率统计（2010~2019年）

资料来源：山东省统计局、历年《山东省统计年鉴》、山东省亚太资本市场研究院。

从图9可以看出，全部规模以上工业企业ROA"十二五"和"十三五"期间持续下滑。2019年，全部规模以上工业企业ROA下降至3.82%，10年间下降7.44个百分点。可见，山东规模以上中小工业企业资产赢利能力不断下降，其中固然有中美贸易摩擦及经济转型升级等因素的影响，但是如果横向比较，山东省民营及中小企业只有不断创新、增强科研能力和实施转型升级，才能从根本上改变ROA下降的态势。

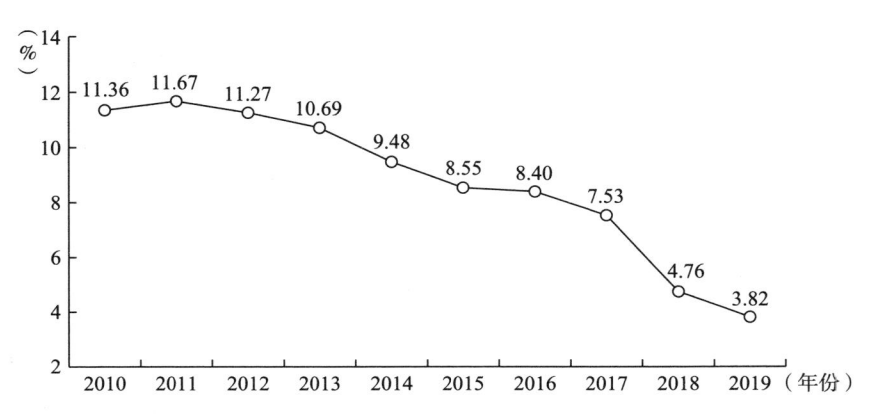

图9 山东规模以上工业企业资产收益率（ROA）统计（2010~2019年）

注：由于数据获取困难，图中净利润指标使用利润总额替代。

资料来源：山东省统计局、历年《山东省统计年鉴》、山东省亚太资本市场研究院。

五　山东民营上市公司综合分析

《关于进一步提高上市公司质量的意见》提出，提高上市公司质量是推动资本市场健康发展的内在要求，是新时代加快完善社会主义市场经济体制的重要内容。现代经济学和发达国家经济发展历史表明，上市公司是国民经济的支柱，是宏观经济运行质量和经济景气程度的"显示器"，因此，上市公司的质量其实就是一个国家和地区经济发展质量的直接反映。我国改革开放以来的经济发展经验也证明，资本市场发达、上市公司数量多的地区经济发展质量要明显好于其他地区。"十二五"和"十三五"期间，很多省份把发展资本市场和上市公司进行"腾笼换鸟"作为转型升级、加快经济发展的突破口和重要抓手。

由于无法获得民营及中小企业财务数据，本报告的前面部分我们只能采用仅有几项指标的统计数据对"规模以上工业企业"经营绩效进行分析。很显然，这种分析只能是整体上的分析，由于"幸存者偏差"的存在，上述整体分析与实际情况之间可能存在一定差异。为了使分析更具合理性，在这一部分，我们以上市公司为样本，利用财务数据和证券市场统计数据对山东民营企业进行包括经营绩效在内的综合评价与分析。因为上市公司数量增加，财务指标在纵向对比中只能说明增长速度，为了更加全面地分析山东民营企业经营状况，我们比较了山东、广东、江苏和浙江四省民营上市公司经营状况，以便更综合和全面地了解山东民营企业在全国的发展状况。

（一）山东民营上市公司发展现状

众所周知，民营上市公司是民营企业的优秀代表，在助推经济发展、创造财政收入、引领技术创新与促进经济转型升级方面发挥着重要作用。因此，我们把民营上市公司作为一个地区经济发展活力的代表。我们主要通过上市公司数量、总市值和营业收入等指标来判断某一地区民营上市公司的整体情况。综观广东、江苏、浙江和山东的民营上市公司上述指标以及在全国民营上市公司中的占比情况，可以看出山东民营上市公司发展远远落后于广东、江苏和浙江三省。从数量来看，截至2020年末，全国沪深上市公司共计4145家，民营上市公司为2514家，民营上市公司占比为60.65%[①]。其中四省民营上市公司合计为1342家，占全国民营上市公司总量的53.38%。进一步对四省民营上市公司各项指标进行分析可以看出，山东民营上市公司无论是数量还是占比，均远低于广东、江苏和浙江三省。从市值来看，2020年末全国民营上市公司总市值为338584.14亿元，而山东民营上市公司市值的全国占比不足4%。除了上市公司数量少，山东民营上市公司的收入贡献指标与广东、江苏和浙江三省相比也存在明显差距（见表3）。

表3 广东、江苏、浙江、山东四省民营上市公司重要指标及全国占比

	数量（家）	占比（%）	市值（亿元）	占比（%）	营业收入（亿元）	占比（%）	净利润（亿元）	占比（%）
全国	2514	100.00	338584.14	100.00	113698.52	100.00	6741.50	100.00
广东	456	18.14	75523.18	22.31	23107.32	20.32	1296.00	19.22
江苏	342	13.60	39884.65	11.78	15674.41	13.79	854.01	12.67
浙江	412	16.39	46776.91	13.82	17583.18	15.46	1541.32	22.86
山东	132	5.25	13466.81	3.98	5662.91	4.98	410.21	6.08

资料来源：Wind、山东省亚太资本市场研究院。

从民营上市公司资产规模指标看，截至2020年末，全国民营上市公司总资产合计为211457.35亿元，山东民营上市公司总资产占全国的比重仅为3.68%；全国民营上市公司净资产合计为92635.09亿元，山东民营上市公司净资产占全国的比重仅为4.70%。在广东、江苏、浙江、山东四省民营上市公司中，与广东、江苏、浙江三省相比山东在总资产和净资产指标上均存在巨大差距（见表4）。此外，全国民营上市公司平均总资产规模为84.11亿元，山东民营上市公司平均总资产规模为58.94亿元，同样远低于广东、江苏、浙江三省。

① Wind数据导出时间为2021年5月7日。

表4　广东、江苏、浙江、山东四省民营上市公司资产规模及全国占比

单位：亿元，%

区域	总资产	占比	净资产	占比	市值	占比
全国	211457.35	100.00	92635.09	100.00	338584.14	100.00
广东	32120.60	15.19	15162.67	16.37	75523.18	22.31
江苏	29376.78	13.89	11611.90	12.54	39884.65	11.78
浙江	31933.69	15.10	15036.74	16.23	46776.91	13.82
山东	7780.15	3.68	4353.14	4.70	13466.81	3.98

资料来源：Wind、山东省亚太资本市场研究院。

世界各国大多用证券化率（上市公司总市值/GDP）来衡量一个国家和地区资本市场发达程度和上市公司融资水平。动态地看，历史上山东证券化率不仅一直低于其他三省，也低于全国平均水平。截至2020年末，山东民营上市公司证券化率仅为18.42%，分别比广东、江苏、浙江低49.77个、20.41个、53.98个百分点。从图10可以看出，山东民营上市公司2020年的证券化率水平仅大体相当于2013年广东民营上市公司的证券化率水平。证券化率虽然不像财务指标那样精确，至少它能从宏观上直接反映出山东省上市公司少、融资规模小等问题。而从更深层次看，证券化率水平较低是民营上市公司或民营企业整体发展质量不高的结果。更令人痛心的是，在上市公司存量与增量明显不足的同时，近年来山东省不断发生控制权变更导致民营上市公司流失的情况。根据《山东省上市公司研究报告（2020）》数据，2014～2019年山东省上市公司呈现净流出状态。统计显示，已迁出山东省并变更名称的上市公司分别是湖南天雁（600698.SH）、广泽股份（600882.SH）、宏达矿业（600532.SH）、中油资本（000617.SZ）、*ST北讯（000617.SZ）和合力泰（002217.SZ），迁出的地址多为广东、上海等营商环境好、经济发达的地区。截至2020年末，山东市值低于50亿元的上市公司共计68家，占全省上市公司的29.69%。理论上说这些上市公司被省外资本收购的可能性较大。此外，2020年龙力生物（002604.SZ）已经退市。从2020年前三季度来看，全

省民营上市公司亏损面为15.15%，多家公司在生死线上拼命挣扎。随着国务院《关于进一步提高上市公司质量的意见》的实施，退市监管将常态化，经营不善的民营上市公司面临着退市的风险。

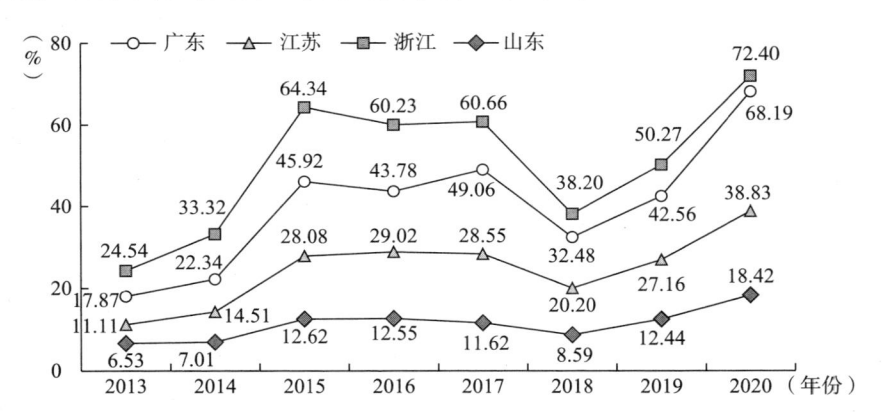

图10　广东、江苏、浙江、山东四省民营上市公司证券化率比较（2013~2020年）

资料来源：Wind、山东省亚太资本市场研究院。

（二）山东民营上市公司经营绩效分析

1. 营业收入分析

2020年，全国沪深上市公司实现营业收入529407.87亿元，同比增长3.54%。民营上市公司实现营业收入113698.52亿元，同比增长8.00%，高于全部上市公司增幅；民营上市公司营业收入占全国总营业收入的21.48%。广东、江苏、浙江、山东四省民营上市公司中山东营业收入和净利润均最低，这与山东民营上市公司数量少、规模偏小等因素有关，山东营业收入占全国的比重仅为4.95%，远低于广东、江苏和浙江三省（见表5）。

表5　广东、江苏、浙江、山东四省民营上市公司营业收入、净利润及全国占比（2020年）

	营业收入	占比	净利润	占比
全国	113698.52	100.00	6741.50	100.00
广东	23107.32	20.32	1296.00	19.22
江苏	15674.41	13.79	854.01	12.67

续表

区域	营业收入	占比	净利润	占比
浙江	17583.18	15.46	1541.32	22.86
山东	5632.91	4.95	410.21	6.08

资料来源：Wind、山东省亚太资本市场研究院。

2. 净利润分析

受疫情影响，2020年全国上市公司实现净利润43048.12亿元，同比增长1.82%，低于往年增长速度；民营上市公司实现净利润6741.50亿元，同比增长26.40%，彰显出民营企业较强的韧性。对广东、江苏、浙江、山东四省民营上市公司净利润占全国民营上市公司净利润比重进行比较分析发现，山东占比为6.08%，均远低于广东和浙江。净利润是评价民营上市公司赢利能力、管理绩效及发展潜力的基本指标，也是反映和分析民营上市公司发展质量的综合指标，从这一角度来讲，山东民营企业与广东、江苏、浙江三省相比存在较大差距。

3. 资产负债率分析

在公司金融学中，资产负债率是个既敏感又饱受争议的指标，对于不同行业、不同规模甚至不同发展时期的企业来说，很难用一个标准来判断其资产负债率合理与否。但对于民营企业而言，由于存在普遍的融资约束，企业无一例外地会追求更高的资产负债率。截至2020年末，全国民营上市公司资产负债率平均水平为56.19%。广东、江苏、浙江、山东中江苏民营上市公司高于这一水平，浙江和广东较为接近平均值，而山东仅为44.05%，低于全国民营上市公司平均值12.14个百分点（见图11）。山东民营上市公司资产负债率过低显然不能用上市公司具有低风险偏好和经营保守来解释。民营上市公司资产负债率指标过低掩盖了宏观经济方面存在的两类问题。一方面，山东民营上市公司经营状况持续恶化；另一方面，普遍存在的融资难、融资贵问题不仅制约着一般民营企业的发展，也制约着上市民营公司的发展。

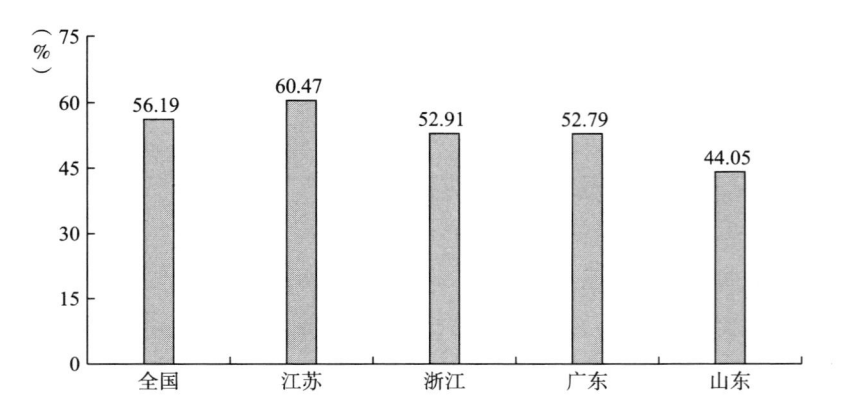

图11 全国及广东、江苏、浙江、山东四省民营上市公司资产负债率（2020年）
资料来源：Wind、山东省亚太资本市场研究院。

（三）山东民营上市公司对经济发展的贡献

1. 对GDP的贡献

上市公司营业收入/GDP反映了一个国家和地区的经济发展质量。山东民营上市公司营业收入/GDP不仅反映了其民营企业的整体发展状况，也反映了民营上市公司对山东的经济贡献，从某种程度上看，这一指标对于判断一个地区经济发展质量来说至关重要。山东民营上市公司营业收入/GDP均远低于广东、江苏和浙江三省，同时低于全国平均水平（见图12）。更重要的是，营业收入意味着税收贡献，税收贡献决定着财政收入贡献，从这一点来讲，山东培育重点民营企业已经刻不容缓。

2. 税收贡献

毋庸置疑，民营企业已成为山东省重要税源企业之一。民营上市公司的税收贡献可以直接反映民营企业的税收贡献。由于上市公司年报中不披露年度纳税总额，在本部分的分析中，我们采用上市公司年报中利润总额与净利润的差获得近似企业所得税，再与年报中"应缴税费"项相加，近似得到企业所缴纳的全部税款。计算中的全部数据均来自Wind数据库。通过计算近几年民营上市公司纳税情况，广东、江苏和浙江三省民营上市公司纳税金额整体呈现快速增长态势，相比之下，山东民营上市公司纳税额增长缓慢，与广

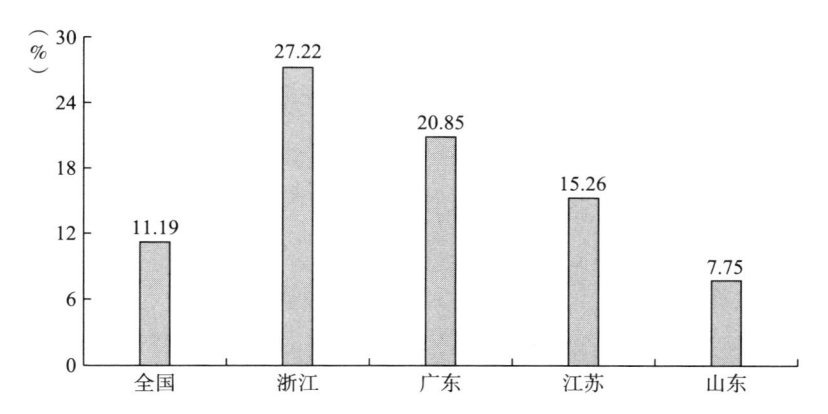

图12 全国及广东、江苏、浙江、山东四省民营上市公司营业收入/GDP（2020年）
资料来源：Wind、山东省亚太资本市场研究院。

东、江苏、浙江三省的差距越来越大。2019年后山东民营上市公司纳税贡献甚至有所下降。2015年，广东、江苏、浙江纳税金额分别是山东的4.08倍、3.48倍和4.82倍，2020年末，这一比例扩大至4.98倍、4.92倍和6.32倍（见图13）。

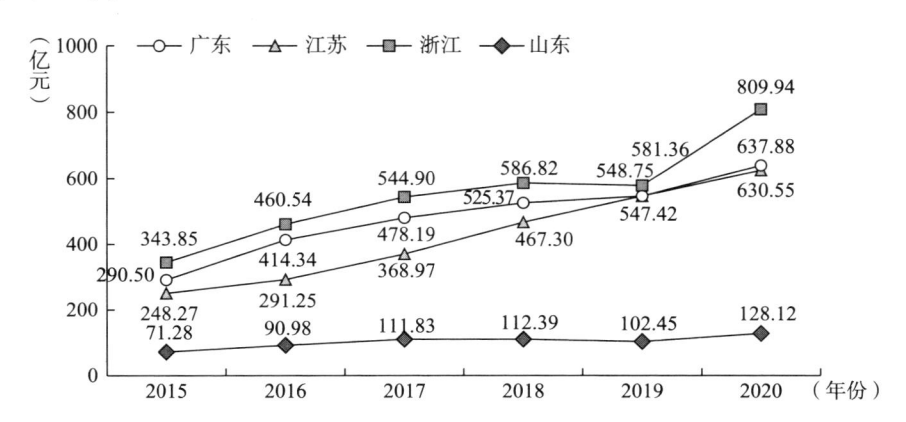

图13 广东、江苏、浙江、山东四省民营上市公司税收统计（2015~2020年）
资料来源：Wind、山东省亚太资本市场研究院。

3. 科研创新贡献

根据科技部《全国科技经费投入统计公报》数据，2020年山东省民营企业的R&D经费贡献了70%以上的技术创新成果。这意味着，要改变全省研发投入不足的局面，提高研发经费投入强度，关键在于加大民营企业的研发投入。目前，从资本市场的情况看，党的十八届五中全会提出的"创新驱动"发展理念，极大地唤醒了民营上市公司的创新意识和竞争意识，而科创板的建立和注册制的实施，使民营企业比以往更加重视对科研的投入。2019年，山东省研发经费为1494.7亿元，比广东、江苏、浙江三省都少，仅为广东的48.24%（见图14）。2020年，山东省民营上市公司研发经费支出为163.49亿元，占全省研发经费（1494.7亿元）的10.94%，均比广东、浙江、江苏低（见图15）。根据2020年年报披露的最新数据计算广东、江苏、浙江和山东四省民营上市公司研发经费本省占比，浙江为32.34%，广东为24.49%，江苏为13.54%，山东为8.66%（见图16）。从民营上市公司研发经费本省占比这一项指标看，浙江、广东民营上市公司已经成为研发主力军之一。进一步分析民营上市公司研发经费占营业收入比重，2020年山东仅为2.49%。根据中国证监会关于科创板IPO上市相关规定，研发经费占营业收入比重超过5%是最基本的条件，上述民营上市公司研发统计数据和计算结果可以解释近年来山东省上市公司数量与其他省份差距越来越大的原因。同时，也可以解释近年来山东省申请科创板上市的企业、独角兽企业的数量大幅落后于其他省市的原因。

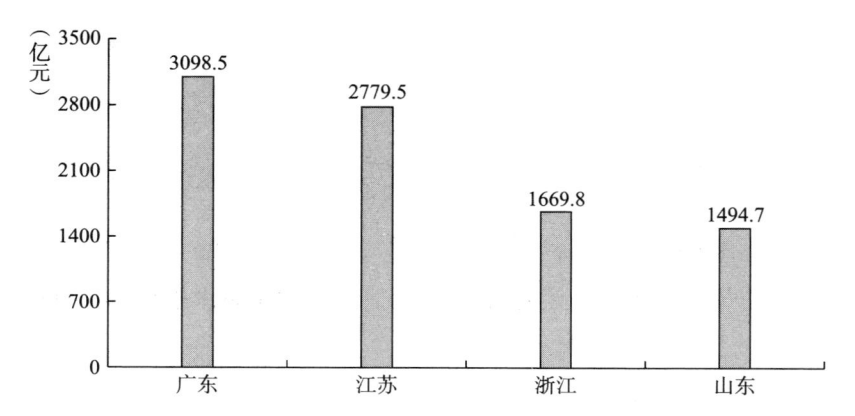

图14 广东、江苏、浙江、山东四省研发经费支持统计（2020年）
资料来源：国家统计局、山东省亚太资本市场研究院。

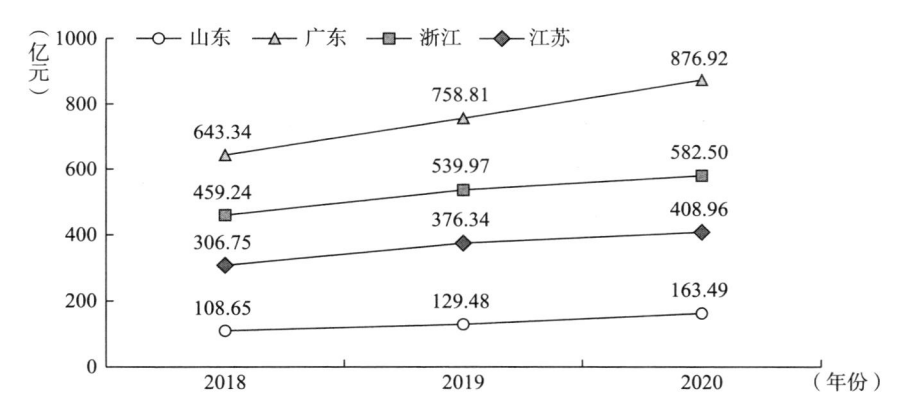

图15　广东、江苏、浙江、山东四省民营上市公司研发经费统计（2018～2020年）

资料来源：Wind、山东省亚太资本市场研究院。

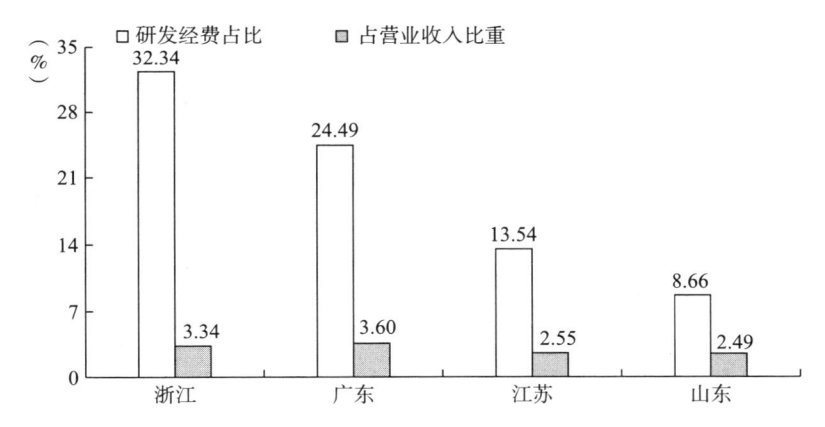

图16　广东、江苏、浙江、山东四省民营上市公司研发经费本省占比及营业收入占比（2019年）

资料来源：国家统计局、Wind、山东省亚太资本市场研究院。

六　山东民营及中小企业高质量发展建议

2018年11月，习近平总书记在全国民营企业座谈会上说过："当前一些民营经济遇到的困难是现实的，甚至相当严峻，必须高度重视。同时，也要认识到，这些困难是发展中的困难、前进中的问题、成长中的烦恼，一定能在发展中得到解决。"客观地说，在当下的宏观经济背景下，使民营及中小企业克服困难，摆脱经营困境，需要各方共同努力。如果从企业的角度看，实现高质量发展的根本出路在于从产业、产品和生产方式三个方面加快推进转型升级，按照习近平总书记指出的"要练好企业内功，特别是要提高经营能力、管理水平，完善法人治理结构"，"增强创新能力和核心竞争力"。从政府和社会角度看，应当营造真正有利于民营及中小企业发展的营商环境和社会环境。当前，全省民营及中小企业最迫切需要解决的问题是，缓解融资约束、增加研发投入和加快数字化转型。为此，本报告提出五个方面的建议。

（一）加大力度推动山东省各种民营及中小企业政策实施

一是结合党的十九届五中全会精神，从新发展理念、创新驱动、构建双循环发展格局等方面，加大对民营及中小企业的政策宣传力度。组织省、市、县三级工作专班，通过集中宣讲、企业座谈、进企调研等方式，综合利用电视、报纸、政务微博、政务微信等媒介，持续开展政策宣传解读工作，提升民营及中小企业政策知晓度。二是建立功能完善的政策信息发布平台。2017年7月，工信部出台《国家中小企业公共服务示范平台认定管理办法》，要求各级政府建立中小企业公共服务示范平台。山东省应在省级平台基础上，进一步搭建跨部门的民营企业政策信息互联网发布平台，及时汇集各类政策和政府服务信息，为全省民营及中小企业提供"一站式"政策服务。三是完善政策配套体系。贯彻落实习近平总书记关于"两个不动摇"系列讲话精神和《关于促进中小企业健康发展的指导意见》《关于加强金融服务民营企业的若干意见》等文件精神，及时制定出台山东省精准补短板政策，不断提高民营企业的政策获得感和满意度。四是编制国家和山东民营及中小企业政策汇编和办事指南，列明各种支持优惠政策的优惠对象、申请条件和办理流程等具体事项，采取线上线下相结合的方式，向不同类型民营及中小企业精准推送政策。

（二）建立以小微金融为主体的普惠金融体系，缓解融资约束

2020 年 7 月，习近平总书记在企业家座谈会上提出，要强化对市场主体的金融支持，发展普惠金融，有效缓解企业特别是中小微企业融资难、融资贵问题。世界各国普惠金融实践以及联合国、世界银行、G20 等发布的关于普惠金融的指导性文件给我们两点启示：一是普惠金融主要是为中小微企业、"三农"和低收入群体提供信贷服务；二是建立以小微金融为主体的普惠金融体系是发展普惠金融的关键。统计表明，短期内提高山东省贷款规模和民营及中小企业贷款占比的可能性不大，因此，应充分发挥小微金融机构数量众多的优势，尽快建立普惠金融体系。具体地说，就是以小贷公司为突破，建立以小微金融为主体的普惠金融体系，发挥小微金融机构服务中小企业的作用。截至 2020 年末，山东省共有小贷公司 371 家[①]。到 2020 年末，小贷行业资本金为 543.24 亿元，本年累计发放贷款 507.92 亿元，贷款余额 555.50 亿元，实现营业收入 27.91 亿元。其中，累计发放涉农贷款 124.75 亿元，小微企业贷款 333.46 亿元，分别占全部贷款的 24.56%、65.65%。从贷款期限来看，1~12 个月贷款 472.42 亿元，占全部贷款的 93.01%；12 个月及以上的贷款 35.50 亿元，占全部贷款的 6.99%。全省近 400 家小贷公司正常营业的不足 100 家，超过 80% 的小贷公司处于停业状态，成为"僵尸小贷"，凝固了几百亿元的资本金，造成大量信贷资源浪费。2021 年 2 月 24 日，山东省地方金融监督管理局发布拟列入"失联"或"空壳"名单的小额贷款公司名单，显示共有 76 家小额贷款公司"失联"或成为"空壳"。《关于促进全省小额贷款公司持续健康发展的通知》提出，鼓励小贷公司通过增资扩股、并购重组、股权转让等方式，优化股权结构。建议省政府指定一家国有金融或类金融企业作为注资平台，选择约 100 家"僵尸小贷"，政府采用发行专项债券的方式募集 150 亿~200 亿元资金，再通过国有平台对小贷公司进行注资，使每家小贷公司注册资本金达到 3 亿元以上。小贷公司

---

① 此为山东省地方金融监管局公布数据，中国人民银行网站公布数据为 291 家。

增资扩股后，国有平台公司成为金融控股公司，专注于资源整合与风控管理。在统一后台技术系统、统一合规风控、统一数据与信息处理和统一人员培训的前提下，国有平台公司负责与商业银行对接，为小贷公司解决融资问题（小贷公司同样面临融资难问题）；国有平台公司负责与国有担保公司对接，为小贷公司提供融资担保。同时，国有平台公司还负责与财政部门对接，落实各种优惠政策。按照对小贷公司贷款规模与资本金之比的监管规定，如果"僵尸小贷"注资成功，至少可以为全省中小企业增加 1000 亿元的信贷规模，如果其他小微金融机构也能增资并适当提高贷款比，中小企业信贷规模将增加 2000 亿~3000 亿元。

（三）设立国家级中小企业可持续发展综合试验区

一直以来，为了解决融资约束、营商环境以及劳动用工等诸多困扰民营及中小企业发展的问题，党中央、国务院已经出台一系列相关政策，山东省委、省政府也先后出台《关于支持非公有制经济健康发展的十条意见》和《关于支持民营经济高质量发展的若干意见》等文件。但是这些政策在执行和实施过程中涉及很多部门，有的可能与以往的部门政策不一致，从而出现"神仙打架"现象，使新出台政策很难见效，有的即使当时产生效果也很难持续。这使困扰民营及中的小企业发展的问题长期得不到解决。比如，为解决中小企业融资难问题，政府出台政策要求提高中小微企业贷款比例和贷款不良率容忍度，但金融监管部门在宏观审慎监管框架下考核银行不良率时，不会考虑中小微企业贷款不良率高的因素。因此，金融机构在开展普惠金融业务时，很难真心以解决中小企业困难为目的，而是以不违反监管规定的原则开展业务。为了解决"神仙打架"问题，建议省政府报请国务院批准，在山东省建立国家级中小企业可持续发展综合试验区。

统筹考虑将中小企业可持续发展综合试验区设在自由贸易试验区所在城市，既可以将自由贸易试验区优惠政策移植于中小企业可持续发展综合试验区，又可以将中小企业可持续发展综合试验区作为自由贸易试验区的扩区内容，按照习近平总书记对自由贸易试验区提出的"大胆闯、大胆试、自主改"的要求，先行先试。以普惠金融为制度创新突破口，设立专门为中小企业提供融资服务的普惠金融机构和平台。探索一切有利于中小企业健康发展的改革措施，打造有利于中小企业生存和发展的"四最"环境，把试验区建设成国内审批事项最少、办事效率最高、投资环境最优、市场主体获得感最强的样板工程。一是营造公平竞争的市场环境。按照竞争中性原则，坚决打破各种隐性壁垒，落实"非禁即入"，支持民间资本参与重大基础设施建设，加大对民办教育、医疗财政补助和人才待遇保障队伍建设的支持力度，在市场准入、审批许可、招投标、军民融合等方面营造公平竞争环境。二是营造便捷高效的政务环境。持续深化"放管服"改革，落实公平竞争审查制度，继续压缩重点事项审批时限，"一企一策"帮助企业解决发展中遇到的困难。加快构建"亲""清"政商关系，对各种刁难限制民营企业发展的行为进行追责问责。三是营造公平公正的法治环境。加快修订知识产权保护、反不正当竞争等地方性法规，开展涉及民营经济发展的法规、规章的立改废释工作；建立民营企业投诉维权中心，健全申诉维权协调机制，依法保护企业家人身和财产安全。

（四）尽快启动全省民营经济高质量发展行动计划

2020年11月，山东省促进非公有制经济发展工作领导小组办公室出台《山东省民营经济高质量发展三年行动计划（2020－2022年）》，提出了6个专项行动和22项具体措施，推动全省民营经济高质量发展。山东省迫切需要将解决全省民营及中小企业面临的困难作为行动计划的重要目标。困扰和制约民营及中小企业发展的问题不解决，高质量发展则无法实现。为此，建议分别组成省级工作专班，负责推动6个专项行动的实施。具体地说，就是由各个工作专班负责专项行动的开展，及时反馈专项行动实施过程中出现的各种情况，从而对专项行动的实施进度、实施质量和绩效进行考核。6个专项行动中至关重要并且可以量化的内容是"市场主体培育专项行动"和"融资促进专项行动"。将这两项专项行动计划进行目标量化，层层分解，落实到每个政府部门、每个城市和每个相关人员，并作为年度考核内容的重要指标。比如,"融资促进专项行动"包含健全多层次信贷服务体系、强化基金支撑、开展应急转贷服务、发展供应链金融4项措施,省工信厅每年应当公布全省"十强"产业中高成长性中小企业和科技初创小微企业获得政府引导基金和社会资本的投入情况;山东省地方金融监管局每年应当公布全省应急转贷资金规模、应急转贷服务企业的家数和名单等数据,让全省民营及中小企业体验看得见、摸得着的获得感。对于"政策落实"和"产业升级"等不能量化的专项行动,应当结合全省民营及中小企业发展现状推进实施。比如,考虑到全省研发经费投入强度连年下降的现实,在实施"政策落实专项行动"和"产业升级专项行动"时,应当配套一些更具体的政策内容。一是利用全社会科研资源支持民营企业研发创新。鼓励全省高校和科研机构向社会和企业开放科研资源,与企业联合进行科研攻关。省市财政给予一定比例研发投入补助。支持企业参与实施科技重大项目,建立创新中心、技术中心、工业设计中心等研发平台,推动产学研用深度融合。二是鼓励社会力量参与民营企业技术改造。鼓励全省高校和科研机构的科研人员、社会人员以设备、资金、专利和软件著作权等有形资产和无形资产参与民营企业技术改造。加大对民营企业技术改造产生显著经济效益的项目的投入力度,加大奖励和贴息贷款支持力度,探索实施企业技术改造投资项目承诺制,推动企业向高端制造、智能制造和绿色制造转型升级,实现全省规模以上民营制造业企业技术改造和转型升级全覆盖。三是扎扎实实地实施"孕育萌生"计划、"春笋拔节"计划、"热带雨林"计划和"跨越登峰"计划。鼓励企业瞄准国际标杆和珠三角、长三角优秀民营企业,聚焦实业主业做强做优,推动企业进行规范化公司制改制,力争每年有4000家企业升规纳统,尽快将规模以上工业企业数量和规模以上工业企业营业收入恢复到历史最好水平;培育一批"专精特新"、瞪羚和独角兽企业;建立新跨越民营企业储备库,加强分类指导和政策引导,支持优质民营企业通过IPO上市、收购兼并等做大做强。

（五）建立完善有效的民营及中小企业服务保障体系

一是按照《行动计划》建立和完善全省民营及中小企业公共服务体系。打造一批小型微型企业创业创新示范基地、科技企业孵化器、众创空间、创业孵化基地等载体，为创业者和小微企业提供全方位服务；进一步健全中小企业公共服务平台体系，规范中介服务机构行为，实现公共服务专业化、网络化、精准化。建立完善对民营及中小企业的统计调查、监测分析和定期发布制度。二是培育和建设企业家人才队伍。加强产业领军人才、企业经营管理人才和高技能人才等的引进培养，培育优秀企业家。定期组织举办省级、市级企业家培训班和金融资本市场、高新技术、政策法规等专题研讨班和培训班，加强对全省青年企业家的培养；健全政企沟通长效机制，把征求企业家意见作为制定涉企政策的必要程序，重视民营企业家的意见和呼声。三是加快实施全省民营及中小企业数字化转型。由工信部门牵头，成立省、市、县三级"企业数字化转型工作专班"，按照《数字山东发展规划（2018－2022年）》和《山东省支持数字经济发展的意见》等文件精神，督促落实省委、省政府已出台的政策要求，全力推进全省民营及中小企业数字化转型工作。从调研情况看，依靠自发力量很难完成民营及中小企业数字化转型。根据麦肯锡最新研究报告，企业自发进行数字化转型成功的只有20%。因此，政府部门不仅要引导企业数字化转型，还要为企业数字化转型提供必要的支持。通过举办省、市、县三级企业数字化转型研讨班和培训班等活动，加强对企业管理者数字化思维的培养和数字化转型成功案例的宣传。举办这些活动，中小企业能完成数字化培训，得到与数字化转型相关的功能指导，了解常用的数字化平台的功能和价值，明确转型线路和预期收益。发挥省内高校、科研院所、数字化转型样板企业以及行业协会的作用，组织专家咨询团队深入企业一线进行直接指导，同时加大专题培训力度，为企业持续输送符合转型工作要求的人才。让中小微企业从"不会转"变成"我会转"；从"不能转"变为"马上转"。四是加强对企业家的关爱和保护，弘扬企业家精神。2020年7月，习近平总书记在企业家座谈会上讲话时提出："弘扬企业家精神，推动企业发挥更大作用实现更大发展，为经济发展积蓄基本力量。"要把落实总书记关于弘扬企业家精神和保护企业家的系列讲话精神落实到服务民营及中小企业的具体行动中。推荐符合条件的优秀民营企业家作为各级党代表、人大代表、政协委员候选人，让民营企业家政治上有地位；总结山东省优秀民营企业创业创新典型，大力宣传优秀民营企业家先进事迹，增强民营企业家的荣誉感和使命感。

B.6 山东省100强民营企业分析报告（2020）

山东省工商业联合会*

摘　要：2020年，山东省100强民营企业遍及全省的15个市，产业结构相对稳定，第二产业比重高，制造业持续占据主导地位。100强民营企业取得了来之不易的成绩：经营效益显著回升，产业领军企业快速成长，企业政策获得感提高，技术话语权逐渐增强，企业规范化程度提升，科研投入加大，社会责任意识进一步提高，自觉融入国家发展大局。在取得显著成绩的同时，山东省100强民营企业也面临着一些问题：区域分布不均衡，第二产业比重偏高，部分行业转型升级较慢，行业效益差距明显，企业创新投入受到制约，企业成本问题依然突出，国际化经营仍面临挑战。2020年末，山东实有民营经济市场主体1169.8万户，100强属于山东民营企业的优秀代表，是各项产业中的领军代表，应该抓住国家大力支持发展民营经济的历史机遇，为实现"七个走在前列""九个强省突破"贡献应有之力。

关键词：山东省　100强民营企业　制造业

---

* 山东省工商业联合会成立于1954年12月，是中国共产党领导的以非公有制企业和非公有制经济人士为主体的人民团体和商会组织。课题组感谢山东省工商业联合会对《山东省民营及中小企业发展报告（2020~2021）》的支持。

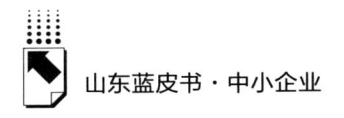

一 概述

2020年是全面建成小康社会和"十三五"规划收官之年，更是机遇与挑战并存的一年。我国促进民营企业发展的政策不断出台，民营经济发展环境持续优化，聚焦高质量发展、构建新发展格局、推动区域协调发展、共建"一带一路"等政策为民营企业发展带来重要机遇。但制约民营企业发展的障碍仍然存在，特别是新冠肺炎疫情给民营企业带来了严峻的挑战。

党和政府作为民营企业发展的坚实后盾，始终为民营企业抓住机遇、应对挑战创造有利条件。2020年新年到来之前，中共中央国务院印发了《关于营造更好发展环境 支持民营企业改革发展的意见》，指出要坚持新发展理念，坚持以供给侧结构性改革为主线，营造市场化、法治化、国际化营商环境，保障民营企业依法平等使用资源要素，公开、公平、公正参与竞争，平等受到法律保护，推动民营企业改革创新、转型升级、健康发展。2020年9月，习近平总书记对新时代民营经济统战工作做出重要指示，强调坚持"两个毫不动摇"，更好地推动民营经济健康发展。2020年12月，省委书记刘家义在山东省民营经济统战工作会议上强调，山东要强，民营经济必须强，民营经济人士队伍必须强。要深入学习贯彻党的十九届五中全会精神和习近平总书记关于新时代民营经济统战工作的重要指示精神，坚持"两个毫不动摇""三个没有变"，坚持信任、团结、服务、引导、教育的方针，抓好民营经济统战工作，促进民营经济高质量发展。

过去的一年中，山东省委、省政府立足新发展阶段，不断优化营商环境，进一步支持民营经济高质量发展，深化"放管服"改革，大力推进减税降费，着力解决融资难、融资贵问题，开展数字化赋能建设，鼓励产业转型升级，营造创新创业氛围，积极营造促进非公有制经济健康发展的良好氛围，引导全省民营企业乘势而上求突破、发奋图强开新局，为实现"七个走在前列""九个强省突破"贡献应有之力。《2020年山东省国民经济和社会发展统计公报》显示，年末实有民营经济市场主体数量增长14.40%，个体工商户数量增长14.00%。山东省100强民营企业在过去一年超出预期的困难和挑战下，取得了来之不易的成绩。

（1）经营效益明显回升，经济形势逐渐向好。2020年度山东省100强民营企业的营业收入、资产总额、税后净利润三大经营指标均有所回升。入围企业户均营业收入为346.95亿元，同比增长8.13%；平均资产总额为250.99亿元，同比增长5.59%；平均税后净利润为13.80亿元，同比增长19.99%。同时，100强民营企业的整体资产负债率从2019年的60.40%下降至2020年的56.60%。

（2）产业领军企业快速成长，新旧动能转换成效显著。新旧动能转换是打开山东经济高质量发展大门的"金钥匙"。在山东省十强产业中的高端化工、现代农业、高端装备、医养健康、现代海洋、新一代信息技术、新材料新能源以及现代物流八大产业中，有25家民营企业入围民营企业100强。高端化工产业有9家企业入选，仍居第一位，高端装备、新材料新能源以及现代物流三个行业在2020年开始崭露头角，均开始出现100强民营企业。十强产业整体呈现"稳中提质、稳中向好"的显著特征。

（3）营商环境日趋优化，企业政策获得感提高。政府从政策、服务、法律、观念等方面"多管齐下"，提高服务效能，营商环境得到进一步优化。64家企业获得了不同形式的纾困扶持，66家企业表示政府服务企业力度加大，55家企业表示税费负担有所降低，51家企业表示"亲""清"政商关系得到确立。政府工作得到广泛认可，企业政策获得感提高，满意度高。

（4）坚持创新驱动发展，技术话语权逐渐增强。山东省100强民营企业户均专利拥有量再创新高，达到317.64项，实现连续5年的增长；平均投入研发费用5.28亿元，较2019年增加6.02%。近半数的山东省100强民营企业已制定数字化转型战略规划，培养和引进数字化专业人才；87家企业已根据数字化转型需要进行了局部甚至整体的布局；72家企业参与制定了国际、国家、行业或团体标准，掌握技术标准话语权。

（5）积极响应国家战略，自觉融入国家发展大局。2020年，山东省100强民营企业积极投身国家战略，33家企业参与混合所有制改革，77家企业参与乡村振兴战略，93家企业参与污染防治攻坚战，45家企业参与"两新一重"战略，52家企业参与区域协调发展。其中参与区域协调发展的企业数量相较于2019年增加27家，增幅达108%。

（6）信用建设扎实推进，企业规范化程度显著提升。山东省100强民营企业均已建立企业诚信文化，重视企业信用建设，积极参与商会、协会开展的行业自律、商会企业联合自律等活动。多数企业在守法合规经营制度、预防财务违规制度等7个方面建立了较为完备的信用制度体系，73家企业有法务部等专设法律机构，22家企业常年聘请法律顾问，依法合规经营，能够运用法律武器维护自身的合法权益。

（7）积极履行社会责任，回馈社会彰显担当。山东省100强民营企业拉动就业能力持续增强，2020年户均员工人数为10229人，较2019年增长7.61%。71家企业积极响应号召，参与了"万企帮万村"精准扶贫计划。企业的社会责任意识进一步提高，2020年有52家企业发布了社会责任报告，99家企业参与社会捐赠，较2019年增加2家，达到近6年来的最大值。

（8）积极推进党建工作，打造红色发展引擎。山东省100强民营企业普遍重视企业党建工作，90家企业的主要负责人是中共党员，73家企业的党员出资人在企业党组织中担任书记，88家配备了专职党务工作者，企业高管中党员比例较高。

（9）减税降费成效显著，有力减轻企业负担。近两年来，民营企业纳税额明显降低，2020年山东省100强民营企业户均纳税额为10.63亿元，较2019年减少14.89%。减税降费有效减轻了企业负担，提振了民营企业克服新冠肺炎疫情冲击的决心，山东省100强民营企业2020年度平均税后净利润为13.80亿元，同比增长20.00%，赢利能力有了明显的提高。

（10）新冠肺炎疫情影响深远，多措并举化危为机。2020年，新冠肺炎疫情在全球的蔓延使得大部分企业的产品出口及其他海外业务受到冲击。随着疫情实现常态化防控，企业采取数字化转型、加大融资力度、扩大产能等措施积极做出调整，不断探索疫情影响下企业的新发展模式，成效显著。医疗制造业等行业的28家企业抓住机遇，实现整体运营逆势上涨，另有39家企业小幅上涨，多数企业预计2021年有望实现利润的大幅增长。

（11）顺应新发展格局，抢抓机遇加快发展。2020年，以习近平同志为核心的党中央提出以国内大循环为主体、国内国际双循环相互促进的新发展格局。山东省在高能级开放平台的创新引领下，重大经贸活动的溢出效应和服务效能不断提升，构建新发展格局迈出第一步。山东省100强民营企业积极融入新发展格局，76家企业聚焦实业、做精主业，防范化解风险；71家企业实施数字化转型，培育新业态、新模式；67家企业进一步加强创新，参与或实施关键领域核心技术攻坚；60家企业积极扩大有效投资，实现自身结构调整；45家企业充分利用国内、国际两个市场两种资源，实现高质量"引进来"和高水平"走出去"；33家企业积极参与新型城镇化和城乡区域协调发展。

山东省100强民营企业在取得显著成绩的同时，也面临着以下问题。

（1）区域发展不均衡，中东部发展领先。山东省100强民营企业遍及15个市，但区域分布不均衡，东营、潍坊以16家100强民营企业的数量并列第一位，青岛以13家企业位居第三。区域的营收总额和资产总额存在较大差异，滨州、东营、潍坊、烟台和青岛等市的财务指标居于绝对领先地位。

（2）行业效益差异明显，需进一步提质增效。2020年山东省100强民营企业的经营效益较2019年呈现小幅上涨，但行业间仍存在明显差异。从销售净利率、资产净利率、净资产收益率等经营效益指标来看，2020年度山东民营企业100强中有5个行业的销售净利率高于10%，另外有5个行业的销售净利率不足2%；有2个行业的资产净利率高于10%，另外有5个行业的资产净利率不足2%；有3个行业的净资产收益率高于20%，但仍有8个行业的净资产收益率不足10%。由此可见，部分行业仍待进一步转型升级。

（3）产业结构仍待调整，新动能尚未壮大。山东省100强民营企业的产业结构不均衡，第二产业中石油、煤炭及其他燃料加工业，建筑业等行业相对集中，先进制造业尚需培育壮大。十强产业中文化旅游、现代金融（私募股权）等产业还缺少标杆性民营企业，新动能培育力度仍需进一步加大。

（4）企业创新投入受制约，体制机制仍需优化。山东省100强民营企业的研发强度整体呈下降趋势，投入资金不足成为困扰企业技术创新的一大因素，65家企业从外部获取的经费支持占企业2020年度研发费用的比例小于5%，缺少外部资金支持。此外，缺乏成果转化平台、外部市场不确定性大、技术市场不健全等外部因素也制约着企业的科技创新。企业的创新发展环境越发严峻复杂，更要坚定不移地深化改革，破除各方面的体制机制障碍。

（5）成本问题依然突出，"降成本"仍需加力。成本负担上升仍是山东省100强民营企业转型升级的主要动因之一，各类成本不同程度地影响企业转型升级的进程。其中，原材料成本、融资成本及缴税负担对企业转型升级的影响较大，阻碍了企业转型升级的进程，"降成本"问题仍需进一步解决。

（6）海外投资受阻，国际化经营仍面临挑战。2020年受新冠肺炎疫情影响，山东省100强民营企业中海外投资企业数量急剧下滑，相较于2019年降低13.88%。在中美发生贸易摩擦和单边主义抬头的大背景下，关税导致众多企业对美出口成本增加，业务萎缩，山东省100强民营企业的国际化进程仍需面对一系列挑战。

二 区域分布和产业结构分析

2020年，山东省100强民营企业遍及全省15个市，但区域分布不均衡。产业结构相对稳定，第二产业比重高，制造业持续占据主导地位。十强产业中涌现出25家100强民营企业，新动能培育初见成效。整体经营效益小幅回升，但地区间、行业间的经营效益差异明显，部分行业仍待进一步转型升级。

（一）区域分布情况

1. 100强民营企业的区域分布相对集中

山东省100强民营企业来自全省的15个市，其中东营、潍坊以16家

100强民营企业的数量并列第一位，青岛市以13家入选企业位居第三（见图1）。100强民营企业的区域分布不均衡，主要集中于东营、潍坊、青岛、滨州、淄博、烟台、泰安7个地市，占总数的76%。聊城、菏泽、德州等市入围企业较少，枣庄未有企业入选。

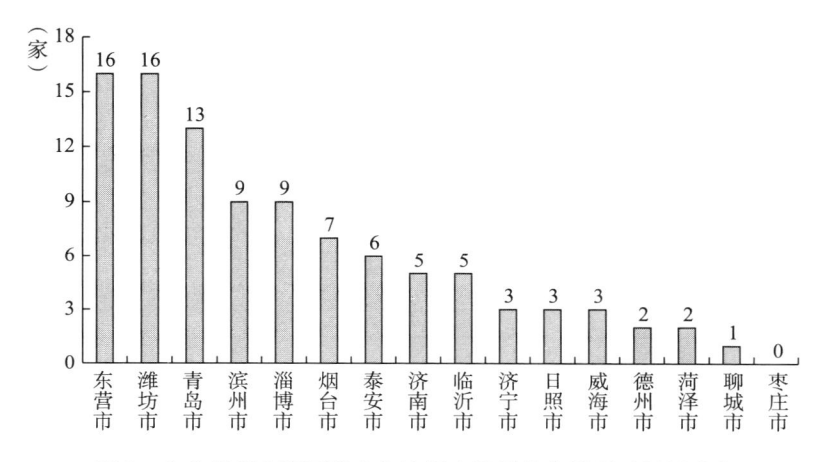

图1 山东省100强民营企业地级市数量分布情况（2020年）

资料来源：山东省统计局、山东省工商业联合会。

2.地区间民营企业营收总额和资产总额差异较大

如表1所示，以营收总额和资产总额计算，东营、滨州、潍坊、青岛、烟台位列前五，其中，营收总额最多的为东营市（7091.01亿元），资产总额最多的为滨州市（4423.40亿元）。因100强民营企业数量、民营经济发展水平存在差异，不同城市的营收总额和资产总额差距较为悬殊。

表1 山东省100强民营企业营收总额和资产总额的地级市分布（2020年）

排名	所在地区	入围企业数（家）	营收总额（亿元）	占比（%）	资产总额（亿元）	占比（%）
1	东营市	16	7091.01	20.44	3765.19	15.00
1	潍坊市	16	3545.30	10.22	2378.97	9.48
3	青岛市	13	3246.69	9.36	2039.75	8.13
4	滨州市	9	5739.54	16.54	4423.40	17.62
4	淄博市	9	2297.51	6.62	1534.04	6.11

续表

排名	所在地区	入围企业数(家)	营收总额(亿元)	占比(%)	资产总额(亿元)	占比(%)
6	烟台市	7	2730.6	7.87	2716.14	10.82
7	泰安市	6	1106.18	3.19	689.16	2.75
8	济南市	5	1516.89	4.37	1131.64	4.51
8	临沂市	5	1349.70	3.89	1694.44	6.75
10	济宁市	3	1078.06	3.11	738.42	2.94
10	日照市	3	1396.23	4.02	1551.96	6.18
10	威海市	3	986.44	2.84	847.99	3.38
13	德州市	2	915.76	2.64	652.66	2.60
13	菏泽市	2	1176.75	3.39	631.67	2.52
15	聊城市	1	518.59	1.49	303.67	1.21

资料来源：山东省统计局、山东省工商业联合会。

3.各市纵向发展状况呈现差异

通过对各市2019～2020年入围100强的企业数量、营收总额、资产的变动情况进行比较，可以清晰地看出各市两年间的纵向发展状况。

从100强民营企业地级市数量分布变动情况来看，多数地区2020年入围企业数量与2019年基本持平，少部分地区有明显变化。其中：潍坊2020年入围企业16家，较2019年增长1家，追平东营，两地并居第一位；烟台2020年以新增3家入围企业的数量超越泰安、济南、临沂三地，呈迅猛发展态势；临沂2020年入围企业较2019年减少3家，排名暂有后退（见图2）。

从100强民营企业营收总额地区分布变动情况来看，2020年多数地区的营收总额较2019年有不同程度的增长，部分地区的营收总额占比较2019年呈现明显的变化（见图3）。其中，东营（7091.01亿元）和滨州（5739.54亿元）的营收总额保持稳步增长态势，仍以绝对领先优势分别占据第一、第二位。由于入围企业数量增长较快，2020年烟台的营收总额呈现大幅增长，增幅达188.50%，营收总额占比由2019年的2.95%提升至7.87%。临沂和济宁2020年的营收总额和占比均有明显下降。

如图4所示，东营100强民营企业的资产总额较2019年有明显下降，

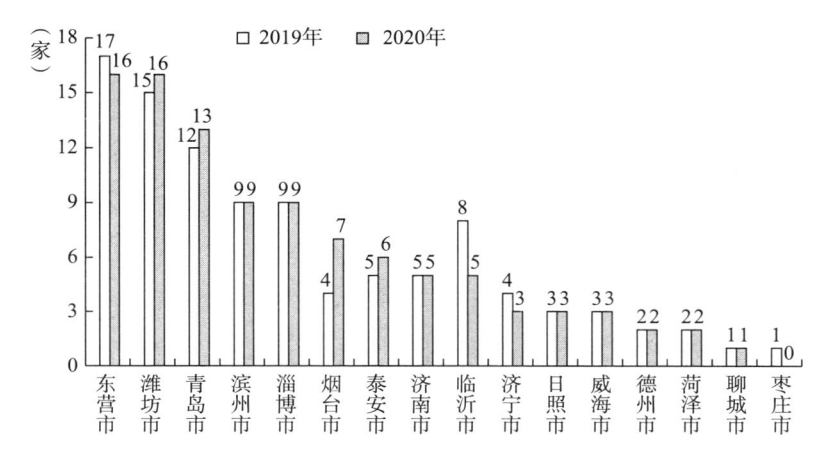

图 2　山东省 100 强民营企业地级市数量分布变动情况（2019～2020 年）
资料来源：山东省统计局、山东省工商业联合会。

图 3　山东省 100 强民营企业营收总额地级市分布变动情况（2019～2020 年）
资料来源：山东省统计局、山东省工商业联合会。

降幅为 32.49%，资产总额占比由 2019 年的 23.46% 降至 15.00%。由于入围企业数量增长较快，2020 年烟台的资产总额大幅增长，增幅达 271.18%。临沂和济宁 2020 年的资产总额和占比均有下降。

4. 县域发展得益于民营经济推动

在 2020 年度全国百强县评选中，山东省的 78 个县及县级市中共有 13 个入选，在山东省县域中占 16.67%。从山东省 100 强民营企业数量的县域

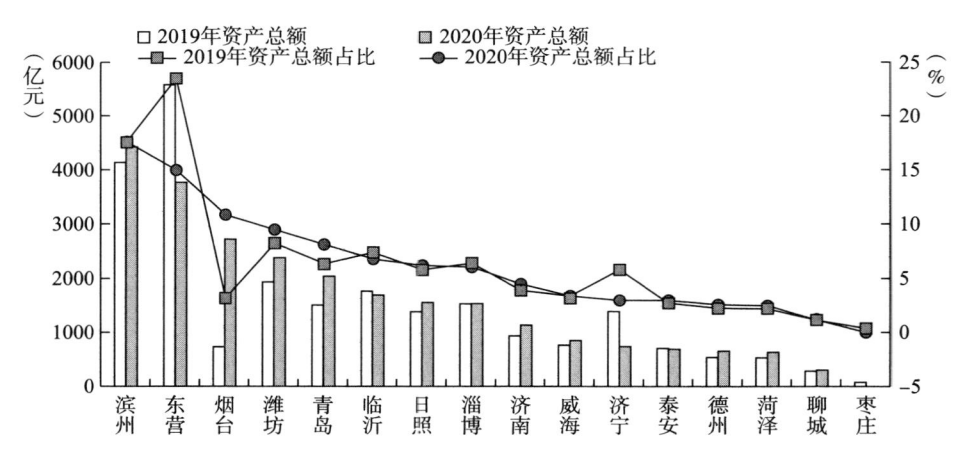

图 4　山东省 100 强民营企业资产总额地级市分布变动情况（2019~2020 年）

资料来源：山东省统计局、山东省工商业联合会。

分布来看，在山东省的 78 个县及县级市中，共计拥有 54 家山东省 100 强民营企业；在入选全国百强县的 13 个县域中，共计拥有 20 家山东省 100 强民营企业。全国百强县部分县域的企业分布如表 2 所示。

表 2　全国百强县部分县域的企业分布（2020 年）

所属百强县	百强县排名	企业名称
龙口市	10	南山集团有限公司
		道恩集团有限公司
胶州市	15	青岛京东昌益得贸易有限公司
寿光市	37	鲁丽集团有限公司
		山东寿光鲁清石化有限公司
		山东寿光巨能控股集团有限公司
		山东联盟化工集团有限公司
诸城市	48	诸城外贸有限责任公司
		得利斯集团有限公司
招远市	53	山东玲珑轮胎股份有限公司
邹城市	56	山东恒信集团有限公司
莱西市	69	荣华建设集团有限公司

续表

所属百强县	百强县排名	企业名称
肥城市	75	石横特钢集团有限公司
		兴润建设集团有限公司
		山东军辉建设集团有限公司
		山东益通安装有限公司
邹平县	78	山东魏桥创业集团有限公司
		山东创新金属科技有限公司
		西王集团有限公司
		山东三星集团有限公司

资料来源：山东省统计局、山东省工商业联合会。

从山东省100强民营企业整体规模的县域分布来看，全国百强县拥有的20家民营企业的平均营业收入、平均资产总额均明显高于非全国百强县的民营企业（见图5）。可见，全国百强县高质量的民营经济在一定程度上带动了当地县域经济的发展。

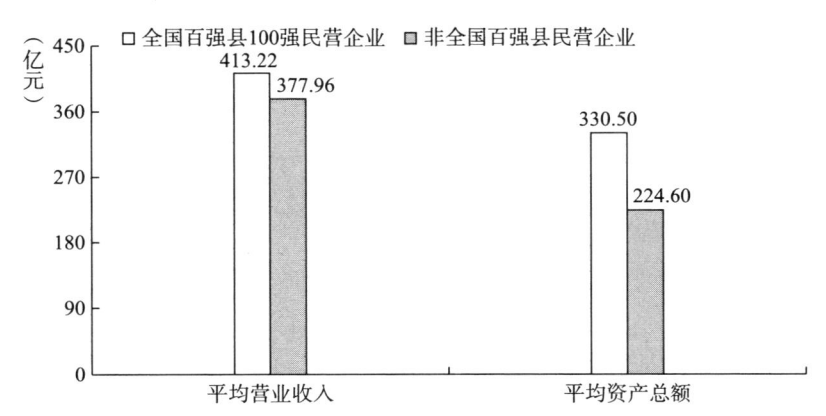

图5 山东全国百强县100强民营企业与非全国百强县民营企业的平均营业收入和平均资产总额对比（2020年）

资料来源：山东省统计局、山东省工商业联合会。

（二）产业结构分析

1. 产业结构不均衡，第二产业比重高

山东省100强民营企业的产业结构不均衡，总体结构相对稳定。第一产业入围企业数量为3家，较2019年增加2家；第二产业入围企业数量为83家，较2019年减少2家；第三产业入围企业数量为14家，与2019年持平。与全国500强民营企业（2019年度数据）相比，对于山东省100强民营企业来说，第二产业依然是优势产业，营收总额占比高出全国500强民营企业25.91个百分点，资产总额占比高出全国500强民营企业52.24个百分点。第三产业远远低于全国500强民营企业的平均水平，入围企业数量、营收总额、资产总额的比重分别低于全国500强民营企业18.80个、26.87个、52.60个百分点（见表3）。

表3 山东省100强民营企业营收总额和资产总额的产业分布（2020年）

产业	入围企业数量（家）	入围企业占比（%）	全国占比（%）	营收总额（亿元）	营收占比（%）	全国占比（%）	资产总额（亿元）	资产占比（%）	全国占比（%）
第一产业	3	3	1.00	763.2	2.20	1.27	394.24	1.57	1.21
第二产业	83	83	66.20	30646.76	88.3	62.39	23013.06	91.69	39.45
第三产业	14	14	32.80	3285.29	9.47	36.34	1691.79	6.74	59.34

资料来源：山东省统计局、山东省工商业联合会。

2. 行业分布较为集中，制造业仍占主导地位

与全国500强民营企业（2019年度数据）相比，山东省100强民营企业在制造业具有比较优势，制造业的企业数量、营收总额、税后净利润、资产总额、缴税总额的占比分别高出全国500强民营企业10.40个、21.80个、33.97个、44.50个、34.37个百分点，研发费用占比高出全国500强民营企业7.93个百分点，员工人数占比高出全国500强民营企业20.14个百分点（见表4）。

表4 制造业企业占山东省100强民营企业比重（2019~2020年）

指标	制造业企业	占山东省100强民营企业比重（%）	占全国500强民营企业比重（%）
企业数量（家）	68	68	57.60

续表

指标	制造业企业	占山东省100强民营企业比重(%)	占全国500强民营企业比重(%)
营收总额(亿元)	27034.71	77.92	56.12
税后净利润(亿元)	1169.35	84.74	50.77
资产总额(亿元)	20165.60	80.34	35.84
缴税总额(亿元)	880.10	82.76	48.39
研发费用(亿元)	476.91	90.26	82.33
员工人数(万人)	70.56	68.98	48.84

资料来源：山东省统计局、山东省工商业联合会。

近6年来，山东省100强民营企业的制造业产业结构相对稳定并逐步优化，其中石油、煤炭及其他燃料加工业持续稳居第一名（见表5）。

表5 山东省100强民营企业主要行业分布（2015~2020年）

单位：家

所属行业名称	2015年	2016年	2017年	2018年	2019年	2020年
石油、煤炭及其他燃料加工业	16	22	21	19	21	22
建筑业	6	2	4	7	14	14
黑色金属冶炼和压延加工业	8	7	8	8	10	10
零售业	2	1	6	6	8	6
农副食品加工业	7	10	9	7	9	6
化学原料和化学制品制造业	15	11	11	12	7	6
批发业	5	6	5	6	6	6

资料来源：山东省统计局、山东省工商业联合会。

在十强产业中，高端化工、现代农业、高端装备、医养健康、现代海洋、新一代信息技术、新材料新能源以及现代物流八大产业逐步成长壮大，涌现出25家100强民营企业，较2019年增加了8家（见表6）。其中，高端化工产业以9家企业居第一位，高端装备、新材料新能源以及现代物流三个产业在2020年崭露头角，均开始出现100强民营企业。文化旅游、现代金融（私募股权）等产业还缺少标杆性民营企业，需进一步加强培育。

表6 十强产业中部分产业的100强民营企业数量分布（2020年）

单位：家

行业名称	企业数量
高端化工	9
现代农业	6
高端装备	3
医养健康	3
现代海洋	1
新一代信息技术	1
新材料新能源	1
现代物流	1

资料来源：山东省统计局、山东省工商业联合会。

3.行业经营效益回升，行业间仍存在较大差异

2020年，山东省100强民营企业的经营效益较2019年小幅上涨，但行业间仍存在明显差异，在新的市场环境下，部分行业仍需要转换传统的经营模式，进一步转型升级。

从销售净利率来看，2020年度100强民营企业的销售净利率为3.98%，较2019年上涨0.40个百分点，但仍比全国500强民营企业低0.64个百分点。2020年山东省100强民营企业中有5个行业的销售净利率高于10%，但均不足15%，另外有5个行业的销售净利率不足2%（见表7、表8），表明山东省100强民营企业的获利能力有所提升，但整体获利水平仍然较低。

表7 山东省100强民营企业中销售净利率高于10%的行业（2020年）

所属行业名称	100强入围企业数量(家)	销售净利率(%)
橡胶和塑料制品业	4	13.87
燃气生产和供应业	1	13.40
医药制造业	3	13.18
房地产业	1	11.15
金属制品业	1	10.25

资料来源：山东省统计局、山东省工商业联合会。

表8　山东省100强民营企业中销售净利率不足2%的行业（2020年）

所属行业名称	100强入围企业数量（家）	销售净利率(%)
农副食品加工业	6	1.57
酒、饮料和精制茶制造业	1	1.10
批发业	6	1.08
零售业	6	0.69
畜牧业	1	0.55

资料来源：山东省统计局、山东省工商业联合会。

从资产净利率来看，2020年100强民营企业的资产净利率为5.50%，较2019年上涨0.66个百分点，比全国500强民营企业（2019年数据）高出1.46个百分点。从行业资产回报来看，2020年山东省100强民营企业中有2个行业的资产净利率高于10%，另外有5个行业的资产净利率不足2%（见表9、表10），表明山东省100强民营企业单位资产投入所带来的整体利润有所上升，但部分行业的经营效率仍有待提高。

表9　山东省100强民营企业中资产净利率高于10%的行业（2020年）

所属行业名称	100强入围企业数量(家)	资产净利率(%)
房地产业	1	28.11
橡胶和塑料制品业	4	13.70

资料来源：山东省统计局、山东省工商业联合会。

表10　山东省100强民营企业中资产净利率不足2%的行业（2020年）

所属行业名称	100强入围企业数量(家)	资产净利率(%)
汽车制造业	1	1.91
批发业	6	1.77
零售业	6	1.60
畜牧业	1	1.33
酒、饮料和精制茶制造业	1	0.72

资料来源：山东省统计局、山东省工商业联合会。

从净资产收益率来看，2020年山东省100强民营企业中有3个行业的净资产收益高于20%，另外有8个行业的净资产收益率不足10%，其中零售业，酒、饮料和精制茶制造业以及畜牧业的净资产收益率不足5%（见表11、表12），可见行业赢利能力存在较大差异。山东省100强民营企业的行业经营指标见表13。

表11　山东省100强民营企业中净资产收益率高于20%的行业（2020年）

所属行业名称	100强入围企业数量（家）	净资产收益率（%）
房地产业	1	38.17
电气机械和器材制造业	1	29.91
橡胶和塑料制品业	4	24.84

资料来源：山东省统计局、山东省工商业联合会。

表12　山东省100强民营企业中净资产收益率不足10%的行业（2020年）

所属行业名称	100强入围企业数量（家）	净资产收益率（%）
汽车制造业	1	8.39
农副食品加工业	6	7.07
批发业	6	6.65
道路运输业	1	6.44
其他制造业	1	5.22
零售业	6	4.91
酒、饮料和精制茶制造业	1	4.81
畜牧业	1	4.12

资料来源：山东省统计局、山东省工商业联合会。

表13　山东省100强民营企业行业经营指标（2020年）

所属行业	入围企业数量（家）	资产总额（亿元）	净资产总额（亿元）	资产净利率（%）	净资产收益率（%）
石油、煤炭及其他燃料加工业	22	5286.93	1957.42	4.56	11.94
建筑业	14	2345.53	681.65	3.87	13.32
黑色金属冶炼和压延加工业	10	2996.87	1486.13	6.92	13.94

续表

所属行业	入围企业数量（家）	资产总额（亿元）	净资产总额（亿元）	资产净利率（%）	净资产收益率（%）
零售业	6	562.51	182.76	1.60	4.91
农副食品加工业	6	1292.18	458.22	2.51	7.07
化学原料和化学制品制造业	6	927.44	497.23	7.37	13.74
批发业	6	881.78	244.33	1.77	6.65
橡胶和塑料制品业	4	843.71	465.41	13.70	24.84
有色金属冶炼和压延加工业	4	4208.91	2015.58	4.99	10.41
造纸和纸制品业	3	1159.26	550.60	4.96	10.45
医药制造业	3	1363.65	869.50	8.91	13.97
食品制造业	3	723.38	369.46	8.02	15.70
农业	2	178.14	78.38	4.98	11.32
畜牧业	1	216.10	69.87	1.33	4.12
酒、饮料和精制茶制造业	1	229.10	34.10	0.72	4.81
皮革、毛皮、羽毛及其制品和制鞋业	1	54.71	35.81	6.99	10.69
金属制品业	1	156.49	67.06	8.20	19.12
汽车制造业	1	296.05	67.31	1.91	8.39
电气机械和器材制造业	1	162.99	30.02	5.49	29.82
计算机、通信和其他电子设备制造业	1	491.18	196.53	5.81	14.51
其他制造业	1	132.11	73.18	2.89	5.22
燃气生产和供应业	1	501.93	296.64	8.09	13.69
道路运输业	1	112.89	66.93	3.82	6.44
房地产业	1	134.60	99.13	28.11	38.17

注：按行业入围企业数量排序。
资料来源：山东省统计局、山东省工商业联合会。

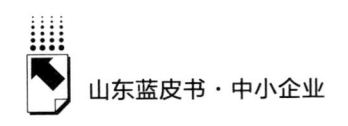

三 经营情况分析

2020年山东省100强民营企业的经营形势逐渐向好，营收总额有所回升，赢利能力和经营效益较2019年均有不同程度的提高，部分企业的资产负债率较高，可能存在金融风险，民营企业对防范金融风险的重视程度较高，防范方式多样化，企业整体投资意愿有所下降。

（一）整体规模分析

1. 入围门槛提高

2020年山东省100强民营企业营收总额的入围门槛为117.59亿元，在2019年的基础上增加14.17亿元，增长幅度约为13.70%（见图6）。

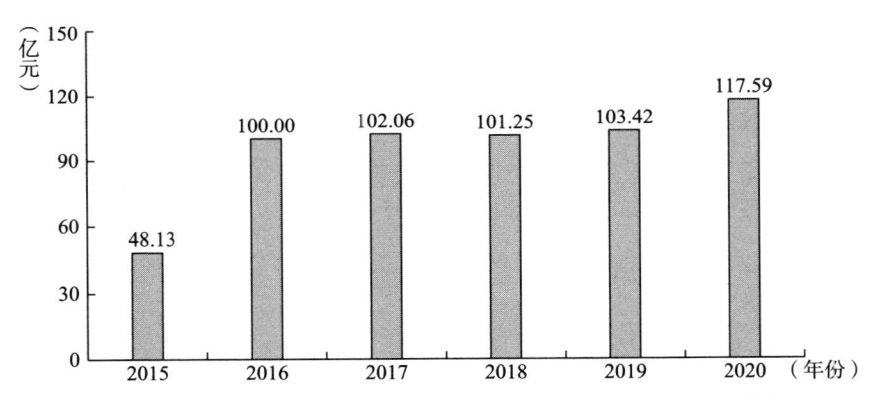

图6 山东省100强民营企业营收总额入围门槛（2015～2020年）
资料来源：山东省统计局、山东省工商业联合会。

2. 整体规模开始回升

100强民营企业的户均营收总额和户均资产总额在2018～2019年连续下降，2020年开始出现回升势头（见图7）。

2015～2020年连续入选山东100强的民营企业共有35家，这35家企业整体上在经营规模、赢利能力、员工就业等方面成绩突出，经营管理水平较高，是山东省民营企业的典范。通过对比分析各年份入围100强的民营企业和连续6年入围的35家企业的户均经营情况，能有效判断山东省各年份

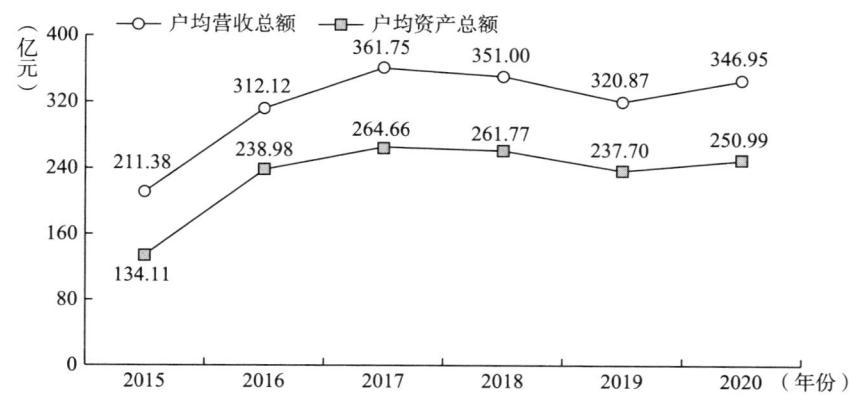

图 7　山东省 100 强民营企业的户均营收总额和户均资产总额（2015～2020 年）

资料来源：山东省统计局、山东省工商业联合会。

100 强民营企业的整体经营状况。

山东省 100 强民营企业的营收规模与连续 6 年入围 100 强的 35 家企业呈现较大差距。2020 年 100 强民营企业实现户均营收总额 346.95 亿元，较 2019 年增长 26.08 亿元，增长幅度为 8.13%。2020 年，连续 6 年入围 100 强的企业的户均营收总额为 501.41 亿元，6 年来呈持续增长态势。2017～2019 年，100 强民营企业户均营收总额与连续入选企业的差距逐步拉大，2020 年差距收窄，说明 2020 年山东省 100 强民营企业整体营收总额呈较高水平（见图 8）。

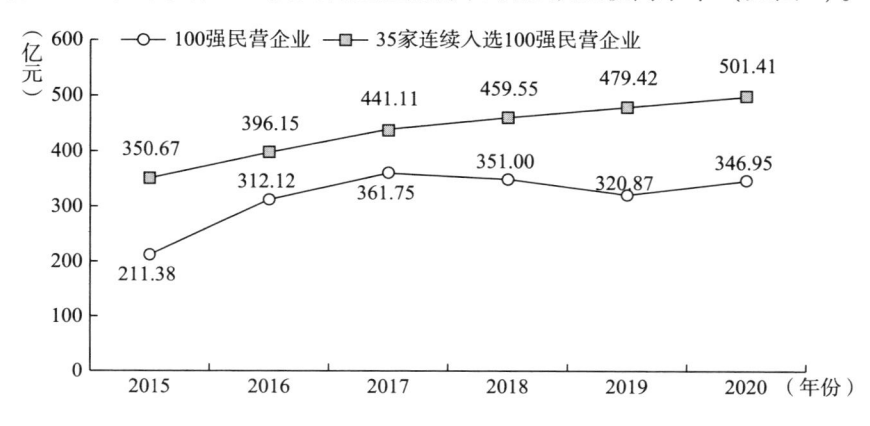

图 8　山东省 100 强民营企业及 35 家连续入选企业的户均营收总额变动情况（2015～2020 年）

资料来源：山东省统计局、山东省工商业联合会。

2020年，山东省100强民营企业营收总额增长额排在前5位的企业如表14所示。

表14 山东省100强民营企业营收总额增长额前5位（2020年）

企业名称	100强排名	所处行业
歌尔股份有限公司	13	计算机、通信和其他电子设备制造业
山东新希望六和集团有限公司	15	畜牧业
英科医疗科技股份有限公司	85	橡胶和塑料制品业
潍坊恒信建设集团有限公司	37	房地产业
山东魏桥创业集团有限公司	1	有色金属冶炼和压延加工业

资料来源：山东省统计局、山东省工商业联合会。

2020年，有3家民营企业的营收总额超过1000亿元，分别为山东魏桥创业集团有限公司、南山集团有限公司、山东东明石化有限公司，较2019年增长1家。山东魏桥创业集团有限公司的营收总额稳居榜首（见表15）。2020年，13家企业的营收总额为500亿~1000亿元，较2019年增长2家；营收总额100亿~500亿元的企业数量最多，为84家，较2019年减少3家（见表16）。

表15 山东省100强民营企业营收总额排名前10名单（2020年）

企业名称	100强排名	所属行业名称
山东魏桥创业集团有限公司	1	有色金属冶炼和压延加工业
南山集团有限公司	2	有色金属冶炼和压延加工业
山东东明石化集团有限公司	3	石油、煤炭及其他燃料加工业
日照钢铁控股集团有限公司	4	黑色金属冶炼和压延加工业
利华益集团股份有限公司	5	石油、煤炭及其他燃料加工业
万达控股集团有限公司	6	石油、煤炭及其他燃料加工业
永锋集团有限公司	7	黑色金属冶炼和压延加工业
华泰集团有限公司	8	造纸和纸制品业
青建集团股份公司	9	建筑业
山东京博控股集团有限公司	10	石油、煤炭及其他燃料加工业

资料来源：山东省统计局、山东省工商业联合会。

表16　山东省100强民营企业营收总额分布（2015~2020年）

单位：家

营收总额标准	2015年企业数量	2016年企业数量	2017年企业数量	2018年企业数量	2019年企业数量	2020年企业数量
≥1000亿元	1	2	3	4	2	3
500亿~1000亿元	7	10	15	12	11	13
100亿~500亿元	92	88	82	84	87	84

资料来源：山东省统计局、山东省工商业联合会。

在资产总额方面，2020年山东省100强民营企业的户均资产总额为250.99亿元，较2019年增长13.29亿元，增长幅度为5.59%。2020年，连续入选企业的户均资产总额为341.18亿元，6年来呈连续增长态势。自2016年起，100强民营企业户均资产总额与连续入选企业的差距逐步拉大（见图9）。

图9　山东省100强民营企业及35家连续入选企业的户均资产总额变动情况（2015~2020年）

资料来源：山东省统计局、山东省工商业联合会。

从资产总额的分布来看，2020年山东省100强民营企业的资产实力有所提升，主要体现在资产总额较大的企业数量有所增加以及资产总额较小的企业数量有所减少。其中：资产总额1000亿元及以上、500亿~1000亿元、100亿~500亿元的企业数量均有不同程度的增加；资产总额100亿~500亿元的企业数量最多，为70家，较2019年增加了5家（见表17）。

表17　山东省100强民营企业资产总额分布（2015～2020年）

单位：家

资产总额标准	2015年企业数量	2016年企业数量	2017年企业数量	2018年企业数量	2019年企业数量	2020年企业数量
≥1000亿元	1	2	5	4	2	3
500亿~1000亿元	1	4	5	5	4	6
100亿~500亿元	40	66	61	66	65	70
<100亿元	58	28	29	25	29	21

资料来源：山东省统计局、山东省工商业联合会。

2020年山东省100强民营企业资产总额前10强的门槛为491.18亿元，较2019年提高65.71亿元。调研结果显示，处于前10强的企业中，有9家企业属于制造业（见表18）。

表18　山东省100强民营企业资产总额前10位的名单（2020年）

企业名称	100强排名	所属行业名称
山东魏桥创业集团有限公司	1	有色金属冶炼和压延加工业
南山集团有限公司	2	有色金属冶炼和压延加工业
日照钢铁控股集团有限公司	4	黑色金属冶炼和压延加工业
天元建设集团有限公司	12	建筑业
威高集团有限公司	17	医药制造业
永锋集团有限公司	7	黑色金属冶炼和压延加工业
万达控股集团有限公司	6	石油、煤炭及其他燃料加工业
西王集团有限公司	26	农副食品加工业
奥德集团有限公司	44	燃气生产和供应业
歌尔股份有限公司	13	计算机、通信和其他电子设备制造业

资料来源：山东省统计局、山东省工商业联合会。

（二）经营效益分析

1. 利润水平开始回升

山东省100强民营企业户均税后净利润在2017～2019年持续下滑，

2020年开始出现回升态势。2020年山东民营企业户均税后净利润为13.80亿元，较2019年增加2.30亿元，增长幅度为20.00%。35家连续入选企业2020年的平均税后净利润为20.48亿元，较2019年增加3.49亿元，增长幅度为20.54%（见图10）。整体上，35家连续入选企业拥有较高的户均税后净利润，与每年100强民营企业的差距持续拉大。

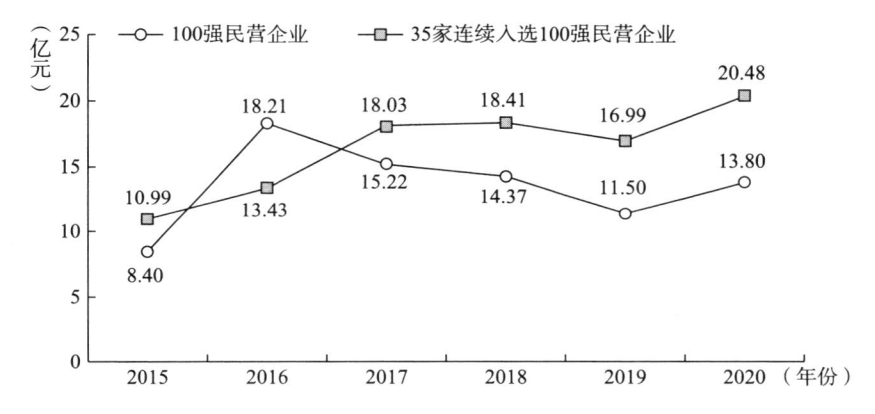

图10　山东省100强民营企业及35家连续入选企业的户均税后净利润变动情况（2015~2020年）

资料来源：山东省统计局、山东省工商业联合会。

山东省100强民营企业税后净利润排名前10的企业中有5家企业的税后净利润在50亿元以上，其中山东魏桥创业集团有限公司和日照钢铁控股集团有限公司的税后净利润位居第一和第二（见表19）。

表19　山东省100强民营企业税后净利润排名前10的名单（2020年）

企业名称	100强排名	所属行业名称
山东魏桥创业集团有限公司	1	有色金属冶炼和压延加工业
日照钢铁控股集团有限公司	4	黑色金属冶炼和压延加工业
英科医疗科技股份有限公司	85	橡胶和塑料制品业
南山集团有限公司	2	有色金属冶炼和压延加工业
齐鲁制药集团有限公司	49	医药制造业
山东鲁花集团有限公司	32	食品制造业

续表

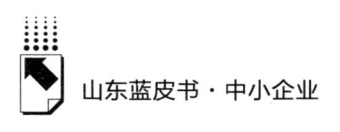

企业名称	100强排名	所属行业名称
威高集团有限公司	17	医药制造业
奥德集团有限公司	44	燃气生产和供应业
潍坊恒信建设集团有限公司	37	房地产业
万达控股集团有限公司	6	石油、煤炭及其他燃料加工业

资料来源：山东省统计局、山东省工商业联合会。

2. 赢利能力稳步回升

从赢利情况来看，销售净利率和资产净利率在2017~2019年逐年下降，2020年开始稳步回升；净资产收益率自2019年以来保持平稳上升趋势（见图11），说明2020年山东省100强民营企业的获利能力有所提升。

图11 山东省100强民营企业赢利能力变动情况（2015~2020年）
资料来源：山东省统计局、山东省工商业联合会。

2020年山东省100强民营企业的销售净利率上升至3.98%，较2019年上升0.40个百分点，较全国500强民营企业（2019年度数据）的销售净利率低0.64个百分点。如表20所示，销售净利率排名前10的企业中，除潍坊恒信建设集团有限公司外，其余9家均属于第二产业。

2020年35家连续入选企业的销售净利率上升至4.09%，较2019年上升0.55个百分点（见图12），相较于全国500强民营企业的销售净利率低0.53个百分点，比2020年100强民营企业的销售净利率高0.11个百分点。

表20 山东省100强民营企业销售净利率排名前10的名单

企业名称	100强排名	所属行业
英科医疗科技股份有限公司	85	橡胶和塑料制品业
齐鲁制药集团有限公司	49	医药制造业
奥德集团有限公司	44	燃气生产和供应业
山东鑫海科技股份有限公司	79	有色金属冶炼和压延加工业
山东玲珑轮胎股份有限公司	63	橡胶和塑料制品业
山东鲁花集团有限公司	32	食品制造业
山东步长制药股份有限公司	72	医药制造业
潍坊恒信建设集团有限公司	37	房地产业
玫德集团有限公司	95	金属制品业
日照钢铁控股集团有限公司	4	黑色金属冶炼和压延加工业

资料来源：山东省统计局、山东省工商业联合会。

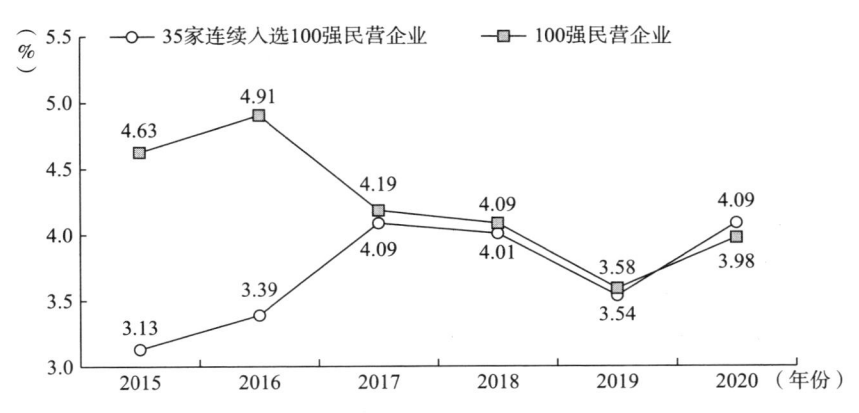

图12 山东省100强民营企业及35家连续入选企业的销售净利率变动情况（2015~2020年）

资料来源：山东省统计局、山东省工商业联合会。

从资产净利率来看，2020年山东省100强民营企业的资产净利率由2019年的4.84%上升至5.50%（见图13），比全国500强民营企业高1.46个百分点。100强民营企业资产净利率排名前10企业如表21所示，除潍坊恒信建设集团有限公司外，其余9家均属于第二产业。

35家连续入选企业的资产净利率从2019年的5.43%增长至2020年的6.00%，高于2020年山东省100强民营企业和全国500强民营企业。

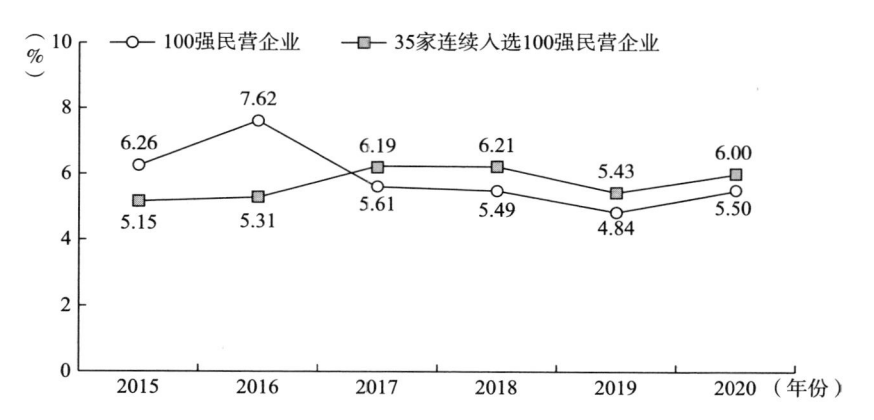

图13　山东省100强民营企业及35家连续入选企业的资产净利率变动情况（2015～2020年）

资料来源：山东省统计局、山东省工商业联合会。

表21　山东省100强民营企业资产净利率排名前10的名单（2020年）

企业名称	100强排名	所属行业
英科医疗科技股份有限公司	85	橡胶和塑料制品业
潍坊恒信建设集团有限公司	37	房地产业
山东恒信集团有限公司	66	石油、煤炭及其他燃料加工业
山东鲁花集团有限公司	32	食品制造业
山东金岭集团有限公司	24	化学原料和化学制品制造业
齐鲁制药集团有限公司	49	医药制造业
山东龙大肉食品股份有限公司	53	农副食品加工业
山东中海化工集团有限公司	43	石油、煤炭及其他燃料加工业
山东华邦建设集团有限公司	68	建筑业
鲁丽集团有限公司	30	黑色金属冶炼和压延加工业

资料来源：山东省统计局、山东省工商业联合会。

2020年山东省100强民营企业的净资产收益率由2019年的12.22%上升至12.67%，上升0.45个百分点（见图14），但较全国500强民营企业低0.78个百分点。净资产收益率排名前10的企业绝大多数属于第二产业（见表22）。

2020年35家连续入选企业的净资产收益率呈回升趋势，从2019年的11.54%上升至12.62%，但略低于山东省100强民营企业的净资产收益率，同时低于全国500强民营企业的净资产收益率0.83个百分点。

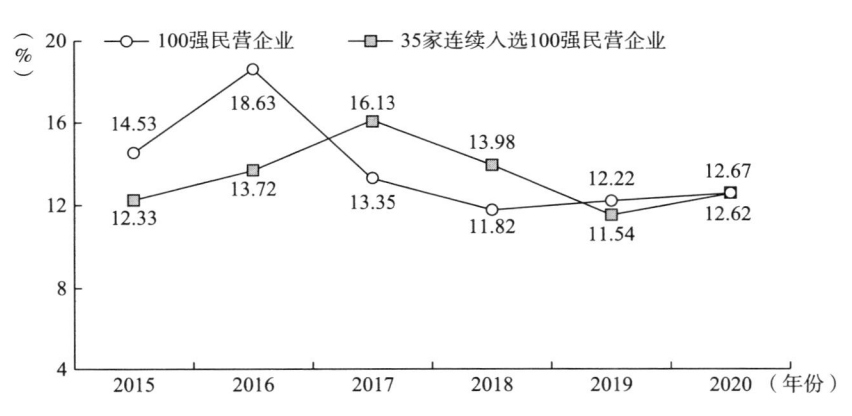

图14 山东省100强民营企业及35家连续入选企业的净资产收益率变动情况（2015～2020年）

资料来源：山东省统计局、山东省工商业联合会。

表22 山东省100强民营企业净资产收益率排名前10的名单（2020年）

企业名称	100强排名	所属行业
山东创新金属科技有限公司	20	有色金属冶炼和压延加工业
万通海欣控股集团股份有限公司	40	石油、煤炭及其他燃料加工业
英科医疗科技股份有限公司	85	橡胶和塑料制品业
青岛京东昌益得贸易有限公司	58	零售业
齐成（山东）石化集团有限公司	21	石油、煤炭及其他燃料加工业
山东汇丰石化集团有限公司	22	石油、煤炭及其他燃料加工业
青岛康大外贸集团有限公司	92	农业
潍坊恒信建设集团有限公司	37	房地产业
道恩集团有限公司	38	化学原料和化学制品制造业
泰开集团有限公司	70	电气机械和器材制造业

资料来源：山东省统计局、山东省工商业联合会。

3. 经营效率有所回升

2020年，山东省100强民营企业的人均营业收入、人均净利润和总资产周转率等经营效率指标均有所上升（见图15）。

图15 山东省100强民营企业的经营效率变动情况（2015～2020年）

资料来源：山东省统计局、山东省工商业联合会。

2020年，山东省100强民营企业的人均营业收入为339.18万元，较2019年增长22.88万元。2020年人均营业收入排名前10的山东省100强民营企业多为石油、煤炭及其他燃料加工业（见表23）。2020年，山东省100强民营企业的人均净利润为13.49万元，同比上升了18.96%。2020年人均净利润排名前10的山东省100强民营企业多为石油、煤炭及其他燃料加工业（见表24）。

表23 山东省100强民营企业人均营业收入排名前10的名单（2020年）

企业名称	100强排名	所属行业
青岛京东昌益得贸易有限公司	58	零售业
青岛世纪瑞丰集团有限公司	52	批发业
山东天保工贸有限公司	84	批发业
齐成（山东）石化集团有限公司	21	石油、煤炭及其他燃料加工业
潍坊恒信建设集团有限公司	37	房地产业
东营齐润化工有限公司	33	石油、煤炭及其他燃料加工业
山东汇丰石化集团有限公司	22	石油、煤炭及其他燃料加工业
山东东方华龙工贸集团有限公司	42	石油、煤炭及其他燃料加工业
广饶科力达石化科技有限公司	59	石油、煤炭及其他燃料加工业

续表

企业名称	100强排名	所属行业
利华益集团股份有限公司	5	石油、煤炭及其他燃料加工业

资料来源：山东省统计局、山东省工商业联合会。

表24　山东省100强民营企业人均净利润排名前10的名单（2020年）

企业名称	100强排名	所属行业
潍坊恒信建设集团有限公司	37	房地产业
青岛京东昌益得贸易有限公司	58	零售业
英科医疗科技股份有限公司	85	橡胶和塑料制品业
利华益集团股份有限公司	5	石油、煤炭及其他燃料加工业
日照钢铁控股集团有限公司	4	黑色金属冶炼和压延加工业
东营齐润化工有限公司	33	石油、煤炭及其他燃料加工业
山东金岭集团有限公司	24	化学原料和化学制品制造业
山东垦利石化集团有限公司	45	石油、煤炭及其他燃料加工业
山东胜星化工有限公司	96	石油、煤炭及其他燃料加工业
山东中海化工集团有限公司	43	石油、煤炭及其他燃料加工业

资料来源：山东省统计局、山东省工商业联合会。

（三）防范金融风险分析

2020年山东省100强民营企业中有51家企业进入金融领域，参与的金融机构类型主要为小额贷款公司、银行、投资公司、基金公司等，有15家企业表示有意愿进入金融领域。

2020年，山东省100强民营企业的资产负债率大多处于合理区间，81家企业的资产负债率低于80%，资产负债率低于60%的企业有59家（见图16）。

企业积极采取措施防范化解金融风险，在山东省100强民营企业中，55家企业选择降低财务杠杆，提高直接融资比重，减少融资成本与债务负担；70家企业选择专注实体经济；74家企业选择优化资产结构。民营企业对防范金融风险的重视程度较高，多数企业采取了多样化的防范措施，但山东省100强民营企业对金融风险的防范力度总体较2019年有所减小，仍需进一

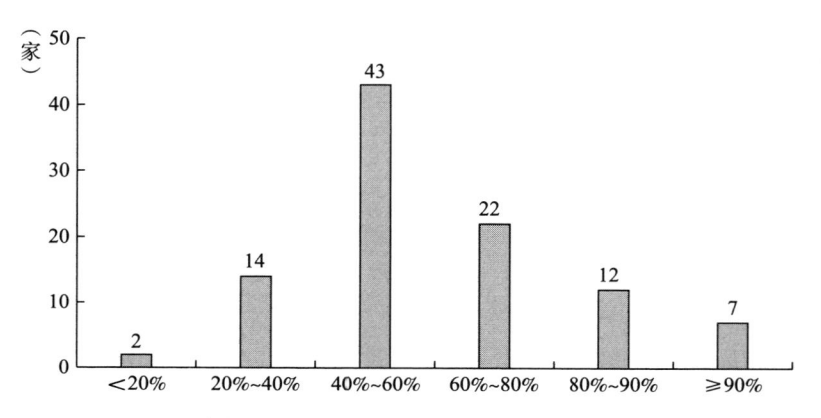

图 16　山东省 100 强民营企业的资产负债率情况（2020 年）
资料来源：山东省统计局、山东省工商业联合会。

步加强防范。

（四）投资情况分析

从山东省 100 强民营企业新增投资的主要资金来源来看，多数企业的融资手段仍然较为单一。大部分企业的融资来源主要为自有资金和银行借贷，部分企业通过债券市场融资获取投资资金，少部分企业采用了引入战略投资者、申请政府资助、股票市场融资和民间借贷的方式。

2020 年，只有华勤橡胶工业集团有限公司 1 家企业进行了国际并购，较 2019 年减少了 4 家。相反，2020 年开展国内并购的企业数量猛增，有 22 家进行了国内并购，较 2019 年增加了 12 家，其中有 2 家企业的最大单项并购规模在 5 亿元以上，分别是天元建设集团有限公司和山东博汇集团有限公司。在开展了国内并购的企业中，11 家属于制造业，其中 3 家属于化学原料和化学制品制造业（见表 25）。民营企业转型升级、优化重组顺应了市场发展的潮流，有利于培育更多具有全球竞争力的一流企业。

表 25　山东省 100 强民营企业中开展国内并购的名单（2020 年）

公司名称	100 强排名	所属行业	单项并购规模
青建集团股份公司	9	建筑业	1000 万~5000 万元

续表

公司名称	100强排名	所属行业	单项并购规模
天元建设集团有限公司	12	建筑业	5亿元以上
山东创新金属科技有限公司	20	有色金属冶炼和压延加工业	500万元以下
潍坊恒信建设集团有限公司	37	房地产业	2亿~5亿元
道恩集团有限公司	38	化学原料和化学制品制造业	2亿~5亿元
家家悦控股集团股份有限公司	39	零售业	2亿~5亿元
瑞康医药集团股份有限公司	47	批发业	2亿~5亿元
淄博齐翔腾达化工股份有限公司	51	化学原料和化学制品制造业	0.5亿~2亿元
山东龙大肉食品股份有限公司	53	农副食品加工业	1000万~5000万元
山东博汇集团有限公司	56	造纸和纸制品业	5亿元以上
淄博商厦股份有限公司	57	零售业	500万元以下
烟建集团有限公司	60	建筑业	0.5亿~2亿元
山东玲珑轮胎股份有限公司	62	橡胶和塑料制品业	500万元以下
山东恒信集团有限公司	65	石油、煤炭及其他燃料加工业	1000万~5000万元
中青建安建设集团有限公司	76	建筑业	500万元以下
山东军辉建设集团有限公司	79	建筑业	0.5亿~2亿元
济南圣泉集团股份有限公司	83	化学原料和化学制品制造业	1000万~5000万元
瑞源控股集团有限公司	87	建筑业	1000万~5000万元
山东天齐置业集团股份有限公司	88	建筑业	500万~1000万元
玫德集团有限公司	94	金属制品业	0.5亿~2亿元
山东潍焦控股集团有限公司	95	石油、煤炭及其他燃料加工业	1000万~5000万元
山东三星集团有限公司	99	食品制造业	1000万~5000万元

资料来源：山东省统计局、山东省工商业联合会。

2020年，山东省100强民营企业的投资信心和投资意愿较2019年有所降低，主要表现为：16家企业的内外部风险加大，减少了投资，优先确保当前生产经营稳定；14家企业的运行较为平稳，但投资意愿不强。

四 内部治理情况分析

山东省100强民营企业坚持依法合规经营和守法诚信经营，重视企业信用建设，建立健全内部制度，完善信用制度体系；扎实推进党建工作，落实党的十九大明确提出的"把党的政治建设摆在首位"的根本要求，以高质量党建引领企业高质量发展。

（一）守法诚信经营情况分析

在内部制度建设方面，山东省100强民营企业依法合规经营，超过九成的企业已建立现代企业制度，致力于依法决策、民主决策、科学决策；建立健全合同审核、决策论证等相关环节的法律风险控制体系和预警防范机制，形成了讲法治、讲规则、讲诚信的企业文化；89家企业推进厂务公开和民主管理，致力于在法治框架内构建和谐劳动关系。

在诚信经营方面，山东省100强民营企业均已建立企业诚信文化，重视企业信用制度体系建设（见图17），多数企业在守法合规经营制度、预防财务违规制度等7个方面建立了较为完备的信用制度体系（见图18）。绝大多数企业能够依法依规开展企业生产经营；注重加强质量管理，向客户提供优质产品和服务；与股东、投资人等利益相关者充分沟通，保护各方权益；维护员工各项权益；保护环境；参与社会公益事业；加强廉洁自律。2020年共84家参与了商会、协会开展的行业自律、商会企业联合自律等活动，其中43家是活动的发起或牵头单位。

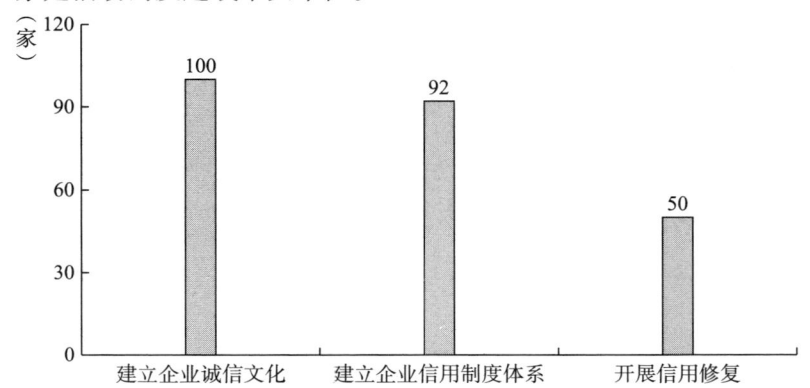

图17 山东省100强民营企业信用建设举措（2020年）

资料来源：山东省统计局、山东省工商业联合会。

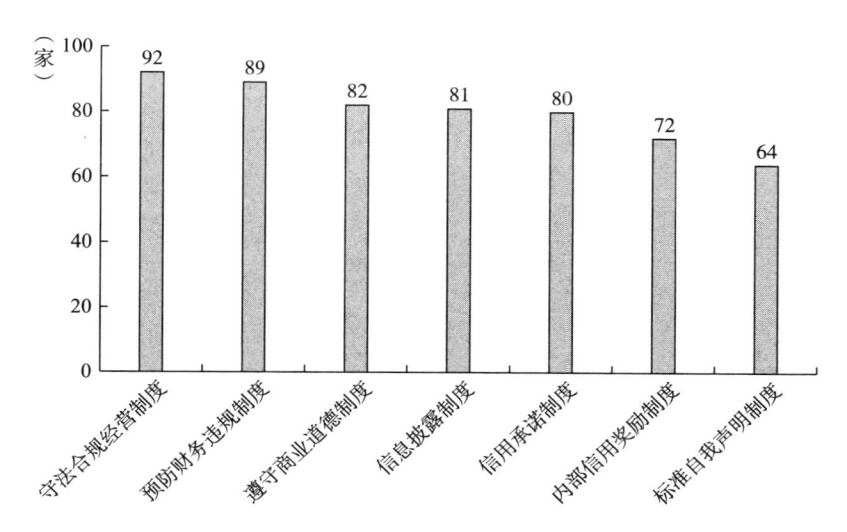

图 18　山东省 100 强民营企业信用制度体系建设情况（2020 年）
资料来源：山东省统计局、山东省工商业联合会。

在专业机构建设方面，73 家企业有法务部等专设法律机构，22 家企业常年聘请法律顾问，4 家企业没有专门的机构，但有专职法律员工。遭遇法律纠纷后，八成以上企业会采用协商、调解、诉讼、仲裁等手段解决（见图 19）。

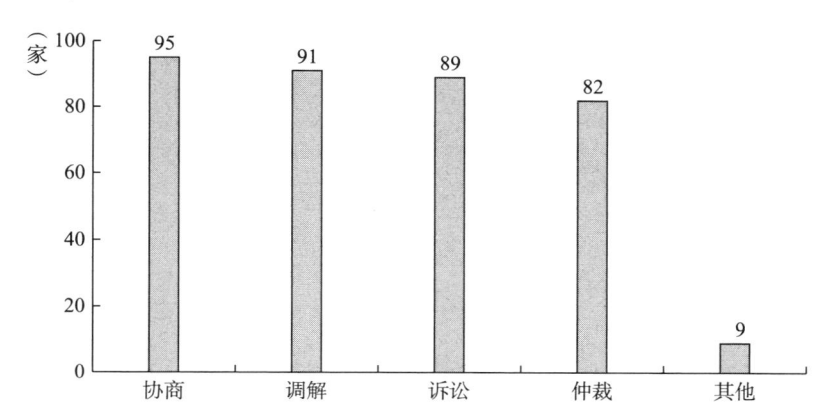

图 19　山东省 100 强民营企业遭遇法律纠纷时的解决途径（2020 年）
资料来源：山东省统计局、山东省工商业联合会。

（二）党建情况分析

山东省 100 强民营企业普遍重视党建工作，90 家企业的主要负责人是中共党员，73 家企业的党员出资人在企业党组织中担任书记，88 家配备了专职党务工作者。企业高管中党员占比较高，58 家企业的高管党员占比在 60% 及以上。党员在员工总数中的比例整体偏低，83 家企业的党员占比不到 20%。就流动党员在党员总数中的占比来看，山东省 100 强民营企业中流动党员在党员总数中的占比整体较低。

100 强民营企业在党建工作方面仍需要获得一定的帮助，主要为参加经验交流和培训活动、增加党员发展指标、宣传推广企业党建工作先进经验、上级加强党建工作指导等（见图20）。

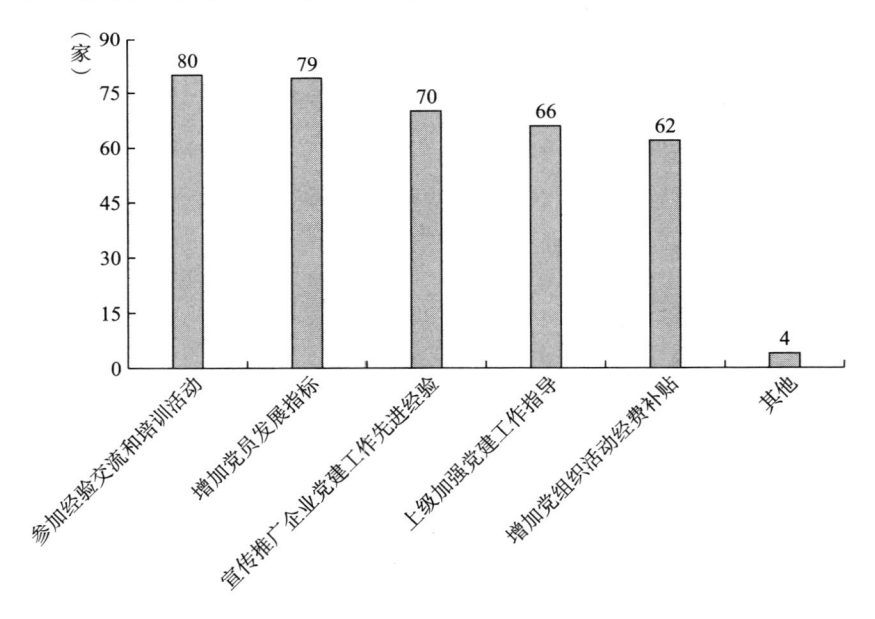

图 20　山东省 100 强民营企业党建工作需要获得的帮助（2020 年）
资料来源：山东省统计局、山东省工商业联合会。

五 社会贡献分析

山东省100强民营企业的社会贡献日益凸显,积极履行纳税人义务,持续拉动社会就业,保障就业规模的稳定增长;社会责任意识进一步提高,积极投身"万企帮万村"精准扶贫计划,助力美丽乡村建设;参与社会捐赠,彰显民企担当;及时发布社会责任报告,进行信息披露。

(一)纳税贡献分析

山东省100强民营企业依法诚信纳税,履行纳税人义务,2020年户均纳税额10.63亿元,连续两年下降,减税降费初见成效,企业纳税负担减轻。山东省100强民营企业平均税后净利润为13.80亿元,同比增长20.00%,赢利能力显著增强(见图21)。

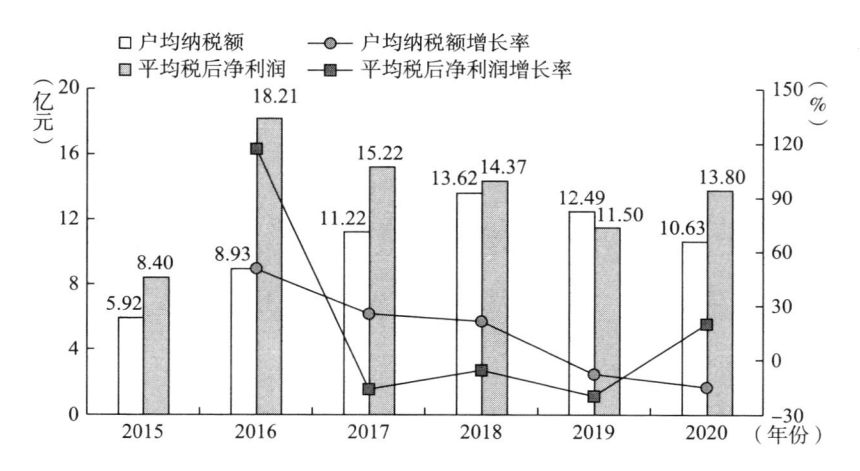

图21 山东省100强民营企业纳税与赢利情况对比(2015~2020年)
资料来源:山东省统计局、山东省工商业联合会。

从纳税额结构分布来看,2020年山东省100强民营企业中共有95家企业的纳税总额在1亿元以上。2020年,有12家企业的纳税总额在20亿元以上,且均为制造业企业(见表26)。

表26　山东省100强民营企业中纳税总额20亿元以上的名单（2020年）

企业名称	100强排名	所属行业名称
山东魏桥创业集团有限公司	1	有色金属冶炼和压延加工业
利华益集团股份有限公司	5	石油、煤炭及其他燃料加工业
山东东明石化集团有限公司	3	石油、煤炭及其他燃料加工业
日照钢铁控股集团有限公司	4	黑色金属冶炼和压延加工业
山东京博控股集团有限公司	10	石油、煤炭及其他燃料加工业
华泰集团有限公司	8	造纸和纸制品业
山东清源集团有限公司	29	石油、煤炭及其他燃料加工业
永锋集团有限公司	7	黑色金属冶炼和压延加工业
威高集团有限公司	17	医药制造业
山东金诚石化集团有限公司	27	石油、煤炭及其他燃料加工业
山东步长制药股份有限公司	71	医药制造业
万达控股集团有限公司	6	石油、煤炭及其他燃料加工业

资料来源：山东省统计局、山东省工商业联合会。

分行业来看，2020年山东省100强民营企业纳税总额排名前5的行业分别是石油、煤炭及其他燃料加工业，黑色金属冶炼和压延加工业，有色金属冶炼和压延加工业，建筑业，医药制造业。其中，石油、煤炭及其他燃料加工业位居榜首，入围企业21家，为税收做出突出贡献（见表27）。

表27　山东省100强民营企业纳税前5大行业（2020年）

行业名称	入围企业数（家）	营收总额（亿元）	资产总额（亿元）	税后净利润（亿元）	纳税总额（亿元）	占100强纳税总额的比重（%）
石油、煤炭及其他燃料加工业	21	9141.15	5020.92	218.99	362.9	34.12
黑色金属冶炼和压延加工业	9	3948.81	2864.72	202.04	113.12	10.64
有色金属冶炼和压延加工业	4	4633.13	4208.91	209.9	111.94	10.53
建筑业	13	3171.37	2244.16	82.48	94.53	8.89
医药制造业	3	921.48	1363.65	121.44	66.01	6.21

资料来源：山东省统计局、山东省工商业联合会。

（二）拉动就业贡献分析

山东省 100 强民营企业拉动就业的能力持续增强。2020 年受新冠肺炎疫情的影响，招聘需求萎缩，就业压力增大，但 100 强民营企业员工人数有所增长。2020 年山东省 100 强民营企业平均员工人数为 10229 人，较 2019 年的 9506 人增加 7.61%（见图 22），为稳就业、保民生贡献了力量，其中山东魏桥创业集团有限公司为山东省吸纳员工就业人数最多的民营企业（见表 28）。

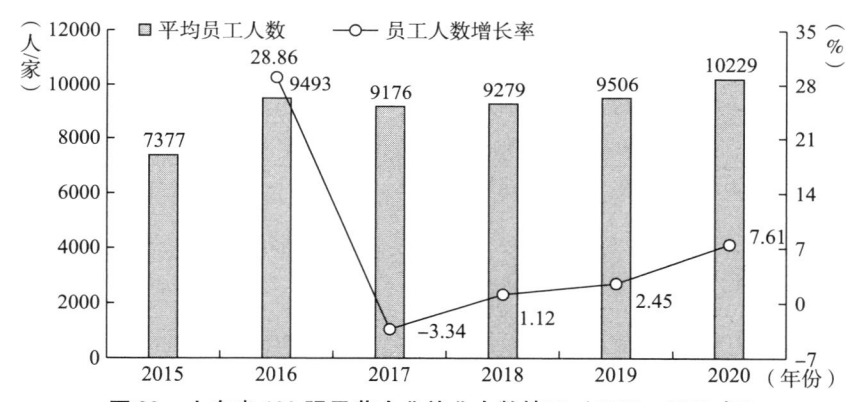

图 22　山东省 100 强民营企业就业人数情况（2015~2020 年）

资料来源：山东省统计局、山东省工商业联合会。

表 28　山东省 100 强民营企业员工人数排名前 10 的名单（2020 年）

企业名称	100 强排名	所属行业名称
山东魏桥创业集团有限公司	1	有色金属冶炼和压延加工业
歌尔股份有限公司	13	计算机、通信和其他电子设备制造业
兴润建设集团有限公司	69	建筑业
南山集团有限公司	2	有色金属冶炼和压延加工业
山东新希望六和集团有限公司	15	畜牧业
威高集团有限公司	17	医药制造业
家家悦控股集团股份有限公司	39	零售业
山东鲁花集团有限公司	32	食品制造业
齐鲁制药集团有限公司	49	医药制造业
山东益通安装有限公司	98	建筑业

资料来源：山东省统计局、山东省工商业联合会。

从行业来看，2020年山东省100强民营企业中，员工人数位居前5的行业分别为：有色金属冶炼和压延加工业，建筑业，计算机、通信和其他电子设备制造业，黑色金属冶炼和压延加工业，石油、煤炭及其他燃料加工业（见表29）。

表29　山东省100强民营企业员工人数前5大行业（2020年）

序号	行业名称	100强企业数量（家）	员工人数（万人）
1	有色金属冶炼和压延加工业	4	16.21
2	建筑业	13	15.5
3	计算机、通信和其他电子设备制造业	1	8.73
4	黑色金属冶炼和压延加工业	9	8.41
5	石油、煤炭及其他燃料加工业	21	7.82

资料来源：山东省统计局、山东省工商业联合会。

（三）履行社会责任情况分析

山东省100强民营企业积极履行社会责任，倾力回报社会。2020年有52家企业发布了社会责任报告，99家企业参与社会捐赠（见表30）。山东省100强民营企业捐赠意愿强，充分展现了责任担当和家国情怀。

表30　山东省100强民营企业发布社会责任报告及参与社会捐赠情况（2015~2020年）

单位：家

	2015年	2016年	2017年	2018年	2019年	2020年
发布社会责任报告企业数量	32	32	44	46	53	52
参与社会捐赠企业数量	89	88	95	91	97	99

资料来源：山东省统计局、山东省工商业联合会。

2020年是脱贫攻坚的收官之年，山东省100强民营企业践行"先富帮后富、实现共同富裕"的理念，在助力脱贫攻坚的路途上尽显民营企业的社会担当，助力山东省夺取脱贫攻坚战全面胜利，实现经济高质量发展。2017~2020年山东省100强民营企业参与精准扶贫情况如表31所示。

表31　山东省100强民营企业参与精准扶贫情况（2017～2020年）

单位：家

扶贫类型	2017年	2018年	2019年	2020年
公益扶贫	-	-	39	44
产业扶贫	15	31	35	38
就业扶贫	21	42	40	29
技术扶贫	3	9	35	-
教育扶贫	12	20	23	-
消费扶贫	6	8	10	-
其他	11	26	20	16

资料来源：山东省统计局、山东省工商业联合会。

六　响应国家战略分析

2020年山东省100强民营企业积极响应国家战略，参与混合所有制改革、区域协调发展战略、"两新一重"建设、乡村振兴战略和污染防治攻坚战的企业数量较2019年总体呈现稳中有升的态势。

（一）参与混合所有制改革情况

2020年参与混合所有制改革的企业数量为33家，较2019年增加了2家。其中，与国有企业共同设立新企业仍是参与的主要形式，国有资本入股本企业和参股国有企业为另外的参与形式。2020年山东省100强民营企业参股国有企业的名单如表32所示。有混合所有制改革意向的企业数量较多，说明部分民营企业对参与混合所有制改革持观望态度，需要政府进一步引导和支持。

表32　山东省100强民营企业参股国有企业的名单（2020年）

企业名称	100强排名	所处行业
山东东明石化集团有限公司	3	石油、煤炭及其他燃料加工业
日照钢铁控股集团有限公司	4	黑色金属冶炼和压延加工业
永锋集团有限公司	7	黑色金属冶炼和压延加工业

续表

企业名称	100强排名	所处行业
天元建设集团有限公司	12	建筑业
富海集团新能源控股有限公司	25	石油、煤炭及其他燃料加工业
奥德集团有限公司	44	燃气生产和供应业
山东垦利石化集团有限公司	45	石油、煤炭及其他燃料加工业
日照兴业集团有限公司	46	批发业

资料来源：山东省统计局、山东省工商业联合会。

（二）参与区域协调发展战略情况

2020年山东省100强民营企业中有52家企业参与区域协调发展战略，较2019年增加27家，增幅为108.00%，呈现较快增长。其中，参与京津冀协同发展（18家）、东北振兴（15家）以及革命老区、民族地区发展（14家）战略的企业数量较多，说明企业的发展范围还主要集中在华北、东北地区，参与长江经济带发展和粤港澳大湾区建设的企业数量分别为7家和3家，数量较少（见图23）。

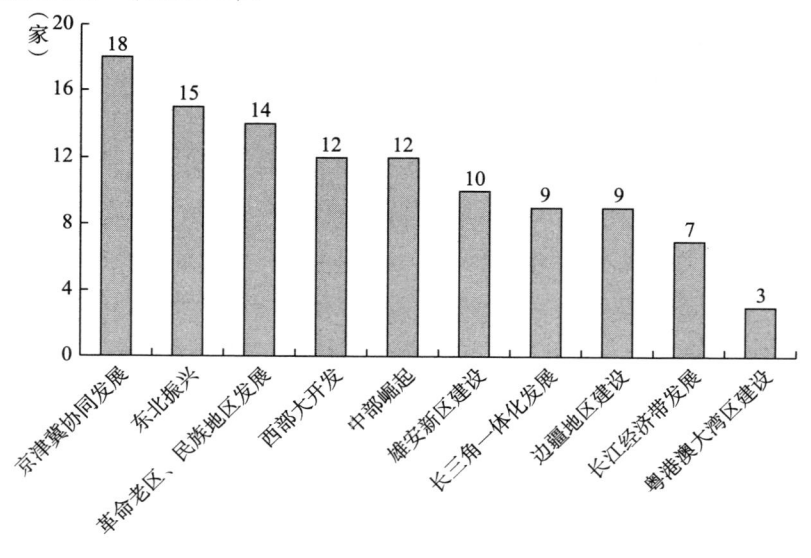

图23 山东省100强民营企业参与区域协调发展战略情况（2020年）
资料来源：山东省统计局、山东省工商业联合会。

（三）参与"两新一重"建设情况

2020年山东省100强民营企业中有45家企业参与"两新一重"建设。其中参与新型城镇化建设的企业有29家，参与新型基础设施建设的企业有27家，参与交通、水利等重大工程建设的有20家（见图24）。山东省100强民营企业积极参与"两新一重"建设，为促消费惠民生、调结构增后劲做出了贡献。

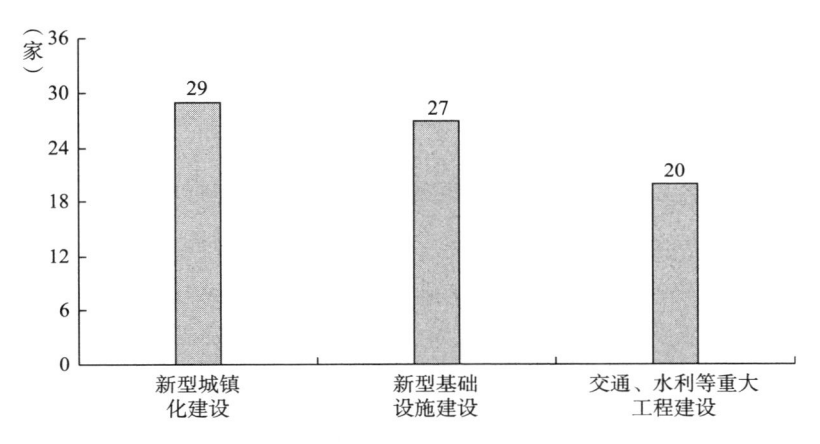

图24 山东省100强民营企业参与"两新一重"建设情况（2020年）
资料来源：山东省统计局、山东省工商业联合会。

（四）参与乡村振兴战略情况

2020年参与乡村振兴战略的山东省100强民营企业数量保持增长势头，达77家，较2019年增加14家。从参与方式来看，参与精准脱贫、加强民生保障，促进产业兴旺、带动农民增收，保护青山绿水、美化人居环境是企业参与乡村振兴的主要方式（见表33）。

表33 2020年山东省100强民营企业参与乡村振兴战略情况（2020年）

类型	参与企业数量
参与精准脱贫、加强民生保障	57
促进产业兴旺、带动农民增收	49
保护青山绿水、美化人居环境	40

续表

类型	参与企业数量
强化基层党建、提升治理能力	25
引进优秀人才、培育新型农民	19
繁荣农村文化、培育文明新风	14

资料来源：山东省统计局、山东省工商业联合会。

（五）参与污染防治攻坚战情况

2020年山东省100强民营企业共有93家参与污染防治攻坚战，与2019年持平。企业参与污染防治攻坚战的主要方式为：加强资源节约与利用，降低能耗物耗；引进先进环保技术和装备，加强治污减排；调整产业结构，淘汰落后产能；加强绿色产品创新，建设绿色工厂；积极投资节能环保产业、清洁生产产业、清洁能源产业。其中，通过加强资源节约与利用，降低能耗物耗参与的企业最多，达79家（见表34）。总体来看，山东省100强民营企业通过多种方式积极参与污染防治攻坚战，为打好污染防治攻坚战做出了贡献。

表34　山东省100强民营企业参与污染防治攻坚战情况（2020年）

单位：家

参与类型	参与企业数量
加强资源节约与利用，降低能耗物耗	79
引进先进环保技术和装备，加强治污减排	73
调整产业结构，淘汰落后产能	64
加强绿色产品创新，建设绿色工厂	53
积极投资节能环保产业、清洁生产产业、清洁能源产业	41

资料来源：山东省统计局、山东省工商业联合会。

七　创新发展分析

2020年山东省100强民营企业创新成果持续增加，技术标准话语权进一步增强，积极推进企业转型升级，融入数字化转型浪潮。但企业品牌竞争力依然较弱，创新能力严重不足，专利数量仍集中在少数研发实力较强的企业中。企业仍需加大研发投入，加强科研机构建设，同时应识别并改善制约企业创新的因素，为科技创新发展创造良好环境。

（一）创新能力不断增强

自2015年以来，山东省100强民营企业专利数量出现大幅增加，到2020年再创新高，户均拥有专利317.64项。但国际专利数量自2019年度大幅下降后，2020年山东省100强民营企业户均国际专利再度降至8.76项，民营企业的国际竞争力仍较弱（见图25）。

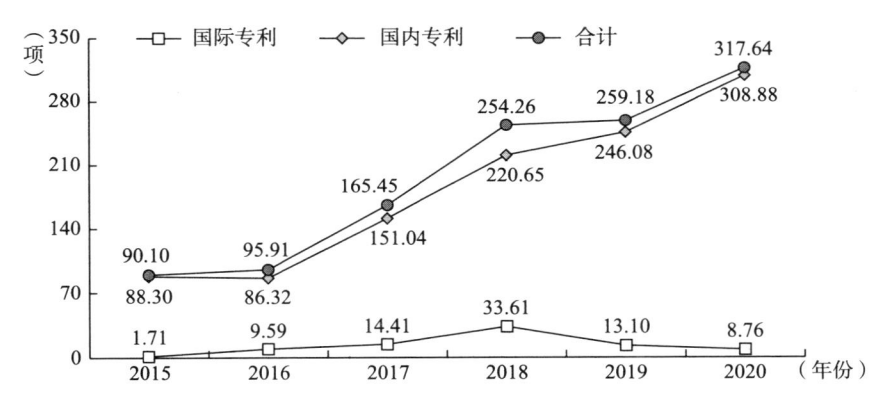

图25 山东省100强民营企业户均专利拥有情况（2015~2020年）
资料来源：山东省统计局、山东省工商业联合会。

2020年，山东省100强民营企业国内商标平均拥有量为101.99个，五年来首次下降（见图26），企业商标品牌意识亟须增强，仍需加大品牌建设投入，以品牌培育带动企业发展。

2020年，山东省100强民营企业中有72家企业主导或参与制定各项标准，包括国际标准、国家标准、行业标准和团体标准，整体参与度较高。

企业本体及其下属公司中被认定为高新技术企业的数量在2015~2020年整体呈上升趋势。2020年，山东省100强民营企业本体及其下属公司中被认定为高新技术企业总数为188家，较2019年（155家）增加了33家

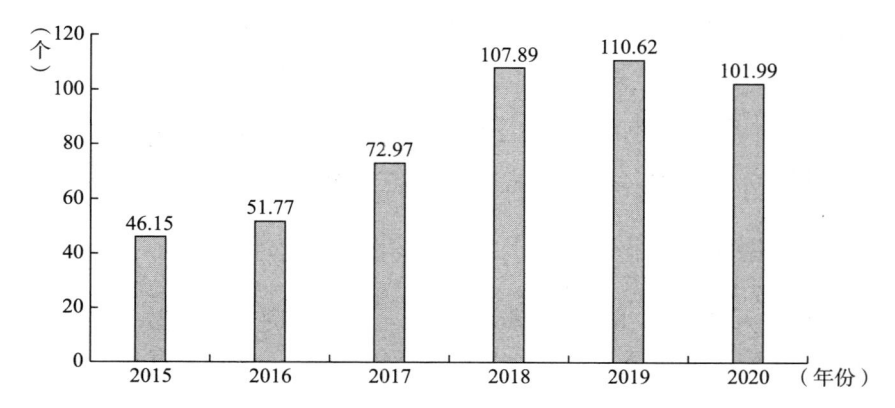

图 26　山东省 100 强民营企业平均拥有国内商标情况（2015～2020 年）
资料来源：山东省统计局、山东省工商业联合会。

（见图 27）。其中，泰开集团有限公司及其下属公司被认定为高新技术企业的数量最多，共有 27 家。此外，山东省 100 强民营企业本体及其下属公司中，共有 78 个科技型中小企业。

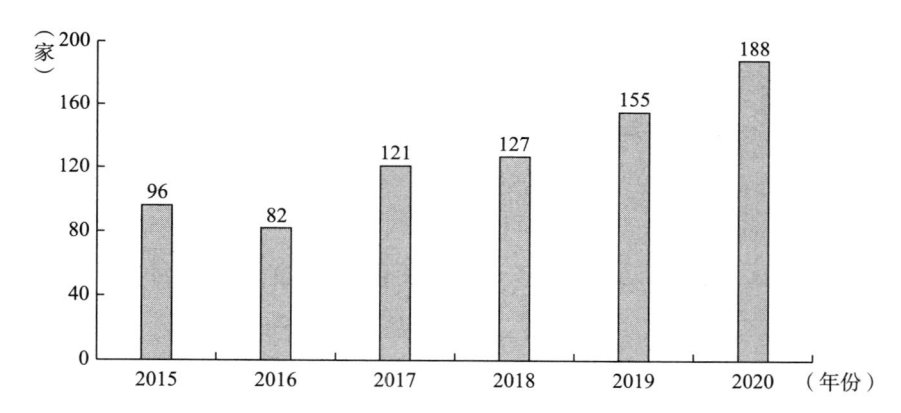

图 27　山东省 100 强民营企业本体及其下属公司中高新技术企业数量（2015～2020 年）
资料来源：山东省统计局、山东省工商业联合会。

山东省 100 强民营企业保持对科研的高度重视，积极参与国家科技创新基地建设，共有 13 家企业建设国家重点实验室、10 家企业建设国家工程研究中心、9 家企业建设领域类国家科技创新中心。此外，共 56 家企业拥有经认定的省部级研发机构 156 个。

山东省 100 强民营企业仍然主要依托自主开发与研制来获取关键技术，

研发自主性较强；产学研合作和引进技术与人才也是企业获得关键技术的重要来源。此外，部分企业通过并购和合资获得关键技术，资本在企业技术和人才引进方面发挥的作用和力量开始展现（见图28）。

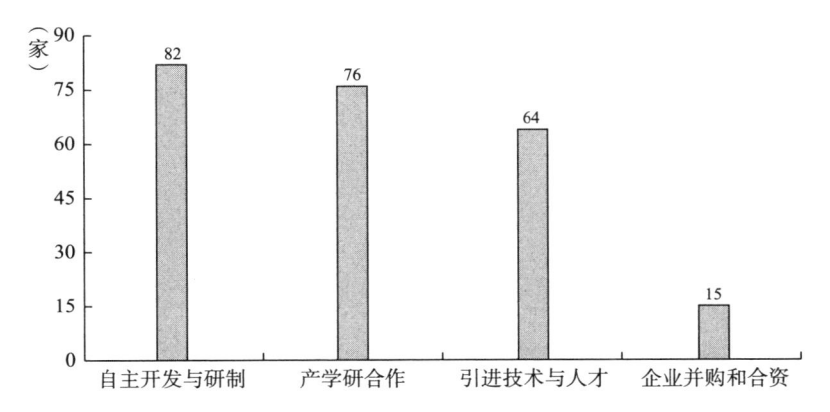

图28 山东省100强民营企业关键技术来源情况（2020年）

资料来源：山东省统计局、山东省工商业联合会。

91家企业与科研院所、高等院校开展合作，包括共建研发机构、共建学科专业和开展项目合作等不同形式。其中，74家企业表示开展项目合作对企业技术创新支持作用很大。

（二）创新发展投入与需求

2020年，山东省100强民营企业平均投入研发费用5.28亿元，较2019年（4.98亿元）增加了0.30亿元，增加了6.02%（见图29）。2020年研发费用占营业收入总额（研发强度）的比重与2019年基本持平（见图30）。投入资金不足成为困扰企业技术创新的因素，需要多方位给予重视和支持。

山东省100强民营企业的科技成果转化资金主要来源为自筹资金，外部资金支持较少。65家企业外部获取经费支持占企业研发费用的比例小于5%，因此企业应调整资金来源结构，吸引外部资金，使得内外部资金更加均衡。

政府主要依靠财政、人才、土地和金融等政策来扶持2020年山东省100强民营企业成果转化和创新发展，其中财政政策发挥的作用最大，企业

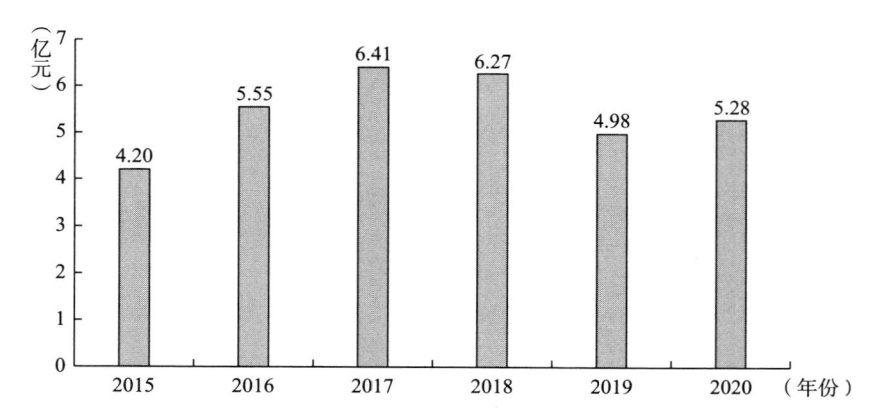

图 29　山东省 100 强民营企业平均投入研发费用（2015～2020 年）

资料来源：山东省统计局、山东省工商业联合会。

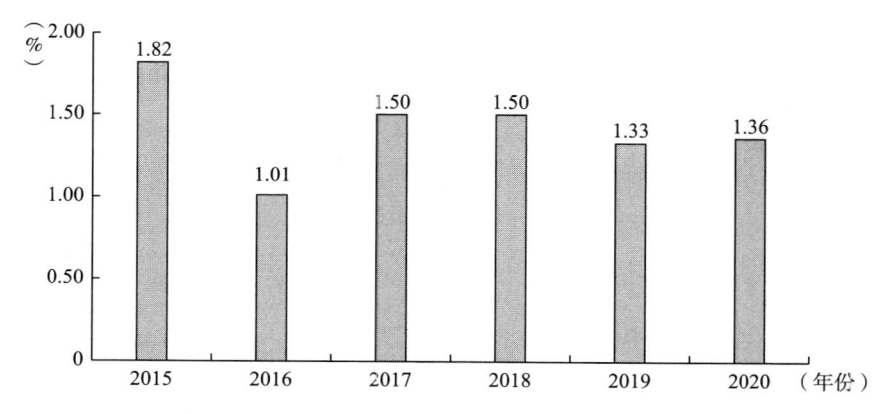

图 30　山东省 100 强民营企业平均研发强度比重情况（2015～2020 年）

资料来源：山东省统计局、山东省工商业联合会。

从税收减免、专项资金支持或财政补贴等方面享受了政府财政政策带来的好处（见图31、图32）。

但市场、政策等外部因素仍制约着企业的科技创新，例如在市场因素方面，存在企业技术成果产业化困难、外部市场不确定性大、技术市场不健全等问题。同时，相关政策落实不到位也是制约企业发展的因素之一（见图33）。

山东省100强民营企业分析报告（2020）

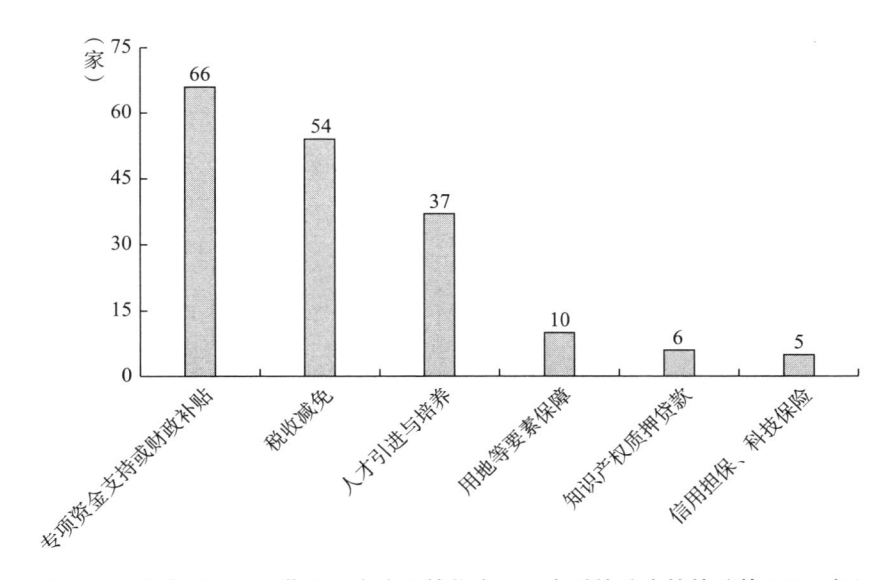

图 31　山东省 100 强民营企业在成果转化方面已享受的政府扶持政策（2020 年）
资料来源：山东省统计局、山东省工商业联合会。

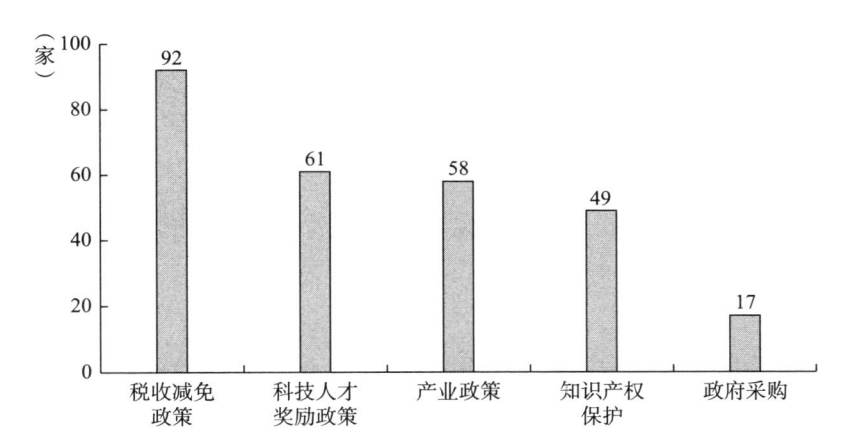

图 32　在山东省 100 强民营企业创新中发挥较大作用的政府政策（2020 年）
资料来源：山东省统计局、山东省工商业联合会。

205

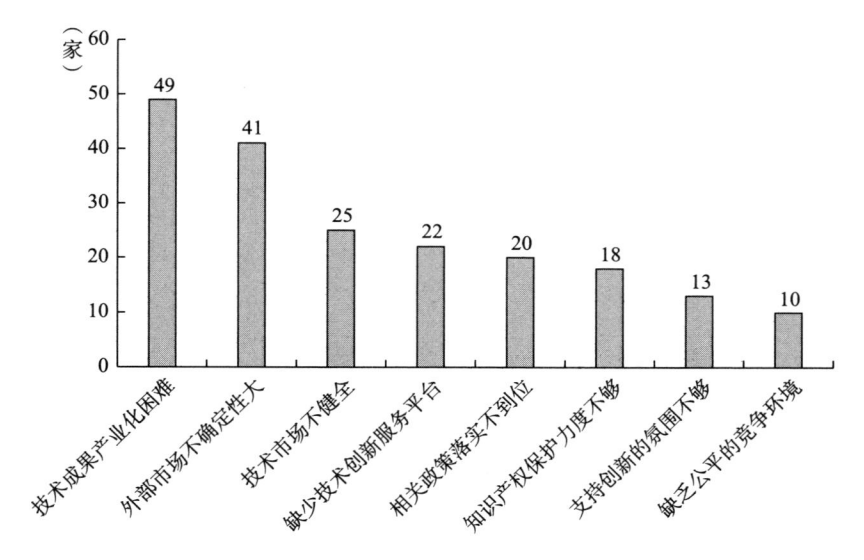

图 33 制约山东省 100 强民营企业科技创新的主要外部因素（2020 年）

资料来源：山东省统计局、山东省工商业联合会。

柱状图数据：
- 技术成果产业化困难：49
- 外部市场不确定性大：41
- 技术市场不健全：25
- 缺少技术创新服务平台：22
- 相关政策落实不到位：20
- 知识产权保护力度不够：18
- 支持创新的氛围不够：13
- 缺乏公平的竞争环境：10

（三）推进转型升级进程

在做强做大企业的愿望、政策支持引导以及产品技术升级换代这三大主要动因的推动下（见图34），2020年山东省100强民营企业积极采取严格质量控制，提升产品质量水平；聚焦主业，提升核心竞争力；提高现有产品环保性能；通过技术创新，提升关键技术水平以及运用互联网、大数据、人工智能等技术，发展新业态、新模式等多样化的方式推动企业转型升级的进程（见表35）。

但在转型升级进程中，不同类型的成本对企业转型升级产生了不同程度的影响，山东省100强民营企业"降成本"的问题仍需进一步落实。其中，原材料成本、融资成本及缴税负担对企业转型升级的影响较大，阻碍了"降成本"这一措施的进一步实施和企业转型升级的推进（见图35）。

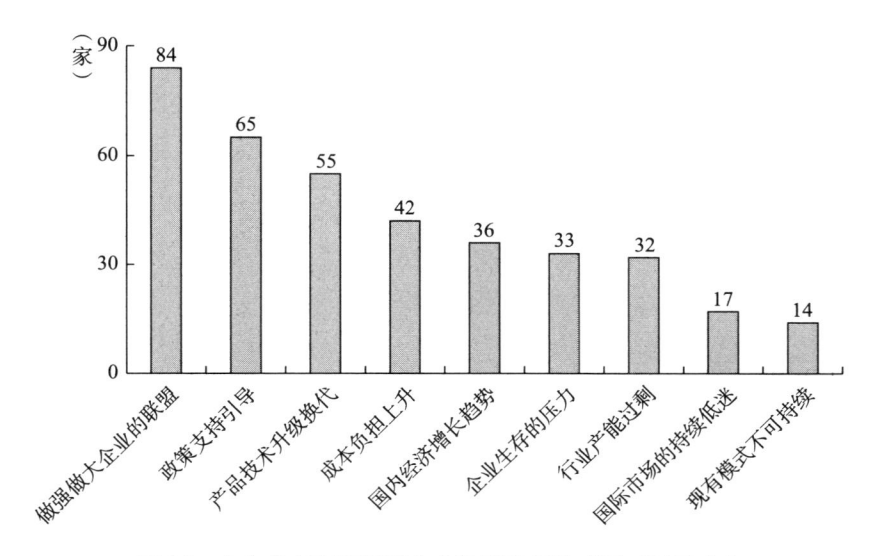

图34 山东省100强民营企业转型升级的动因（2020年）

资料来源：山东省统计局、山东省工商业联合会。

柱状图数据：
- 做强做大企业的联盟：84
- 政策支持引导：65
- 产品技术升级换代：55
- 成本负担上升：42
- 国内经济增长趋势：36
- 企业生存的压力：33
- 行业产能过剩：32
- 国际市场的持续低迷：17
- 现有模式不可持续：14

表35 山东省100强民营企业转型升级的推动方式（2020年）

单位：家

	转型升级推动方式	企业数量
依靠产业升级	聚焦主业，提升核心竞争力	93
	整合产业链资源，向产业链上下游延伸布局	79
	发展生产性服务业，提供制造加服务的整体解决方案	42
依靠创新	通过技术创新，提升关键技术水平	88
	提高产品附加值，走"专、精、特、新"发展道路	77
	实施技术改造和设备升级	79
	通过管理创新，提升管理水平、降低成本、提高效率	86
依靠质量品牌	严格质量控制，提升产品质量水平	95
	参与行业标准制定	69
	打造知名品牌，提升市场影响力	82
依靠绿色环保	提高现有产品环保性能	90
	研发生产绿色产品	61
依靠两化融合	运用互联网、大数据、人工智能等技术，发展新业态、新模式	87
	推进智能化生产，实现信息化和工业化深入融合	78

续表

转型升级推动方式		企业数量
依靠国际合作	建立国际化销售渠道，拓展国际市场	64
	境外投资设厂，面向全球配置要素	19
	实施海外并购，增强国际竞争力	14

资料来源：山东省统计局、山东省工商业联合会。

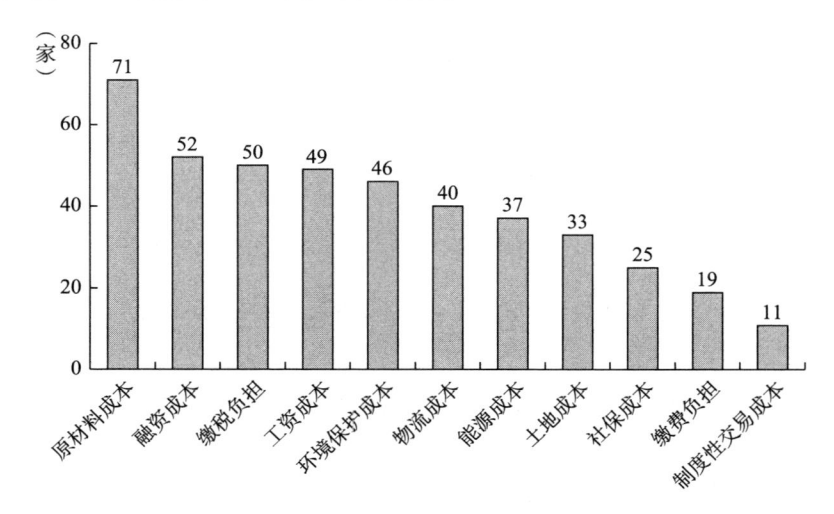

图35 山东省100强民营企业转型升级影响较大的成本因素（2020年）

成本因素	企业数量（家）
原材料成本	71
融资成本	52
缴税负担	50
工资成本	49
环境保护成本	46
物流成本	40
能源成本	37
土地成本	33
社保成本	25
缴费负担	19
制度性交易成本	11

资料来源：山东省统计局、山东省工商业联合会。

随着推动实体经济数字化转型的各项相关政策、专项方案及指导意见陆续出台，数字化转型成为企业从高增速向高质量发展的重要护航。2020年近半数的山东省100强民营企业已制定数字化转型战略规划，并根据数字化转型需要进行整体布局、培养和引进数字化专业人才等，加速企业转型升级的变革与突破。

八 国际化经营分析

山东省100强民营企业的国际化经营意识不断增强，海外经营规模持续扩大，海外雇员人数实现连续四年增长，投资区域广泛分布于六大洲的58个国家和地区。企业采取对外直接投资、产品和服务出口等多元化投资方式拓展国际市场，持续参与境外中资商（协）会，积极促进国际合作与维权。与此同时，受到国内外多种因素的影响，山东省100强民营企业的国际化经营进程仍面临一系列内外部困难与挑战。

（一）海外投资区域分布情况

2020年山东省100强民营企业中有41家进行对外投资，涉及58个国家和地区。相较于2019年，2020年山东省100强民营企业在南美洲地区的对外投资国家数量有所缩减，结束了对阿根廷、智利、哥伦比亚的对外投资；对欧洲地区的对外投资有所变动，在意大利建立了对外投资的同时，结束了在波兰、罗马尼亚、乌克兰和法国的投资。对外合作的形式以对外投资办厂和建立国际营销网络与物流服务网络为主。

（二）海外经营规模分析

从企业的海外收入总额来看，2020年山东省100强民营企业的海外收入（不含出口额）共计249.35亿美元，较2019年（300.72亿美元）下降17.08%，海外生产经营受到一定冲击。2020年出口总额共计196.53亿美元，较2019年（157.26亿美元）增长了24.97%，出口营收水平取得明显增长。综合来看，2020年山东省100强民营企业海外收入（含出口额）总额为445.89亿美元，较2019年（457.98亿美元）下降2.64%，呈小幅下降。

从企业的海外雇员人数规模上来看，2020年山东省100强民营企业的海外雇员共计约6.03万人，占总雇员人数的5.89%，海外雇员人数占总雇员人数的比重连续四年实现增长（见图36），反映了其海外经营规模的不断扩大。

从山东省100强民营企业海外投资企业数量来看，2020年海外投资企业数量出现了自2015年以来的首次下降，由2019年的245家下降至211家，增长率为-13.88%（见图37）。海外投资的行业集中于制造业与建筑业。海外投资拥有企业（项目）数量最多的5家企业分别为烟建集团有限公司［47家（项）］、青建集团股份公司［31家（项）］、济南圣泉集团股份有限公司［15家（项）］、天元建设集团有限公司［11家（项）］、青特

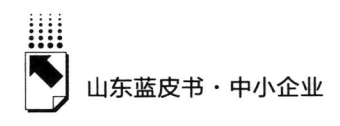

集团有限公司［10家（项）］。

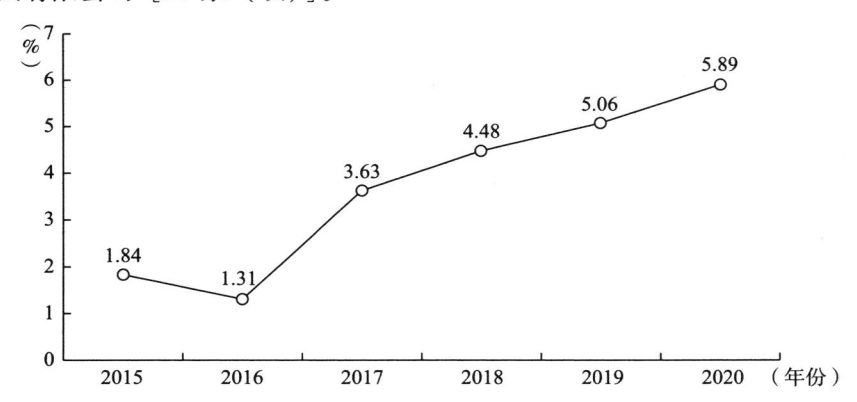

图36 山东省100强民营企业海外雇员占总雇员的比重（2015～2020年）
资料来源：山东省统计局、山东省工商业联合会。

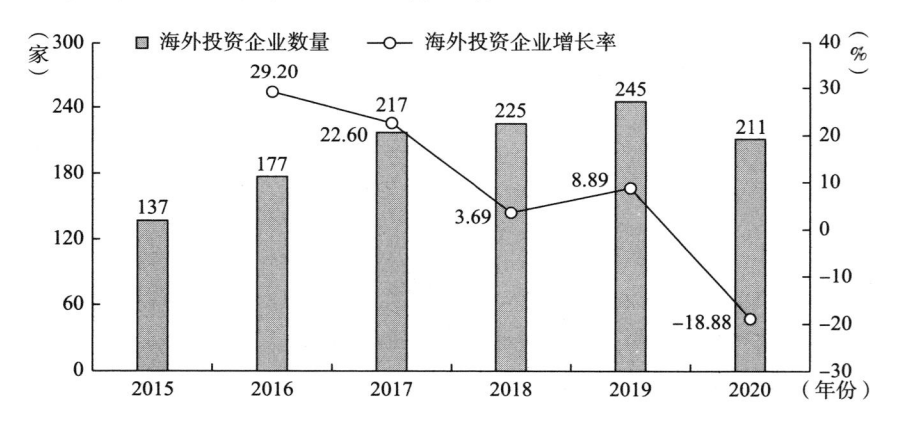

图37 山东省100强民营企业海外投资企业数量及增长率（2015～2020年）
资料来源：山东省统计局、山东省工商业联合会。

（三）"一带一路"建设参与情况分析

山东省100强民营企业在"一带一路"建设中的参与度较2019年有所下降。2020年，在"一带一路"中有投资项目或承包工程的企业共有29家，较2019年（31家）减少2家。在丝绸之路经济带（一带）中有投资项目或承包工程的企业数量为23家，与2019年持平；在21世纪海上丝绸之路（一路）中有投资项目或承包工程的企业数量为17家，较2019年（27

家）减少了10家（见图38）。

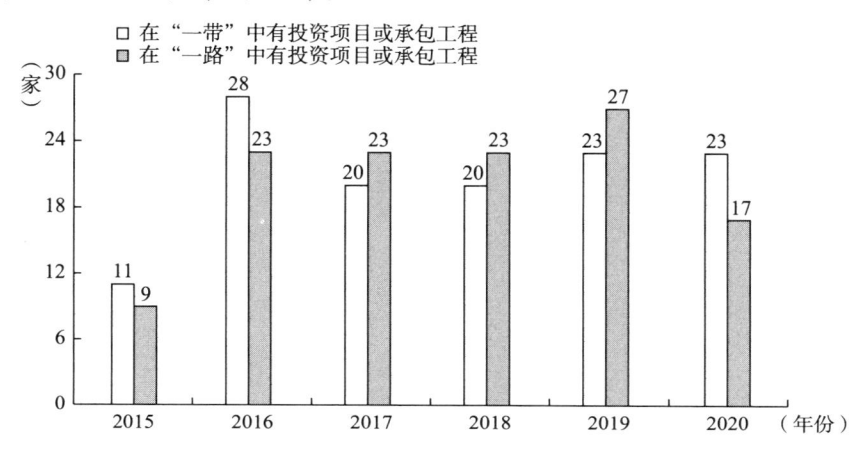

图38　山东省100强民营企业在"一带一路"建设中有投资项目或承包工程的企业数量情况（2015~2020年）

资料来源：山东省统计局、山东省工商业联合会。

2020年，在"一带一路"中有投资项目或承包工程的企业数量（29家）相比于2015年（13家）实现了123.1%的增长。2015~2020年山东省100强民营企业在"一带一路"中有投资意向的企业数量见图39。

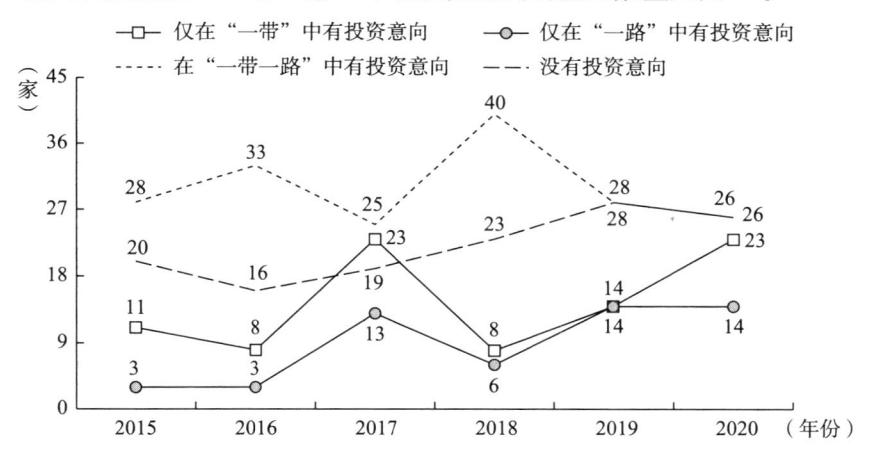

图39　山东省100强民营企业在"一带一路"中有投资意向的企业数量（2015~2020年）

资料来源：山东省统计局、山东省工商业联合会。

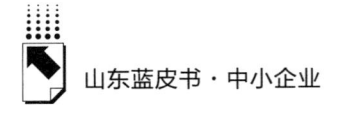

（四）"走出去"情况分析

随着山东省100强民营企业的综合实力逐渐提升，企业对海外的投资方式也日益多样化。其中，最主要的形式始终为对外直接投资以及产品和服务出口，采取这两种形式的企业数量远高于对外工程承包、对外劳务合作等其他投资方式（见图40）。

图40　山东省100强民营企业"走出去"的主要形式（2015～2020年）
资料来源：山东省统计局、山东省工商业联合会。

2020年山东省100强民营企业"走出去"最主要的动因是拓展国际市场，企业通过加强与国外市场的沟通对接，在增强国际竞争力优势的同时，也可以加快企业走出去的步伐。此外，想要利用当地劳动力等要素降低产品成本的企业数量在2020年出现了首次下降，因此降低成本也逐渐成为越来越多企业"走出去"时考虑的一大要素。同时，2020年，常见的考虑拓展国际市场，获取品牌、技术与人才等要素，获取国外原材料等资源的"走出去"动因的企业数量出现小幅下降（见图41）。

2020年山东省100强民营企业加入境外中资商（协）会的数量与2019年数量基本持平（见图42）。随着加入中资商（协）会的企业数量增加，越来越多的中资企业持续加强相互之间的联系交流和对当地工商界情况的了解程度，这增强了中资企业对其合法权益的维权能力，推动中资企业间与所在国的商业沟通与经贸合作。

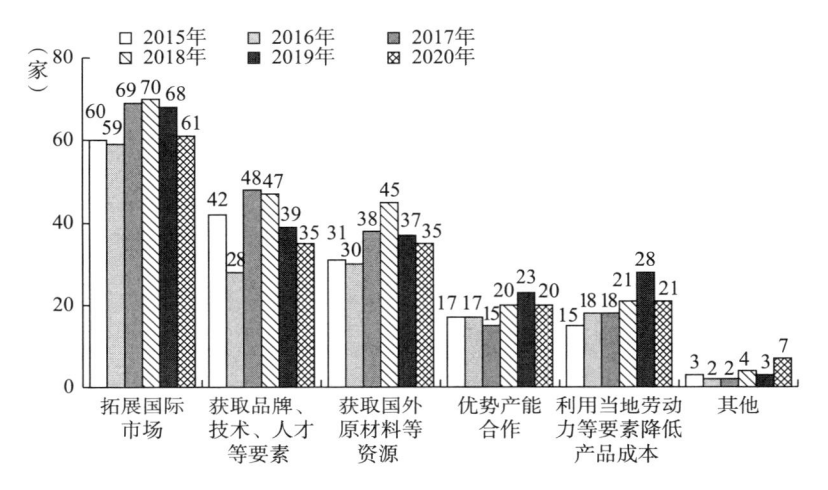

图41 山东省100强民营企业"走出去"的动因（2015~2020年）
资料来源：山东省统计局、山东省工商业联合会。

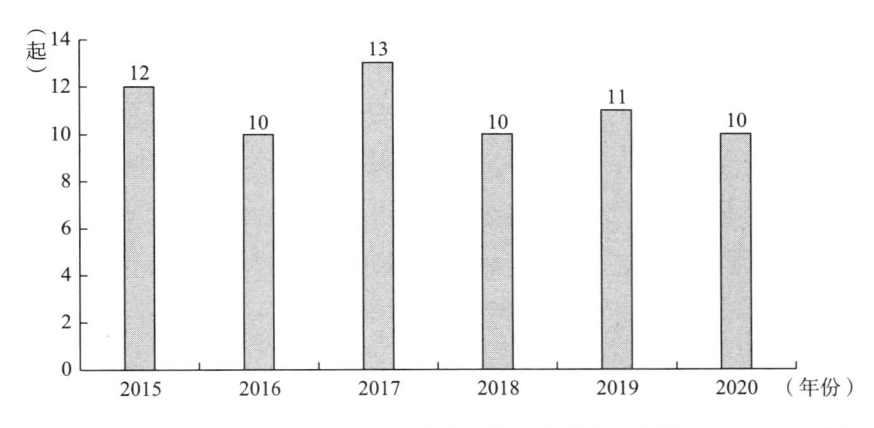

图42 山东省100强民营企业加入中资商（协）会的企业数量（2015~2020年）
资料来源：山东省统计局、山东省工商业联合会。

（五）国际贸易摩擦情况

近六年来，山东省100强民营企业中遭遇贸易摩擦的企业数量相对稳定，2020年共遭遇贸易摩擦10起（见图43），相较于2019年的11起波动不大，与2018年持平。

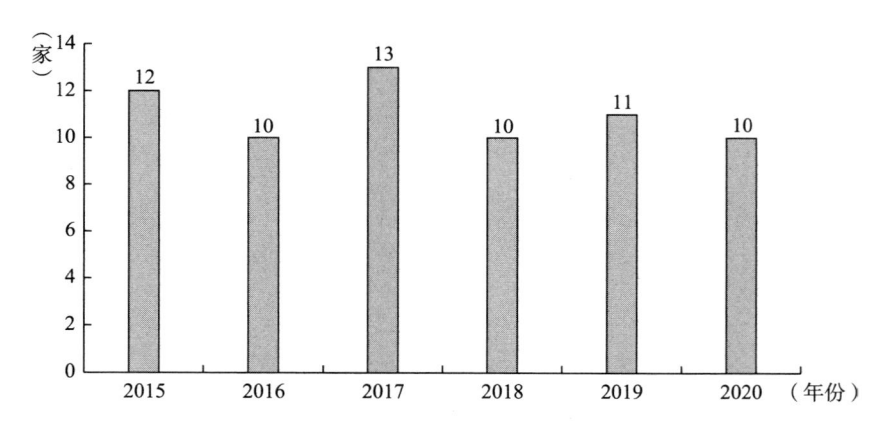

图43 山东省100强民营企业遭遇贸易摩擦情况（2015~2020年）

资料来源：山东省统计局、山东省工商业联合会。

在国际贸易摩擦中，中美经贸摩擦的影响受到关注，2020年有27家企业表示中美经贸摩擦的影响加剧，主要是受到了关税冲击、美国营商环境不确定因素增加以及出口下滑的影响，其中关税冲击导致对美出口成本增加的影响最为显著。这些企业表示海外研发受到影响、正常中美技术交流活动受限、政治因素影响海外雇员的工作稳定性以及合法商业活动受到不公正待遇等影响相对较小（见图44）。

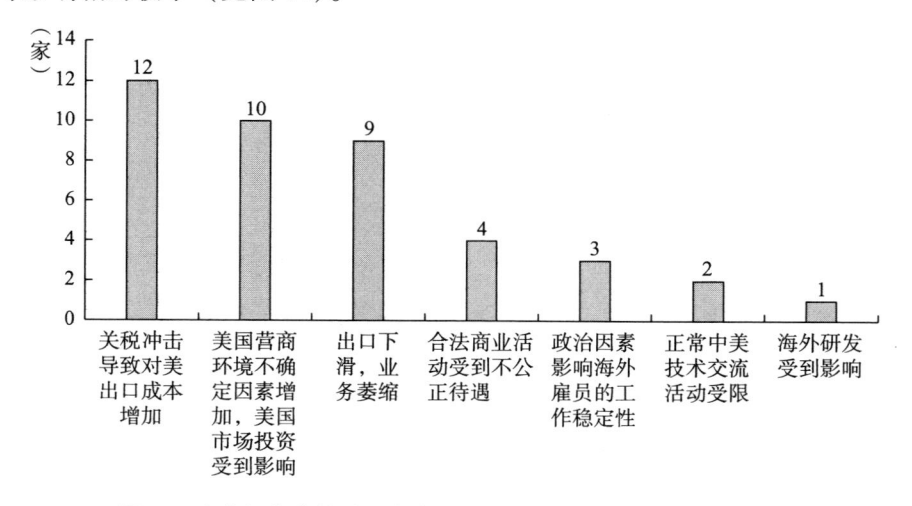

图44 中美经贸摩擦对山东省100强民营企业的影响（2020年）

资料来源：山东省统计局、山东省工商业联合会。

2020年山东省100强民营企业积极应对国际贸易摩擦，且采取的方式更加灵活。数据显示，企业最常采用的方式是协商，且把协商作为解决方式的企业数量逐年增加。面对国际贸易摩擦，绝大多数企业选择积极应对（见图45）。

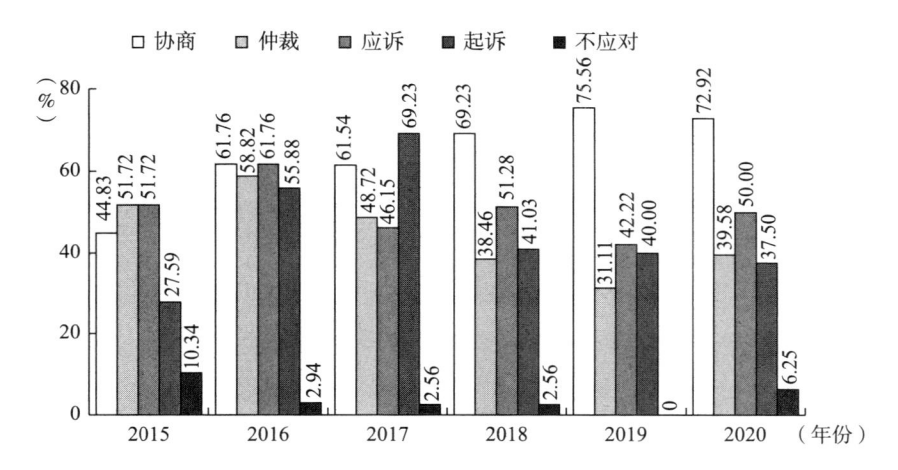

图45 山东省100强民营企业遭遇国际贸易摩擦时采取的对策（2020年）
资料来源：山东省统计局、山东省工商业联合会。

在处理贸易摩擦时，越来越多的企业选择依靠外部力量解决。企业可以依靠的外部力量主要有借助商会力量、联合同行共同应对、依靠政府及依靠专业机构四种，其中选择政府作为主要外部依靠力量的企业最多，其次为专业机构，选择联合同行共同应对的企业数量最少（见图46）。同时，选择借助上述四种外部力量处理贸易摩擦的企业数量占比较2019年都有不同程度的下降，越来越多的企业开始尝试用其他途径协助解决贸易摩擦的相关问题。

（六）海外市场开拓的困难与挑战

在国际化进程中，企业仍面临着一系列内、外部困难。从内部因素来看，主要面临五类困难：缺资金、缺人才、信息了解及前期战略规划不够、企业自身经营和维权能力不足及产品或服务缺乏竞争力（见图47）。

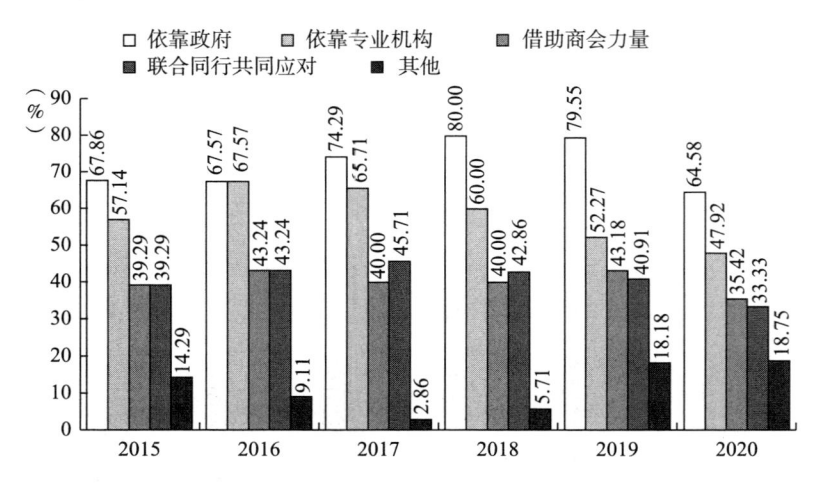

图 46　山东省 100 强民营企业遇到国际贸易摩擦时主要
依靠的外部力量（2015～2020 年）

资料来源：山东省统计局、山东省工商业联合会。

其中，缺少国际化经营管理人才及专业技术人才是一大困难，对信息了解及前期战略规划不够是另一大困难，主要包括对东道国政策、投资环境、市场信息了解不够以及对投资的战略规划不够。此外，企业自身的本土化经营能力、境外自我保护能力和维权能力以及其产品或服务的竞争力也会给海外市场的开拓带来不同程度的影响。相较于 2019 年，2020 年缺乏专业技术人才、缺乏境外自我保护能力和维权能力以及产品或服务缺乏竞争力等因素的影响小幅增强。

从外部因素来看，国内金融支持不够、外汇管制严格和缺少境外投资的统筹协调是企业开拓海外市场进程中面临的主要困难。相较于 2019 年，出入境手续烦琐、不便利，人才培训机构不健全等因素的影响增大。而在国外方面，国际贸易保护主义、单边主义抬头是最主要的困难，成为海外市场开拓的最大困难因素。东道国基础设施落后、法规与政策不完善及政局动荡等也对企业开拓海外市场造成了一定的困扰（见图 48）。

山东省100强民营企业分析报告（2020）

图47 山东省100强民营企业开拓海外市场面临的困难——内因（2015~2020年）

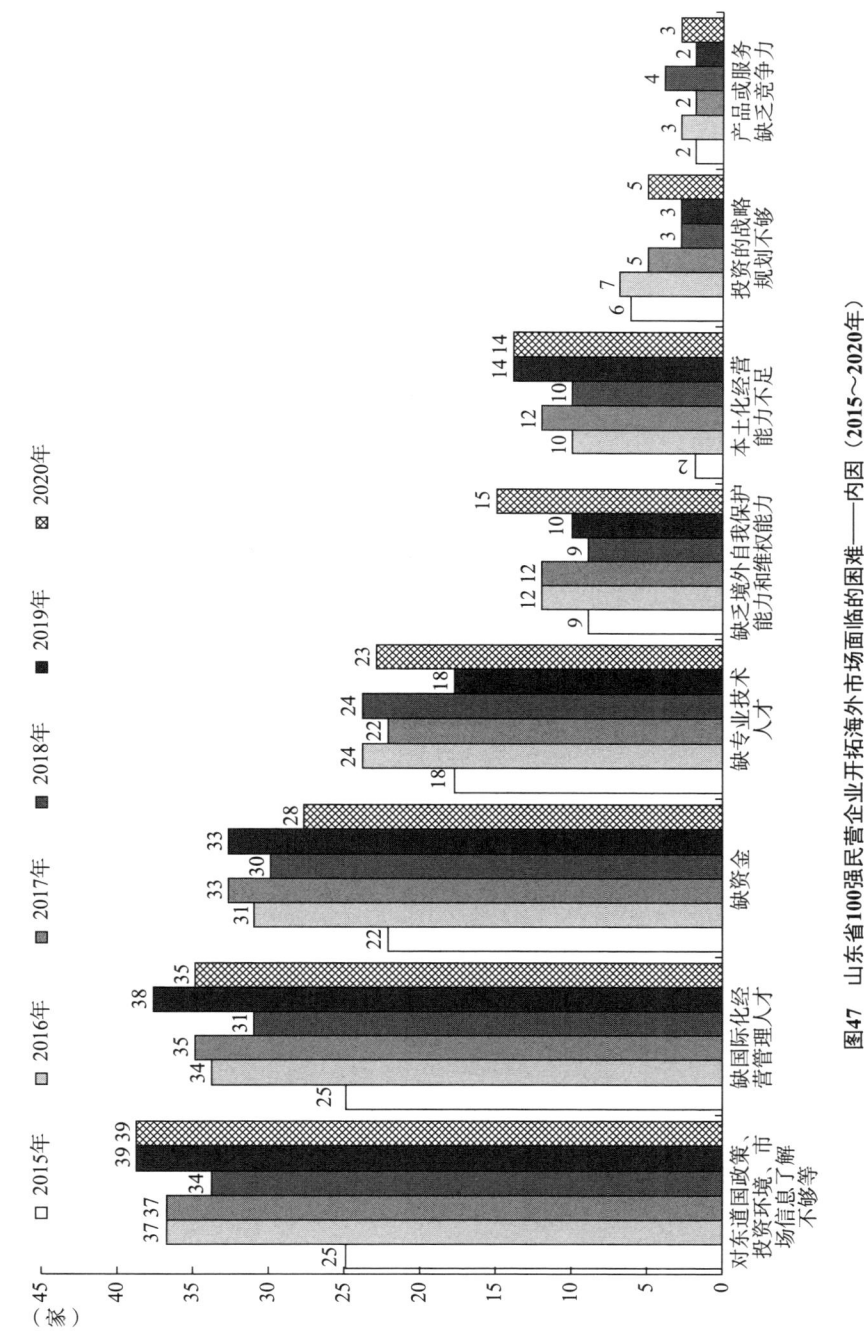

资料来源：山东省统计局、山东省工商业联合会。

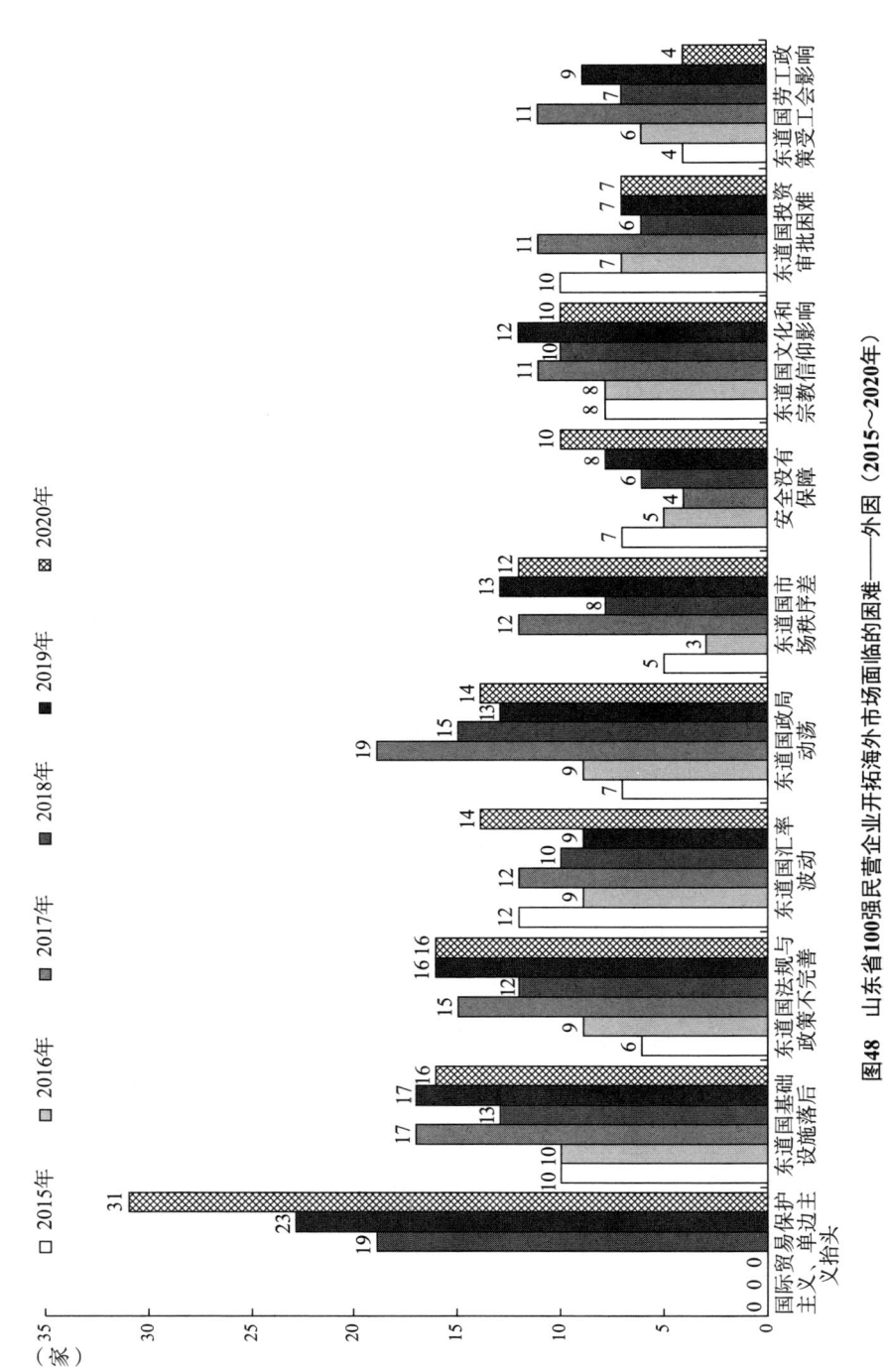

山东蓝皮书·中小企业

图48 山东省100强民营企业开拓海外市场面临的困难——外因（2015～2020年）

资料来源：山东省统计局、山东省工商业联合会。

九 营商环境分析

2020年山东省100强民营企业营商环境得到一定优化。各项政策和政府工作得到企业广泛认可，企业发展活力、动力增强。但近几年一直存在的用工成本上升、融资难融资贵、国内市场需求不足、税费负担重等问题仍未解决。

（一）营商环境改善情况

2020年山东省100强民营企业大多数对营商环境变化持积极态度，超过60%的企业认为政府企业服务力度加大，超过一半的企业认为税费负担有所降低，"亲""清"政商关系进一步确立，近一半企业认为市场监管、有利于科技创新的氛围和有利于民营经济发展的舆论氛围进一步加强。但在企业维权、产权保护、政府部门和国企拖欠账款清欠工作成效显著方面表示积极态度的受访企业较少（见表36）。

表36 山东省100强民营企业营商环境改善情况（2020年）

单位：家

营商环境改善情况	企业数量
政府企业服务力度加大	66
税费负担有所降低	55
"亲""清"政商关系进一步确立	51
市场监管进一步加强	48
有利于科技创新的氛围进一步加强	45
有利于民营经济发展的舆论氛围进一步加强	44
土地、劳动力、水电气等要素支撑有所改善	38
融资支持有所改善	37
政府诚信有所改善	37
市场信用体系建设有所改善	37
司法公正进一步加强	32
涉企执法更加公正	28

续表

营商环境改善情况	企业数量
市场准入有所改善	28
企业维权难度降低	21
产权保护有所改善	19
政府部门和国企拖欠账款清欠工作成效显著	10

资料来源：山东省统计局、山东省工商业联合会。

（二）民营企业发展的影响因素

良好的营商环境对民营企业来说至关重要。2020年山东省100强民营企业营商环境有了很大的改善，但影响因素与前几年相比没有太大的变化（见表37）。用工成本上升、融资难融资贵、税费负担重、国内市场需求不足仍然是困扰山东省民营企业的几大难题，另外，市场秩序不够规范，节能减排压力大等因素也都产生了较大的负面影响。

表37 山东省100强民营企业发展影响因素对比（2015～2020年）

单位：家

宏观环境	影响因素	2015年	2016年	2017年	2018年	2019年	2020年
市场环境	国内市场需求不足	53	39	33	34	36	41
	融资难融资贵	47	37	56	60	58	57
	用工成本上升	52	36	59	59	68	69
政策政务环境	税费负担重	46	39	53	53	55	44
	节能减排压力大	39	26	43	48	37	37
法治环境	市场秩序不够规范	37	26	35	38	38	30
	对知识产权的保护不够	17	13	18	17	12	14
政商环境	对民营经济的负面舆论较多	20	24	23	25	25	21

资料来源：山东省统计局、山东省工商业联合会。

（三）政府金融支持情况

2020年山东省100强民营企业获得金融支持情况没有得到明显改善，

共 64 家企业获得政府不同形式的纾困支持，较 2019 年（66 家）减少 2 家。33 家企业可以延期缴纳税款，18 家企业获得金融机构贷款展期、延期，15 家企业获得普惠金融产品。山东省 100 强民营企业中仅有 15 家企业未得到相关支持，较 2019 年 17 家略有减少。

在获得金融支持的同时，企业希望政府加大信贷力度和信贷额度、加大长期贷款业务的投放、同等条件下实现民营企业与国企政策的一致以及加大扶持项目资金投入力度等，促进山东省 100 强民营企业的有效融资（见表 38）。

表 38　山东省 100 强民营企业希望政府在融资方面提供哪些支持（2020 年）

单位：家

企业希望政府在融资方面提供哪些支持	企业数量
加大银行对民营企业的信贷力度和信贷额度	85
加大银行对民营企业的长期贷款业务的投放	66
同等条件下实现民营企业与国企政策的一致	59
政府加大扶持项目资金投入力度	58
出台针对企业不同融资需求的差异化融资政策	44
增加或创新民营企业贷款担保方及抵质押物类型	35
对于暂时出现困难但经营正常的民营企业，提供如延期或展期等服务	35
加快首发上市及再融资审核进度	18
其他	4

资料来源：山东省统计局、山东省工商业联合会。

融资难融资贵一直是民营企业发展中的难题。2020 年山东省 100 强民营企业中有 34 家企业认为金融机构对民营企业的信贷投放力度加大，25 家认为普惠金融定向降准政策进一步完善，21 家企业认为贷款需求响应速度和审批时效提高，20 家企业认为对民营企业票据融资的支持力度加大。较 2019 年来看，山东省 100 强民营企业融资难融资贵问题有所改善，但仍待提高（见表 39）。

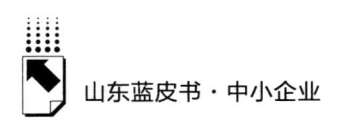

表39　山东省100强民营企业融资难融资贵问题改善情况（2020年）

单位：家

问题改善情况	企业数量
金融机构对民营企业的信贷投放力度加大	34
普惠金融定向降准政策进一步完善	25
贷款需求响应速度和审批时效提高	21
对民营企业票据融资的支持力度加大	20
金融机构服务流程优化	17
再贷款和再贴现额度增加	8
金融机构服务收费减免	7
民营企业首发上市和再融资审核进度加快	6
同等条件下民营企业与国有企业贷款利率和贷款条件达到一致（即贷款审批歧视性条款不再）	3
支持非上市、非挂牌民营企业发行私募可转债	3

资料来源：山东省统计局、山东省工商业联合会。

在获取融资方面，有近一半的企业在获取银行等金融机构融资方面面临的最大问题为银行更愿意贷款给国有企业而不是民营企业，超过30%的企业认为银行贷款利率高、信贷审核趋紧，使得企业无法有效获取融资（见表40）。

表40　山东省100强民营企业在获取银行等金融机构融资方面面临的最大问题（2020年）

单位：家

在获取银行等金融机构融资方面面临的最大问题	企业数量
银行更愿意贷款给国有企业而不是民营企业	41
贷款利率高	34
银行信贷审核趋紧	34
银行服务民营企业的能力有限	28
企业缺乏足够的抵押和担保	20
政府性融资担保难获得，费率高或存在反担保等	16
其他	12
银行出现不合理的抽贷、断贷现象	11

续表

在获取银行等金融机构融资方面面临的最大问题	企业数量
贷款周期太短，需要过桥倒贷	6
贷款中间环节存在不合理收费	5
企业经营管理不规范	1

资料来源：山东省统计局、山东省工商业联合会。

此外，山东省100强民营企业在资本市场也面临融资困难问题。对于民营企业来说，股票市场和债券市场的门槛过高，市场对民营企业债券接受度低以及资本市场和投资者的投资意愿不高，导致民营企业在资本市场融资困难（见表41）。

表41 山东省100强民营企业在获取资本市场融资方面面临的最大问题（2020年）

单位：家

	问题	企业数量
股票市场融资难度大	首发上市条件门槛高	5
	首发上市审核时间长	5
	已上市企业再融资审核时间长	0
	其他	6
债券市场融资难度大	融资门槛高，融资条件苛刻	18
	品种较单一	4
	企业债券发行规模小	3
市场对民营企业债券接受度降低		21
受限于所处行业，资本市场投资意愿不高		17
投资者对民营企业的投资意愿不高		19
其他		23

资料来源：山东省统计局、山东省工商业联合会。

（四）减税降费已见成效

2020年，超过半数的山东省100强民营企业在社保费缴费基数/范围、费率及研发费用税前加计扣除方面实现了减税降费，近半数的企业在增值税方面实现了减税降费，也有部分企业在应纳税所得额、出口退税、电价等方面实现了减税降费，减费降税已见成效（见表42）。

表42　山东省100强民营企业在哪些方面实现了减税降费（2020年）

单位：家

在哪些方面实现了减税降费	企业数量
社保费缴费基数/范围、费率	67
研发费用税前加计扣除	52
增值税	49
应纳税所得额	25
出口退税	24
电价	22
附加税	17
其他	12
工会经费	8
残疾人保障金	8
其他政府性基金费用	6
经营服务性收费	6
行政事业性收费	4

资料来源：山东省统计局、山东省工商业联合会。

减税降费可以使企业增加研发、创新等费用，做出优化和调整：通过增加研发费用投入和优化员工结构来提高企业科技创新能力，同时提升产品或服务质量、提升企业附加值（产品及服务等）、进一步拓展市场来提高企业竞争力（见表43）。

表43　减费降税使山东省100强民营企业做出的优化调整（2020年）

单位：家

优化调整		企业数量
研发费用投入增加	暂无影响	4
	无明显影响	6
	10%以内	46

续表

优化调整		企业数量
研发费用投入增加	10%~30%	6
	30%~50%	0
	50%及以上	0
优化员工结构，尤其是研发队伍		45
加大新增投资		21
提升产品或服务质量		46
提升企业附加值（产品及服务等）		42
进一步拓展市场		47
其他		4

资料来源：山东省统计局、山东省工商业联合会。

减税降费政策已初见成效，但仍有待进一步完善。绝大多数企业认为应进一步减免税收、降低税率，大部分认为应进一步降低社保缴费基数、缴存费率，进一步优化电价，降低企业用电成本，进一步降低物流运输成本（能源价格及公路、铁路、机场、港口等），以实现企业更好的发展（见表44）。

表44　山东省100强民营企业未来希望政府在减税降费
哪些方面进一步完善（2020年）

单位：家

减税降费内容	企业数量
进一步减免税收、降低税率	92
进一步降低社保缴费基数、缴存费率	69
降低工会经费	27
进一步优化残疾人保障金征收政策（减免额、免征企业范围、免征年限等）	31
进一步优化电价，降低企业用电成本	66
进一步降低物流运输成本（能源价格及公路、铁路、机场、港口等）	63
进一步停征或取消行政事业性收费项目范围、降低收费标准	33
统筹安排税费改革，合理调整税费种类设置	50
统筹安排产业链上下游政策优惠（做到减税降费真正到位，避免出现税收优惠的转嫁等）	47

续表

减税降费内容		企业数量
加快出台鼓励企业创新的税收优惠政策	计提科技开发风险准备金	10
	确立新技术产业化资产投资免税制度	22
	加大对企业创新活动出现亏损的减免税支持力度	18
	加大对创新平台、创投企业的税收优惠力度	24
进一步加大政策宣传，提高税务主管部门税收减免服务的主动性		39
进一步优化税收征管程序，优化办税服务（简并优化纳税申报、积极推进异地纳税的便利化等）		38
其他		6

资料来源：山东省统计局、山东省工商业联合会。

（五）新发展格局

2020年，以习近平同志为核心的党中央针对我国发展阶段、环境、条件变化提出新发展格局战略思想，"加快形成以国内大循环为主体、国内国际双循环相互促进的新发展格局"，新发展格局是事关中国经济中长期发展的重大战略部署。

构建新发展格局为山东省100强民营企业带来了许多机遇，超过半数企业认为构建新发展格局给企业带来了科技创新和国内超大规模市场的机遇，半数企业认为构建新发展格局给企业带来了重大工程、重大项目建设的机遇，近半数企业认为构建新发展格局给企业新型城镇化建设和城乡区域协调发展带来了机遇（见表45）。

表45 构建新发展格局给山东省100强民营企业带来的机遇（2020年）

单位：家

构建新发展格局带来的机遇	企业数量
科技创新	63
国内超大规模市场	58
重大工程、重大项目建设	50
新型城镇化建设和城乡区域协调发展	41

续表

构建新发展格局带来的机遇	企业数量
实施国际化、融入全球经济	39
消费潜力释放	38
构建现代物流体系	35
金融更好服务实体经济	31

资料来源：山东省统计局、山东省工商业联合会。

构建新发展格局给企业带来机遇，也带来挑战。在山东省100强民营企业中，近半数企业认为在构建新发展格局中面临产业链、供应链风险加大和新冠肺炎疫情蔓延的挑战。还有许多企业面临企业自身在创新、人才、管理等方面存在短板，科技竞争日益加剧，逆全球化的冲击等挑战（见表46）。

表46 构建新发展格局中山东省100强民营企业面临的挑战（2020年）

单位：家

构建新发展格局面临的挑战	企业数量
产业链、供应链风险加大	49
新冠肺炎疫情蔓延	47
企业自身在创新、人才、管理等方面尚存在短板	39
科技竞争日益加剧	36
逆全球化的冲击	24
供求脱节，国内有效需求不足	11
我国生产体系内部循环不畅	8

资料来源：山东省统计局、山东省工商业联合会。

为了融入新发展格局，山东省100强民营企业采取了各种措施。76家企业聚焦实业、做精主业，防范化解风险；71家企业实施数字化转型，培育新业态、新模式；超半数企业进一步加强创新，参与或实施关键领域核心技术攻坚；积极扩大有效投资，实现自身结构调整（见表47）。

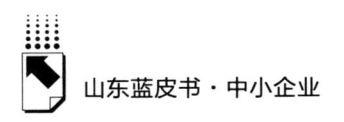

表47 山东省100强民营企业为融入新发展格局采取的主要措施（2020年）

单位：家

企业为融入新发展格局采取的主要措施	企业数量
聚焦实业、做精主业，防范化解风险	76
实施数字化转型，培育新业态、新模式	71
进一步加强创新，参与或实施关键领域核心技术攻坚	67
积极扩大有效投资，实现自身结构调整	60
充分利用国内国际两个市场两种资源，实现高质量"引进来"和高水平"走出去"	45
积极参与新型城镇化和城乡区域协调发展	33

资料来源：山东省统计局、山东省工商业联合会。

十 应对新冠肺炎疫情分析

2020年新冠肺炎疫情的突袭而至对企业的生产经营、出口业务、整体营收等都产生了不同程度的影响。在疫情防控常态化的背景下，山东省100强民营企业快速做出反应，加快开发新产品、新服务，推动生产经营转型与成本控制，积极采取措施应对疫情冲击，成效较为显著，其中医药制造业以及黑色金属冶炼和压延加工业等抓住发展机遇，实现整体运营的逆势上涨，展现出较强的发展信心。

（一）疫情对企业的影响

在2020年疫情已实现常态化防控的背景下，山东省100强民营企业通过积极做出运营调整和抗击疫情影响的反应，有28家企业整体运营实现逆势上涨，39家企业整体运营实现小幅上涨，13家企业整体运营表现与2019年持平（见表49），绝大多数企业逐渐在疫情防控常态化的环境中探索出了适应变化与经营危机的运营策略，使企业整体运营趋势稳中向好。其中，实现逆势上涨的企业主要为医药制造业以及黑色金属冶炼和压延加工业。

表48 在疫情防控常态化背景下已实现正常生产经营的
企业的整体运营表现（2020年）

单位：家

整体运营表现	企业数量
低于预期	17
与2019年持平	13
小幅上涨	39
逆势上涨	28

资料来源：山东省统计局、山东省工商业联合会。

疫情在全球的蔓延使得山东省100强民营企业中的大部分企业的产品出口及其他海外业务受到显著影响。35家企业表示产品需求量和销量明显下降，产品出口受阻，使得营业收入减少，流动资金紧张。受到交通管控等货运条件的限制，有3家企业出现海外工厂零部件供应不足的情况，8家企业的海外工厂目前仍处于停产或半停产状态，严重影响企业产业链的有效运转和正常运营（见表49）。

表49 全球疫情蔓延对山东省100强民营企业产生的影响（2020年）

单位：家

影响方面	企业数量
产品需求量和销量明显下降	35
海外工厂仍处于停产或半停产状态	8
海外工厂零部件供应不足	3
出口量激增，产能由满足内需市场转向满足国际市场	3

资料来源：山东省统计局、山东省工商业联合会。

（二）企业应对疫情影响的措施

在疫情已实现常态化防控的2020年，山东省100强民营企业采取多种措施应对疫情影响。超过半数的企业加快数字化转型和产品（服务）转型，加大融资力度，扩大产能以积极应对疫情影响。有38家企业加大对新领域的投资，广开门路，应对疫情冲击。部分企业通过减员增效、控制成本的方式调整企业的经营。也有较少的企业选择降价促销扩大市场份额以及关闭部分业务来应对疫情影响（见表50）。总体来看，企业大多采取"开源"与优化管理的方式来应对疫情影响。

山东省100强民营企业积极采取应对措施，对内不断调整产品结构，从创新转型中寻求活力，完善内部管理机制；对外有新旧动能转换政策持续支持发力，不断加大对新领域的投资，通过积极寻求企业间的合作共赢打造良好的企业生态圈。众多举措使山东省100强民营企业在疫情影响下转危为机，从而帮助众多企业实现整体运营的逆势增长。

表50 山东省100强民营企业应对疫情影响的措施（2020年）

单位：家

采取措施	企业数量
数字化转型	58
加大融资力度，扩大产能	58
产品（服务）转型	51
加大对新领域的投资	38
减员增效、控制成本	11
降价促销扩大市场份额	11
关闭部分业务	3

资料来源：山东省统计局、山东省工商业联合会。

（三）疫情防控常态化背景下企业的发展预期

对于2021年的经济发展预期，绝大多数企业预计其营业利润较2020年同期有所增长，其中有15家企业预计其营业利润有望实现大幅增长，展现出较强的发展信心。另外有15家企业预计其营业利润与2020年基本持平，2家企业预计其营业利润较2020年同期有所下降（见表51）。

表51 疫情防控常态化背景下山东省100强民营企业对自身2021年营业利润的预期

单位：家

企业对2021年自身营业利润的预期	企业数量
有所下降	2
持平	15
有所增长	68
有望实现大幅增长	15

资料来源：山东省统计局、山东省工商业联合会。

B.7 山东省开展首贷培植行动破解小微融资痛点的实践探索[*]

霍成义 刘建磊 王晶[**]

摘 要： 作为普惠金融的重要服务对象，小微企业长期面临缺信息、缺信用、缺抵押担保等问题，自身融资能力匮乏，特别是首次贷款难，即"首贷难"，成为其融资难的一个突出表现。山东省把解决"首贷难"作为缓解民营和小微企业融资难问题的出发点，自2019年4月起，在全国率先开展"民营和小微企业首贷培植行动"，取得良好效果。本报告将对山东省首贷培植行动进行研究，通过对首贷培植行动的背景、主要做法及成效展开分析，从中总结提炼经验启示，如坚持有效市场和有为政府结合、坚持问题导向和目标导向、坚持长短结合和标本兼治、坚持"几家一起抬"思路等，为其他地方做好民营和小微企业金融服务提供借鉴。

关键词： 民营企业 小微企业 首贷培植 企业融资

一 背景

（一）"首贷难"的形成原因

银企信息不对称导致"不敢贷"。初次申请贷款的企业在人民银行征信

---

[*] 本报告由山东省金融学会提供，编写组感谢山东省金融学会对《山东省民营及中小企业发展报告（2020~2021）》的支持。
[**] 作者霍成义、刘建磊、王晶均供职于中国人民银行济南分行。

系统缺乏信贷记录，多数规模小、财务管理不规范，金融机构难以掌握企业信用信息情况，存在明显的信息不对称，容易引发逆向选择和道德风险。金融机构信贷过程中的逆向选择，主要是指在贷款发放前发生的信息不对称问题。由于信息不对称，金融机构为了降低交易的风险成本，会按照平均风险成本对中小微企业设立统一的贷款利率，导致本可以放贷的客户因不愿接受或无力承担较高利率而不贷款。道德风险主要是指信贷员利用信息不对称，在放贷及贷后管理过程中用牺牲银行和客户利益来满足自己的私利，或者是借款人有意拖欠金融机构贷款，或不负责任地将所贷款项进行风险投资造成金融机构资产损失等现象。因此，道德风险是金融机构为了避免信贷风险而出现惜贷的重要原因。

风险和收益不平衡导致"不愿贷"。小微企业贷款需求具有"短、小、频、急"的特点，银行发放贷款的单笔获利较低，收益无法覆盖成本。对于商业银行基层信贷人员来说，银行往往采用以结果为导向的严格考核制度，一笔贷款一旦逾期无法收回，信贷人员不仅其奖金被取消，还要被追责。由于这种结果导向的考核难以把因道德风险造成的损失和因不可预测客观因素造成的呆账坏账区分开来，很多银行基层人员在服务民营企业时面临难以预测的后果，工作积极性较低。

过于依赖抵押担保导致"不会贷"。在业务模式上，商业银行传统上习惯做低风险的国有企业、地方政府融资平台、房地产行业的业务，而对于小微企业耕耘不深、不够专业，金融产品创新缓慢，风险管理方式比较单一，过度依赖抵押担保。

资本补充压力导致"不能贷"。伴随着"资管新规"等系列强监管措施落地实施，表外业务加速"回表"，非标业务回归标准化，资产质量更加透明和真实，银行业面临较大的资本补充压力。尤其对于部分中小银行来说，其盈利增速低于规模增速，资本内源补充能力有所弱化，导致资本补充压力上升，信贷投放能力受到限制。

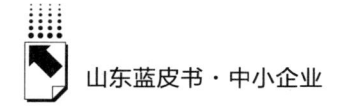

（二）开展首贷培植的必要性

民营企业特别是小微企业是经济新动能培育的重要源泉，在推动经济增长、促进就业增加、激发创新活力等方面发挥着重要作用。目前，我国民营经济具有"五六七八九"的特征，即贡献了50%以上的税收、60%以上的国内生产总值、70%以上的技术创新成果、80%以上的城镇劳动就业、90%以上的企业数量。

党中央、国务院始终高度重视金融服务民营企业工作。2018年11月1日，习近平在民营企业座谈会上强调，要不断为民营经济营造更好发展环境，帮助民营经济解决发展中的困难。要优先解决民营企业特别是中小企业融资难甚至融不到资的问题，同时逐步降低融资成本。2019年2月14日，中共中央办公厅、国务院办公厅发布《关于加强金融服务民营企业的若干意见》，明确通过综合施策，有效缓解民营企业特别是小微企业融资难融资贵的问题。国务院常务会议多次研究部署进一步缓解小微企业融资难融资贵问题，并在2020年政府工作报告中提出"鼓励银行大幅增加小微企业信用贷、首贷、无还本续贷"。

中国人民银行、中国银保监会编写的《中国小微企业金融服务报告（2018）》指出，我国中小企业的平均寿命为3年左右，成立3年后的小微企业持续正常经营的约占1/3。小微企业平均在成立4年零4个月后第一次获得贷款。小微企业要熬过平均3年的死亡期后，才会通过银行信贷的方式获得资金支持。但是研究也发现，首次贷款后小微企业与银行的信用联系会逐步增强，更容易持续获得融资。小微企业在获得第一次贷款后能获得第二次贷款支持的比率占76%，得到4次以上贷款支持的比率为51%，后续贷款融资的可得率比较高。

在金融机构致力于开展普惠小微金融的实践中，出现了大行"掐尖"小行优质客户的现象，导致中小银行一批头部、顶尖客户流失。尤其是不少股份制银行在小微金融服务中长期采取"跟随战略"，侧重于对已在其他银行获得贷款的企业追加贷款，一旦企业有出险迹象，往往立即对企业抽贷，不仅加剧了企业困境，也会损害当地金融生态。因此，提高企业首次贷款获得能力既是缓解民营和小微企业融资难的一个重要着力点，也是督促大行下沉服务重心、拓展首贷客户、维护信贷市场秩序的重要举措。

二 主要做法

中国人民银行济南分行在深入总结2018年"小微企业金融服务万户行"活动经验的基础上，自2019年4月以来，会同山东省银保监局、省财政厅、省工业和信息化厅、省地方金融监管局、省自然资源厅等部门，在全国范围内率先开展"民营和小微企业首贷培植行动"，按照"缺什么、补什么"原则，聚焦首贷企业"缺信息、缺信用、缺抵押担保"等突出问题，多措并举缩小银行贷款条件与企业实际情况的差距，提高企业获贷能力。

（一）科学确定培植对象，实施首贷培植名单制管理

在名单确定上，培植行动将处于初创期或成长期，有潜力、有市场、有前景但尚未获得贷款的民营和小微企业作为培植对象，通过申贷企业"自主报"、主管部门"筛选推"、金融机构"内部挖"多渠道确定培植名单。在名单管理上，实行培植名单动态管理，对企业因项目规划、土地、环保等融资前置条件不完备又暂时无法解决的，金融机构将企业调出培植名单，并定期跟踪，待企业符合条件时继续帮助培植；对企业有恶意逃废债务、信用欺诈等明显失信行为或重大经营风险的，将其退出培植名单；对成长性良好，培植银行自身无适合企业信贷产品的，推荐给其他银行进行对接。

（二）强化信息共享，着力缓解银企信息不对称

企业首贷难，首难在于缺信息。山东省把信息培植作为首贷培植的基础，从挖掘企业外部数据和内部数据两个角度发力，着力破解信息不对称。一方面，推进部门间信息共享。中国人民银行济南分行会同省大数据局开发"山东省融资服务平台"，成功集合发改、税务、海关、市场监管、食药监

等多个部门的涉企公共信用信息，有效打破部门间"数据烟囱""信息孤岛"，省内企业自主登录"山东政务服务网"和"爱山东"手机App，即可在线提交融资需求，涉企公共信用信息自动匹配共享，平台实时推送给全省各银行及基层网点，商业银行在没有企业信贷记录的情况下也能依托大数据技术来还原企业真实经营的行为特点和经营状况，帮助企业实现融资。截至2020年末，金融机构已通过平台成功对接中小微企业融资需求2.6万条，发放贷款4900亿元。

另一方面，推广实施主办银行制度。在主办银行制度下，银企双方自主建立起"一对一"的更加紧密的合作关系，企业的支付结算、财务管理、信贷等各项业务均在主办银行办理，并享受利率优惠，银行可以全面、准确地把握企业的经营状况，深入挖掘企业订单、物流、资金等经营场景类信息和管理层个人品行等"软信息"，实现信息不对称的消减，提高了交易行为的可预期性和风险控制力，有助于深化银企互信，形成银企长期稳定合作的良好格局。如德州当地已有3563家首贷企业与银行签订主办行协议，获得贷款26.2亿元。

（三）鼓励创新金融产品，破解抵押担保难题

积极发展供应链金融。供应链金融的实质是依托产业链核心企业信用，在真实交易背景下，运用金融科技手段整合物流、资金流、信息流等信息，为上下游企业提供无须抵押担保的融资服务，从而为破解抵押担保难打开一条新通道。为鼓励供应链金融发展，山东省印发《关于深化金融"放管服"改革 进一步提升金融服务水平的意见》，鼓励金融机构加大对产业链核心企业及上下游企业信贷支持力度，充分利用应收账款融资、订单融资等方式，为上下游企业提供有针对性的金融服务。在政策引导下，2021年1~8月，山东省金融机构新增应收账款融资业务2.88万笔、金额1355.92亿元；其中，中小微企业融资2.65万笔、金额1086.22亿元，占比分别为92.01%、80.11%；政府采购合同融资738笔，金额58.1亿元。

促进动产质押融资。中国人民银行济南分行联合省市场监管局开展

"动产质押融资助企高质量发展"系列活动,推动金融机构加大金融产品创新支持力度,帮助小微企业用足用好存货、原材料、机器设备等动产抵押登记政策,发展动产质押融资业务。2020年,山东省共办理动产抵押登记11839份,主债权金额4240亿元,均居全国第一。

鼓励增加信用贷款投放。实施普惠小微信用贷款支持计划,以央行资金购买央行评级1~5级的地方法人银行新发放普惠小微信用贷款的40%,鼓励银行发放信用贷款,2021年1~8月,累计为124万户市场主体发放普惠小微信用贷款1892亿元,是2020年同期的2.1倍。围绕激发人力资本融资潜能,推动银行机构针对高层次人才和其长期所在企业创新无抵押、无担保、发生风险有补偿的"人才贷"融资模式,2021年上半年累计发放"人才贷"120笔,贷款金额新增5.45亿元。对科技型中小企业,鼓励金融机构创新专属信用产品,如北京银行济南分行针对瞪羚企业推出"瞪羚快贷",支持72家企业获得贷款10.8亿元;浦发银行济南分行推出"瞪羚科技信用贷",支持6家企业获得贷款1.1亿元。

(四)建立激励约束机制,增强金融机构服务能力

在政策激励上,中国人民银行济南分行从再贷款、再贴现等货币政策工具运用方面加大对首贷培植的倾斜支持,优先为首贷培植效果好的地方法人机构办理再贷款、再贴现业务,引导金融机构利用低成本央行资金向培植企业发放优惠利率贷款和信用贷款。2021年1~8月,累计发放信贷政策支持再贷款1034.3亿元,同比增加446.9亿元;办理再贴现677.8亿元,同比增加224.3亿元。同时,支持培植效果好的地方法人机构发行永续债、二级资本债,多渠道补充银行资本金,2021年1~8月支持辖内金融机构发行永续债75亿元、二级资本债100亿元,进一步增强服务小微企业的能力。

在约束手段上,中国人民银行济南分行建立分地市、分金融机构的定期监测和通报制度,对全国性银行分支行和地方法人银行同时进行考核,对培植工作力度较慢的机构进行约谈,并将该项工作纳入金融机构年度综合评价中,会同银保监部门督导银行改进内部考核激励机制、稳步提高民营和小微

金融服务中首贷的考核比重。如，省联社制定实施《山东省分行小额信贷业务尽职免责实施细则》，落实首贷业务尽职免责政策，对于不存在道德风险，在改革创新、先行先试中出现的失误，予以容错和免责，充分调动和保护各级银行开展首贷培植的积极性。

此外，加强政策效果评估。按季度对省内金融机构开展小微信贷政策效果评估，专列首贷户数占比等指标，将评估结果作为金融机构货币政策工具运用、金融债券发行等工作的重要参考，发挥评估结果对金融机构经营行为的激励约束作用。

（五）加强政策协调配合，优化地方融资环境

成立首贷服务中心。为解决企业办理贷款部门多、手续多、跑腿多的问题，结合省里推进的"一次办好"改革，推动各地市建立首贷服务中心，为培植企业提供一站式、综合性服务。如，滨州市在市产融综合服务中心设立全省首家首贷服务中心，依托市产融综合服务中心"人员聚集、业务聚集、资源聚集"三项优势，通过设立"首贷咨询"窗口、用好中心配套政策、限时督办等措施，实现首贷培植"服务靠前一步、问题及时清理、业务高效办理"。首贷服务中心成立后，贷款平均办理时间不超过7个工作日，累计帮助8642家民营和小微企业获得首贷。

发挥财政资金增信分险作用。省级财政安排中小微企业贷款增信分险资金20亿元，为首次贷款的民营和小微企业提供贴息、保费补贴等服务，为相关金融机构提供贷款风险补偿。各地市财政也积极加大对首贷培植的支持，如在青岛市每新增1户首贷企业，奖励金融机构1万元。

加强政府性融资担保体系建设。在考核评价体系方面，突出其准公共产品属性，重点考核首次贷款支持率、降低反担保要求等指标，对首贷小微企业平均担保费率降至1%以下。在合作模式上，山东纳入国家融资担保基金银担"总对总"批量担保业务合作首批试点地区，对首贷培植过程中通过银行贷款审批的企业，担保机构不再重复尽调评审，自动提供担保支持，实现"见贷即保"。此外，中国人民银行济南分行推进再贷款与融资担保精准

对接，支持符合再贷款条件的地方法人银行与融资担保机构加强合作，不断扩大支小支农银担业务规模。

提高企业自我发展能力。山东省市场监管局、中国人民银行济南分行等部门联合实施小微企业治理结构和产业结构"双升"战略。在小微企业治理结构升级方面，以市场监管部门掌握的个体工商户、小微企业等市场主体数量为基数，建立小微企业分类培育库，确定"个转企、企升规、规改股、股上市"重点培育对象，加快个体工商户转为小微企业的步伐，加大培训力度提升小微企业整体素质。在产业结构升级方面，推动小微企业产业结构迈向中高端，进入核心技术、工业技术改造等关键领域，支持小微企业培育自主品牌，形成一批"单项冠军""专精特新"等创新领军型小微企业。

三　成效与启示

（一）取得成效

民营小微企业贷款实现量增、价降、结构优化。2021年1~8月，全省共支持7.5万家民营和小微企业获得首贷718亿元，获贷家数、金额分别同比增长23.3%和12.9%。在首贷培植行动的带动下，全省普惠小微贷款余额10438.9亿元，同比增长39.3%，比各项贷款平均增速高26个百分点；普惠小微贷款户数164.5万户，比2021年初增加31.4万户。

企业金融服务获得感进一步增强。针对1700家首贷企业开展的调查表明，74.1%的企业表示融资需求通过首次贷款全部得到满足，85%的企业融资需求获得九成以上的满足；首贷后仍有融资需求的306家企业中，297家成功获得二次贷款，获贷率为97.1%，二次贷款难度显著降低。2020年11月初，全国工商联发布的《2020年万家民营企业评营商环境报告》显示，山东省在民营企业对金融支持政策总体满意度、纾困扶持政策宣传、纾困政策落实效果方面，是3个排名靠前的省份之一，在要素成本下降总体满意度方面，是两个排名靠前的省份之一。

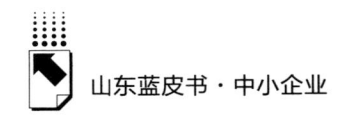

大中型银行与小银行错位发展、良性竞争的格局初步形成。随着首贷培植行动的深入开展，拓展小微客户不再是地方银行自己的事。大中型银行运用科技手段赋能，通过大数据、云计算等技术建立风险定价和管控模型，深入挖掘整合银行内部小微企业客户信用信息，寻找潜在优质客户，线上业务优势明显；地方法人机构则在加快发展线上产品、补齐自身短板的同时，主动进行错位竞争，借助人缘、地缘、亲缘的优势，将深耕大行难以辐射的"三农"、小微企业等长尾客户作为发展战略，加强线下营销对接。

社会各界认可度不断提升。自首贷培植行动开展以来，中央和省级新闻媒体采访团先后开展专题采访，新华社、《人民日报》等媒体多次报道，"中国政府网"两次在全国推广，山东省电视台《新闻联播》进行头条报道。山东省委、省政府对该项工作高度认可，将"首贷培植"写入2020年省政府工作报告，作为缓解融资难融资贵"组合拳"的十项举措之一，并纳入《山东省国民经济和社会发展第十四个五年规划和2035年远景目标纲要》。在山东开展首贷培植行动后，江苏、浙江、四川、湖北、重庆等多个兄弟省份也陆续加大了对首贷企业的培植力度。

（二）经验启示

坚持有效市场与有为政府结合，实现优势互补与协同发力。有效市场和有为政府，两者相伴共生、缺一不可。整个培植行动注重坚持市场化、法治化原则，严格把握"政府"的职责边界，不搞"拉郎配"工作，充分尊重市场主体的意愿，发挥市场在配置资源中的决定性作用，由资金供需、担保供需双方自主协商、平等合作，实现商业的可持续发展。此外，也要注意到市场有自身局限性，单靠市场调节容易出现个体理性下的集体非理性，导致小微金融供给的严重不足。为了弥补市场缺陷，山东省积极发挥政府的作用，在平衡金融机构风险和收益、激发金融机构展业积极性等方面做了许多探索，增强了首贷培植行动的生命力。

坚持问题导向、目标导向，力求辩证施策、精准发力。培植行动始终将提高企业的首贷获得率、增强企业的金融服务获得感作为出发点和落脚点，聚焦导致"首贷难"的缺信息、缺信用、缺抵押担保等难点、堵点、痛点，定向发力，着力破除各种体制机制障碍，帮助民营和小微企业攀越融资难的"高山"。在目标落实上，建立考核通报机制，对政策措施的落实情况进行定期评估和督查，对金融机构报送数据抽样核查，避免"数字工程"，确保培植行动不减力、不走样。

坚持长短结合、标本兼治，注重构建首贷培植长效机制。民营和小微企业融资难是世界性难题，必须有短期思维和长期思维，注重标本兼治。山东省在首贷培植中，既有短期性的措施，如对金融机构的考核通报、约谈督导等，通过压力传导增强金融机构的责任感和紧迫感，也有长期性的措施，更多注意构建服务企业首贷的长效机制，解决金融机构"不敢贷、不愿贷、不能贷"问题，形成"铺路"（打通政策传导渠道）、"架桥"（解决民营和小微企业融资抵押少、担保难问题）、"育苗"（提高民营和小微企业规范财务管理和信息披露能力）流程体系。

坚持"几家一起抬"思路，强化统筹谋划和顶层设计。习近平反复强调改革开放是复杂的系统工程，各级领导干部要有系统思维。解决"首贷难"也是一个系统工程，需要多方面的持续努力。为增强培植行动的系统性、协同性，山东省多部门联合印发指导意见，为开展培植行动提供了基本遵循。金融管理部门、财税部门、企业和市场管理部门按照各自职责明确分工、主动作为，同时又通力合作，在资金支持、差异化监管、风险分担、贷款贴息、抵质押物处置等方面共同发力、同频共振，形成支持首贷培植工作的政策合力。

参考文献

［1］孙国茂：《提高上市公司质量 赋能我省高质量发展》，《山东经济战略研究》2020年第12期。

［2］孙国茂：《中国证券市场宏观审慎监管研究》，中国金融出版社，2020。

［3］孙国茂主编《中国证券公司竞争力研究报告（2020）》，社会科学文献出版社，2020。

［4］孙国茂、张辉、张运才：《宏观审慎监管与证券市场系统性风险测度研究》，《济南大学学报》2020年第6期。

［5］孙国茂、李猛：《宏观审慎监管下的证券公司系统重要性评价体系研究》，《山东大学学报》（哲学社会科学版）2020年第5期。

［6］孙国茂：《山东省上市公司研究报告（2020）》，中国金融出版社，2020。

［7］孙国茂：《山东省金融科技与区块链发展报告（2020）》，中国金融出版社，2020。

［8］孙国茂主编《山东省普惠金融发展报告（2019）》，社会科学文献出版社，2019。

［9］孙国茂主编《山东省中小企业发展报告（2019）》，社会科学文献出版社，2019。

［10］孙国茂主编《中国证券公司竞争力研究报告（2019）》，社会科学文献出版社，2019。

［11］孙国茂主编《山东省上市公司经营绩效及市值管理评价报告（2019）》，

中国金融出版社，2019。

[12] 孙国茂、李猛：《区块链信任机制与社会秩序——基于疫情隔离防控的分析》，《山东社会科学》2020年第4期。

[13] 孙国茂、胡俞越：《政策漂移、猪肉价格波动与结构性通货膨胀研究——基于TVP–VAR模型》，《东方论坛》2020年第4期。

[14] 杜楠、王大本、邢明强：《科技型中小企业技术创新驱动因素作用机理》，《经济与管理》2018年第2期。

[15] 俞懿、王兴旺：《中小企业融资问题浅探——以山东省为例》，《财会研究》2018年第4期。

[16] 孙卫东：《产业集群内中小企业商业模式创新与转型升级路径研究——基于协同创新的视角》，《当代经济管理》2019年第6期。

[16] 李建军、周叔媛：《高管金融素养是否影响企业金融排斥？——基于缓解中小企业融资难的视角》，《中央财经大学学报》2019年第5期。

[18] 李鸿阶、张元钊：《全球经济形势新变化与中国新发展格局构建》，《当代世界》2021年第6期。

[19] 徐玉德、刘迪：《疫情冲击下我国出口企业面临的挑战及应对》，《财会月刊》2021年第6期。

[20] 张贵：《以"链长制"寻求构建新发展格局的着力点》，《人民论坛》2021年第2期。

[21] 雷曜：《小微企业融资的全球经验》，机械工业出版社，2020。

[22] 工信部中小企业局：《中国中小工业企业经济运行报告（2019）》，2020年5月。

[23] 山东省银行业协会：《2019年山东银行业社会责任报告》，2020年8月。

[24] 山东省银行业协会：《2020年山东银行业社会责任报告》，2021年8月。

[25] 王云云：《山东省小额贷款公司发展现状、问题及对策研究》，2016年。

[26] 焦瑾璞：《构建普惠金融体系的重要性》，《中国金融》2010年第10期。

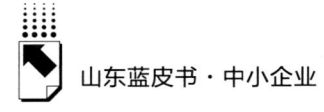

[27] 周小川:《践行党的群众路线推进包容性金融发展》,《中国金融家》2013年第10期。

[28] 焦瑾璞、孙天琦、黄亭亭、汪天都:《数字货币与普惠金融发展——理论框架、国际实践与监管体系》,《金融监管研究》2015年第1期。

[29] 贺刚、张清、龚孟林:《数字普惠金融内涵、创新与风险研究》,《甘肃金融》2020年第2期。

[30] 何超、董文汇、宁爱照:《数字普惠金融的发展与监管》,《中国金融》2019年第23期。

[31] 贝多广、张锐:《包容性增长背景下的普惠金融发展战略》,《经济理论与经济管理》2017年第2期。

[32] 龚沁宜、成学真:《数字普惠金融、农村贫困与经济增长》,《甘肃社会科学》2018年第6期。

[33] 宋晓玲:《数字普惠金融缩小城乡收入差距的实证检验》,《财经科学》2017年第6期。

[34] 谢绚丽、沈艳、张皓星、郭峰:《数字金融能促进创业吗:来自中国的证据》,《经济学》(季刊)2018年第4期。

[35] 郭峰、王靖一、王芳、孔涛、张勋、程志云:《测度中国数字普惠金融发展:指数编制与空间特征》,北京大学数字金融研究中心工作论文,2018。

[36] 林毅夫、李永军:《中小金融机构发展与中小企业融资》,《经济研究》2001年第1期。

[37] 吕劲松:《关于中小企业融资难、融资贵问题的思考》,《金融研究》,2015第11期。

[38] 王鸿丽:《论中小企业现金流量管理的对策》,《企业会计》2014年第10期。

[39] 黄志忠、谢军:《宏观货币政策、区域金融发展和企业融资约束——货币政策传导机制的微观证据》,《会计研究》2013年第1期。

[40] 钟凯、程小可、肖翔、郑立东:《宏观经济政策影响企业创新投资

吗——基于融资约束与融资来源视角的分析》，《南开管理评论》2017年第6期。

［41］郑江淮、何旭强、王华：《上市公司投资的融资约束：从股权结构角度的实证分析》，《金融研究》2001年第11期。

［42］王家庭、赵亮：《我国上市公司的融资约束及其影响因素的实证分析》，《产业经济研究》2010年第3期。

［43］潜力、涂艳：《企业规模与融资约束——基于随机前沿方法的分析》，《财会月刊》2016年第27期。

［44］孙德升、房汉廷、张明喜：《中小科技企业融资痛点与对策研究》，《中国科技论坛》2017年第11期。

［45］张伟斌、刘可：《供应链金融发展能降低中小企业融资约束吗——基于中小上市公司的实证分析》，《经济科学》2012年第3期。

［46］林毅夫、李永军：《中小金融机构发展与中小企业融资》，《经济研究》2001年第1期。

［47］尹志超、钱龙、吴雨：《银企关系、银行业竞争与中小企业借贷成本》，《金融研究》2015年第1期。

［48］秦士晨：《中小企业融资问题的研究——基于"数字普惠金融"创新借贷模式》，《工业经济论坛》2017年第5期。

［49］邹伟、凌江怀：《普惠金融与中小微企业融资约束——来自中国中小微企业的经验证据》，《财经论丛》2018年第6期。

［50］喻平、豆俊霞：《数字普惠金融发展缓解了中小企业融资约束吗》，《财会月刊》2020年第3期。

［51］梁榜、张建华：《数字普惠金融发展能激励创新吗？——来自中国城市和中小企业的证据》，《当代经济科学》2019年第5期。

［52］滕磊：《数字普惠金融缓解中小企业融资约束的机制与路径》，《调研世界》2020年第9期。

［53］任晓怡：《数字普惠金融发展能否缓解企业融资约束》，《现代经济探讨》2020年第10期。

[54] 包钧、谢霏、许霞红:《中国普惠金融发展与企业融资约束》,《上海金融》2018年第7期。

[55] 吴善东:《数字普惠金融的风险问题、监管挑战及发展建议》,《技术经济与管理研究》2019年第1期。

[56] 梁榜、张建华:《中国普惠金融创新能否缓解中小企业的融资约束》,《中国科技论坛》2018年第11期。

[57] 连玉君、苏治、丁志国:《现金-现金流敏感性能检验融资约束假说吗?》,《统计研究》2008年第10期。

[58] 谢绚丽、沈艳、张皓星、郭峰:《数字金融能促进创业吗?——来自中国的证据》,《经济学》(季刊) 2018年第4期。

[59] Corrado, G., Corrado, L., "Inclusive Finance for Inclusive Growth and Development", *Current Opinion in Environmental Sustainability*, 2017, 24 (2): 19 – 23.

[60] Coase, R. H., "The Nature of the Firm Economic", *Journal of Monetary Economics*, 1937 (11): 39 – 45.

[61] Anderson, "The Long Tail", *Journal of Service Science and Management*, 2004, 7 (2).

[62] Leyshon, A., Thrift, N., "The Restructuring of the UK Financial Services in the 1990s: A Reversal of Fortune", *Journal of Rural Studies*, 1993, 9 (3): 223 – 241.

[63] Kempson, E. and Whyley, C., "Understanding and Combating Financial Exclusion", *Insurance Trends*, 1999b, pp. 18 – 22.

[64] Stiglitz, J. E. and Andrew, W., "Credit Rationing in Markets with Imperfect Information", *The American Economic Review*, 1981, 71 (3): 393 – 410.

[65] Wibella, N., Idqan, F., and Imam, T., "Factors Affecting Consumer Acceptance of Digital Financial Inclusion; An Anecdotal Evidence from Bogor City", *Independent Journal of Management & Production*, 2018: 1338 – 1357.

[66] Kapoor, A., "Financial Inclusion and the Future of the Indian Economy",

Futures,2017（10）：35-42.

[67] Kaplan, S. N., Zingales, L., "Do Investment-cash Flow Sensitivities Provide Useful Measures of Financing Constraints", *Quarterly Journal of Economics*,1997, 112（1）：169-215.

[68] Ross, L., "Finance and Growth: Theory and Evidence", *Social Science Electronic Publishing*,2004, 1（5）：37-40.

[69] Abubakr, S., Muhanmad, S., "Financial Constraints, Bank Concentration and SMEs: Evidence from Pakistan", *Studies in Economics and Financial*, 2015, 32（4）：503-524.

[70] Baum, C. F., Caglayan, M., Ozkan, N. and Talavera, O., "The Impact of Macroeconomic Uncertainty on Non-financial Firms Demand for Liquidity", *Boston College Working Papers in Economics*, 2006, 15（4）：235-304.

[71] Talavera, O., Tsapin, A. and Zholud, O., "Macroeconomic Uncertainty and Bank Lending: The Case of Ukraine", *Economic Systems*,2012, 36（2）：279-293.

[72] Robert, M., Conor, H., "Dose Bank Market Power Affect SME Financing Constraints", *Journal of Banking and Finance*,2009, 49（11）：495-505.

[73] Ayyagari, M., Demirguc-Kunt, A., Maksimovic, V., "Formal Versus Informal Finance: Evidence from China", *Review of Financial Studies*, 2008, 23（8）.

[74] Berger, A. N., Black, L. K., "Bank Size, Lending Technologies, and Small Business Finance", *Journal of Banking & Finance*,2011, 35（3）：724-735.

[75] Whited, T., and Wu, G., "Financial Constraints Risk", *Review of Financial Studies*, 2006, 19（2），531—559.

[76] Hadlock, C., Pierce, J., "New Evidence on Measuring Financial Constraints: Moving beyond the KZ Index", *Review of Financial Studies*,2010,

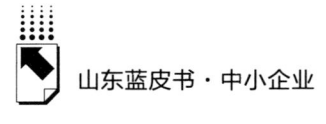

23 (5): 1909 – 1940.

[77] Fazzar, S. M., Hubbard, R. G., Petersen, B. C., "Financing Constraints and Corporate Investment", *Brookings Papers on Economic Activity*, 1988, 19 (1): 141 – 206.

[78] Almeida, H., Campellom, M., Weisbach, M. S., "The Cash Flow Sensitivity of Cash", *Journal of Finance*, 2004, 59 (4): 1777 – 1804.

[79] Agarwal, S., Hauswald, R., "Distance and Private Information in Lending", *Review of Financial Studies*, 2010 (7): 2757 – 2788.

[80] Shahrokhi, M., "E-finance: Status, Innovations, Resources and Future Challenges", *Managerial Finance*, 2008 (6): 365 – 398.

[81] Khurana, I. K., Martin, X., Pereira, R., "Financial Development and the Cash Flow Sensitivity of Cash", *Journal of Financial & Quantitative Analysis*, 2006 (4): 787 – 808.

[82] Wooldridge, J. M., *Econometric Analysis of Cross Section and Panel Data* (Cambridge, MA: MIT Press, 2010).

权威报告·一手数据·特色资源

皮书数据库
ANNUAL REPORT(YEARBOOK) DATABASE

分析解读当下中国发展变迁的高端智库平台

所获荣誉

- 2019年，入围国家新闻出版署数字出版精品遴选推荐计划项目
- 2016年，入选"'十三五'国家重点电子出版物出版规划骨干工程"
- 2015年，荣获"搜索中国正能量 点赞2015""创新中国科技创新奖"
- 2013年，荣获"中国出版政府奖·网络出版物奖"提名奖
- 连续多年荣获中国数字出版博览会"数字出版·优秀品牌"奖

成为会员

通过网址www.pishu.com.cn访问皮书数据库网站或下载皮书数据库APP，进行手机号码验证或邮箱验证即可成为皮书数据库会员。

会员福利

- 已注册用户购书后可免费获赠100元皮书数据库充值卡。刮开充值卡涂层获取充值密码，登录并进入"会员中心"—"在线充值"—"充值卡充值"，充值成功即可购买和查看数据库内容。
- 会员福利最终解释权归社会科学文献出版社所有。

数据库服务热线：400-008-6695
数据库服务QQ：2475522410
数据库服务邮箱：database@ssap.cn
图书销售热线：010-59367070/7028
图书服务QQ：1265056568
图书服务邮箱：duzhe@ssap.cn

卡号：174655646151
密码：

S 基本子库
SUB DATABASE

中国社会发展数据库（下设 12 个子库）

整合国内外中国社会发展研究成果，汇聚独家统计数据、深度分析报告，涉及社会、人口、政治、教育、法律等 12 个领域，为了解中国社会发展动态、跟踪社会核心热点、分析社会发展趋势提供一站式资源搜索和数据服务。

中国经济发展数据库（下设 12 个子库）

围绕国内外中国经济发展主题研究报告、学术资讯、基础数据等资料构建，内容涵盖宏观经济、农业经济、工业经济、产业经济等 12 个重点经济领域，为实时掌控经济运行态势、把握经济发展规律、洞察经济形势、进行经济决策提供参考和依据。

中国行业发展数据库（下设 17 个子库）

以中国国民经济行业分类为依据，覆盖金融业、旅游、医疗卫生、交通运输、能源矿产等 100 多个行业，跟踪分析国民经济相关行业市场运行状况和政策导向，汇集行业发展前沿资讯，为投资、从业及各种经济决策提供理论基础和实践指导。

中国区域发展数据库（下设 6 个子库）

对中国特定区域内的经济、社会、文化等领域现状与发展情况进行深度分析和预测，研究层级至县及县以下行政区，涉及省份、区域经济体、城市、农村等不同维度，为地方经济社会宏观态势研究、发展经验研究、案例分析提供数据服务。

中国文化传媒数据库（下设 18 个子库）

汇聚文化传媒领域专家观点、热点资讯，梳理国内外中国文化发展相关学术研究成果、一手统计数据，涵盖文化产业、新闻传播、电影娱乐、文学艺术、群众文化等 18 个重点研究领域。为文化传媒研究提供相关数据、研究报告和综合分析服务。

世界经济与国际关系数据库（下设 6 个子库）

立足"皮书系列"世界经济、国际关系相关学术资源，整合世界经济、国际政治、世界文化与科技、全球性问题、国际组织与国际法、区域研究 6 大领域研究成果，为世界经济与国际关系研究提供全方位数据分析，为决策和形势研判提供参考。

法律声明

"皮书系列"（含蓝皮书、绿皮书、黄皮书）之品牌由社会科学文献出版社最早使用并持续至今，现已被中国图书市场所熟知。"皮书系列"的相关商标已在中华人民共和国国家工商行政管理总局商标局注册，如LOGO（ ）、皮书、Pishu、经济蓝皮书、社会蓝皮书等。"皮书系列"图书的注册商标专用权及封面设计、版式设计的著作权均为社会科学文献出版社所有。未经社会科学文献出版社书面授权许可，任何使用与"皮书系列"图书注册商标、封面设计、版式设计相同或者近似的文字、图形或其组合的行为均系侵权行为。

经作者授权，本书的专有出版权及信息网络传播权等为社会科学文献出版社享有。未经社会科学文献出版社书面授权许可，任何就本书内容的复制、发行或以数字形式进行网络传播的行为均系侵权行为。

社会科学文献出版社将通过法律途径追究上述侵权行为的法律责任，维护自身合法权益。

欢迎社会各界人士对侵犯社会科学文献出版社上述权利的侵权行为进行举报。电话：010-59367121，电子邮箱：fawubu@ssap.cn。

社会科学文献出版社